W0060203

Zu diesem Buch

«Sei doch mal still!», «Renn nicht dauernd herum!» – Mütter und Väter, Lehrer und Erzieherinnen kennen solche Aussprüche und ihre geringe Wirkung. Nur, wie können Ruhe, Konzentration und Entspannung im Alltag erlebbar werden? Das vorliegende Buch stellt alle gängigen und erprobten Entspannungsmethoden für Kinder vor. So hat jeder die Möglichkeit, in *einem* Buch zu vergleichen und aus der Vielfalt das für die jeweiligen Umstände (und das jeweilige Kind) am besten Passende auszuwählen. Massage, Yoga, Stilleübungen, Entspannungsgeschichten, Fantasiereisen, Mandalabilder, Progressive Muskelentspannung, Autogenes Training: die Erfolgsautoren zeigen, in welchen Situationen Entspannungsübungen sinnvoll sind. Die ausführlichen Anleitungen können zu Hause, im Kindergarten und in der Schule leicht umgesetzt werden. Dabei helfen auch die vielen Geschichten, die kindgerecht zum Entspannen anleiten.

Die beiden Herausgeber, Sabine Friedrich und Volker Friebel, haben als Autoren weitere erfolgreiche Bücher für die Reihe «Mit Kindern leben» geschrieben: Entspannung für Kinder, (rororo 18563); Einschlafen, Ausschlafen, Durchschlafen (rororo 19397); Trau dich doch (rororo 19729). Hinweise zu den Autoren auf S. 267f.

Anregungen und Kritik bitte an folgende Adresse: Büro für wissenschaftliche Publizistik Dr. Horst Speichert, Teutonenstr. 32b, 65187 Wiesbaden. Hier erhalten Sie auch gegen Voreinsendung eines frankierten DIN-C6-Umschlags einen Prospekt der Reihe «Mit Kindern leben».

Sabine Friedrich
Volker Friebel (Hg.)

Ruhig und entspannt

**Körperübungen, Entspannungstechniken, Meditation
und Fantasiereisen für Kinder**

Mit Beiträgen von Andrea F. Cremer,
Andrea Erkert, Sabine Friedrich, Volker Friebel,
Bettina Hannsz, Margarita Klein,
Rotraut Reinhardt-Bertsch und Priska Scharer

Rowohlt

rororo Mit Kindern leben
Herausgegeben von Bernhard Schön und Horst Speichert

Redaktion: Bernhard Schön

Originalausgabe
Veröffentlicht im Rowohlt Taschenbuch Verlag GmbH,
Reinbek bei Hamburg, Oktober 1998
Copyright © 1998 by Rowohlt Taschenbuch Verlag GmbH,
Reinbek bei Hamburg
Illustrationen: Julia Beltz
Fotos: Ulrich Kneise
Umschlaggestaltung Peter Wippermann / Jürgen Kaffer,
Büro Hamburg
(Foto: Imagine)
Alle Rechte vorbehalten
Satz aus der Concorde und Officina PostScript PageOne
Gesamtherstellung Clausen & Bosse, Leck
Printed in Germany
ISBN 3 499 60500 7

Inhalt

Fliegenverscheuchen:
ein Wort zuvor

«Sei doch mal still!», «Renn nicht dauernd herum!», «Bleib doch mal ruhig sitzen!»

Mütter und Väter, Lehrer und Erzieherinnen kennen solche Aussprüche zur Genüge. Man könnte sie als «Fliegenverscheuchen» bezeichnen, denn sie wirken nur kurzzeitig, wenn überhaupt. Oft ist ihre einzige Wirkung die, daß wir wütend werden, wenn sich auch nach häufigem Wiederholen kein Erfolg einstellt.

Im Grunde wissen wir alle um die geringe Wirkung solcher Sätze. Trotzdem ist es nicht leicht, dafür Alternativen zu finden. Natürlich: Es geht um Konzentration und Entspannung. Und alle, die mit Kindern zu tun haben, spüren die Notwendigkeit, für sie und sich selbst im Alltag Ruhe erlebbar zu machen.

Nur wie?

Ein Problem dabei ist, daß wir selbst Mühe haben, Ruhe und Entspannung in unseren Erwachsenenalltag zu integrieren. Wenn ich meinen achtjährigen Sohn beim Telefonieren mit einem Schulfreund beobachte, werde ich kribblig – und sehe mich doch selbst im Spiegel. So wie ich beim (schnurlosen) Telefonieren umhergehe, nebenbei aufräume, im Kochtopf rühre oder gar zur Toilette gehe, macht es auch mein Sohn. Er blättert dabei in Büchern, stellt Puzzles fertig oder zieht die Schuhe an, um diese (Ruhe-)Zeit auch noch anders sinnvoll zu nutzen.

Hier wird deutlich, daß es mit «Fliegenverscheuchen», beispielsweise einem «Setz dich doch mal hin» oder «Renn nicht ständig herum», nicht getan ist. Wir müssen selbst lernen, mehr Ruhe und Entspannung in unseren Alltag einzubauen – oder überhaupt zuzulassen. Wir müssen unseren stilleren Zeiten ihre eigene Wichtigkeit zuerkennen, dürfen nicht so ganz selbstverständlich zulassen, daß sie überspült werden vom Trubel und von den Anforderungen um uns herum. Das vorliegende Buch versucht dazu beizutragen, indem es allen, die mit Kindern zu tun haben, sei es als Eltern oder beruflich, Anregungen gibt, Entspannung zu Hause oder anderswo einzusetzen.

In den letzten Jahren boomt der Markt der Entspannungsliteratur, vor allem zur Entspannung mit Kindern. Viele Eltern sind unsicher, welche Entspannungsmethode nun die richtige für sie und ihre Kinder ist. Die im jeweiligen Buch beschriebene – oder eine ganz andere? Ähnlich geht es Lehrern und Erziehern. Im vorliegenden Buch machen wir deshalb den Versuch, alle gängigen und erprobten Entspannungsmethoden für Kinder ähnlich wie in einem Handbuch vorzustellen und zu zeigen, wie sie mit den Kindern durchgeführt werden können. So hat jeder die Möglichkeit, in *einem* Buch zu vergleichen und aus der Vielfalt das für die jeweiligen Umstände (und das jeweilige Kind) am besten Passende auszuwählen.

Die Vielfalt der Methoden hat ihre Berechtigung. Denn nicht jedes Verfahren ist bei jedem Kind gleich wirksam. Manche Kinder mögen Entspannungsgeschichten, andere finden sie langweilig und bevorzugen statt dessen Massage oder Yoga. Das ist bei Erwachsenen nicht anders, auch da gibt es unterschiedliche Vorlieben.

Wer viel mit Kindern zu tun hat, weiß, daß sie oft gerade das gern machen, was Erwachsene mit Engagement vorleben. Deshalb ist es sinnvoll, aus den beschriebenen Entspannungsmethoden zunächst einmal diejenige auszuwählen, die einen selbst am stärksten anspricht, und sie dann zusammen mit den Kindern zu probieren. Natürlich spielt auch das Alter der Kinder eine Rolle. Während kleinere Kinder sehr gerne Entspannungsgeschichten mit Tieren hören, bevorzugen ältere Kinder und Jugendliche eher Fantasiereisen oder meditative Übungen.

In diesem Buch haben wir uns also bemüht, möglichst alles zu beschreiben. Einige Kapitel wurden freundlicherweise von anderen Fachmenschen beigesteuert. Die nötigen Materialien sind, soweit das schriftlich geht, beigegeben oder aufgeführt.

Ein Vorwort wird zum Abschluß eines Manuskripts geschrieben. Und so bleibt uns nun nur noch, viel Spaß bei der Lektüre des Buchs und vor allem bei der Entspannung zu wünschen – und zumindest ein bißchen Entlastung beim Fliegenverscheuchen.

Sabine Friedrich & Volker Friebel

Grundlagen der Entspannung – und ein Ausblick aufs Buch

Volker Friebel

Was ist Entspannung und wo setzt sie an?

Zur Erklärung, was Entspannung überhaupt ist, machen wir mit Kindern gern eine kleine Übung. Die Anleitung dazu geht etwa folgendermaßen:

«Balle deine **starke (dominante) Hand** zur Faust. Balle sie so fest du nur kannst ... Und es geht immer noch ein bißchen fester ... Jetzt halte die Faust weiter fest gedrückt und achte auf die Spannung in ihr und im Unterarm. Halte die Spannung noch ein Weilchen ... *(noch etwa fünf Sekunden Zeit lassen)* ... Und dann laß los ... Laß die Hand jetzt ganz locker werden und achte darauf, wie sie sich anfühlt. Das ist die Entspannung. Laß alle Anspannung in deiner Hand los und achte auf das Gefühl der Entspannung. Vielleicht kannst du sogar feststellen, wie sich dieses Gefühl der Entspannung ausbreitet ... *(noch etwa zwanzig Sekunden Zeit lassen)*.

Und nun dasselbe mit der **anderen Hand**. Balle die andere Hand zur Faust. Balle sie ganz fest, immer noch mehr, so fest du nur kannst ... Halte die Faust weiter gedrückt und achte auf die Spannung in ihr und im Unterarm. Halte die Spannung noch eine kurze Weile ... *(noch etwa fünf Sekunden Zeit lassen)* ... Und dann laß los ... Laß die Hand wieder ganz locker werden und achte auf das Gefühl der Entspannung dabei. Laß alle Spannung in deiner Hand los und achte auf das Gefühl der Entspannung. Vielleicht merkst du wieder, wie es sich ausbreitet ... *(noch etwa zwanzig Sekunden Zeit lassen)*.

Und nun dasselbe mit **beiden Händen** gleichzeitig. Balle beide Hände zu Fäusten. Balle sie ganz fest, immer noch mehr, so fest du nur kannst. Achte dabei auf die Spannung in den Händen und Unterarmen. Halte die Spannung noch ein Weilchen ... *(noch etwa fünf Sekunden Zeit lassen)* ... Und dann laß los ... Laß deine Hände ganz locker werden und achte darauf, wie sie sich dabei anfühlen. Laß alle Spannung in deinen Händen ganz los und achte auf das Gefühl der Entspannung. Achte darauf, wie es sich ausbreitet ... *(noch etwa zwanzig Sekunden Zeit lassen)*.»

Das ist die erste Übung aus einer bekannten Entspannungstechnik, der *progressiven Muskelentspannung*. Diese Entspannungsmethode (ausführlich vorgestellt ab Seite 131) basiert auf An- und Entspannung der willkürlichen Muskulatur. *Entspannung ist ganz einfach das Nachlassen von Anspannung* – zumindest als erste, vorläufige Erklärung ist das sehr einsichtig und gut demonstrierbar.

Der Ansatzpunkt dieser Übung war das willkürliche oder somatische Nervensystem. So benannt wird der Teil unseres Nervensystems, der mit dem zu tun hat, das wir willentlich beeinflussen können, eben vor allem unsere «normale» Muskulatur, beispielsweise zur Bewegung von Händen und Beinen. Daneben gibt es noch einen anderen Zweig des Nervensystems, das unwillkürliche oder vegetative Nervensystem. Dieses beeinflußt einen Teil unserer Muskulatur, der als normalerweise nicht willentlich beeinflußbar gilt, beispielsweise die Muskeln um unsere Blutgefäße und inneren Organe. Das vegetative Nervensystem reguliert über diese, nach anatomischen Gesichtspunkten bezeichnete, *glatte Muskulatur* (im Unterschied zur quergestreiften Muskulatur des willentlichen Nervensystems) die Durchblutung, die unwillkürliche Atmung, den Speichelfluß, den Pupillendurchmesser, die Magen- und Darmtätigkeit, den Stoffwechsel und vieles andere mehr.

Das vegetative Nervensystem ist in die beiden Untersysteme des *Sympathikus* und des *Parasympathikus* unterteilt. Beide sind immer gleichzeitig aktiv, haben aber eine meist gegensätzliche Wirkung auf die von ihnen beeinflußten Organe. Wenn der Sympathikus dominiert, wenn sein Einfluß überwiegt, wird das entsprechende Organ bzw. der Organismus als Ganzes eher auf Aktivität, auf Leistung ausgerichtet. Blutdruck und Herzfrequenz werden beschleunigt, ebenso Atmung und Stoffwechsel, in der Leber wird zum schnellen Verbrauch Zucker freigesetzt. Magen- und Darmtätigkeit, die für ein aktives Verhalten aktuell nicht so wichtig sind, werden dann reduziert.

Dominiert hingegen der Parasympathikus, wird das Organ bzw. der Organismus als Ganzes eher auf Ruhe, Erholung und Aufbau von Reserven ausgerichtet. Blutdruck und Herzfrequenz werden nun gesenkt, ebenso Atmung und Stoffwechsel. In der Leber wird Zucker gespeichert, die Magen- und Darmtätigkeit wird gesteigert.

Die Tätigkeit des Sympathikus ist also im wesentlichen auf Leistung, die des Parasympathikus auf Erholung ausgerichtet. Entsprechend wird mit verschiedenen Entspannungsverfahren versucht, am vegetativen Nervensystem anzusetzen und die Tätigkeit des Parasympathikus zu fördern, die des Sympathikus dagegen zu vermindern. Das autogene Training ist der bekannteste Vertreter dieses Ansatzes. Vermutlich wird man auch Entspannungsverfahren, die sich mit der Atembeobachtung (siehe Seite 143) oder mit bildhaften Vorstellungen (siehe Seite 107) beschäftigen, hier einordnen können.

Wie aber das? Wenn die «glatte» Muskulatur nicht beeinflußbar ist, wenn der Teil des Nervensystems, der für sie zuständig ist, sogar als unwillkürliches Nervensystem bezeichnet wird, wie kann man dann hier mit der Entspannung ansetzen? Dazu wieder eine kleine Übung, eine reine Vorstellungsübung, das *Zitronenbeispiel*.
Schließen Sie die Augen.

Stellen Sie sich einen Tisch vor.

Auf dem Tisch liegt eine Zitrone.

Stellen Sie sich die Zitrone genau vor, ihre Form, die Struktur ihrer Oberfläche, ihre Farbe.

Stellen Sie sich vor, wie Sie zum Tisch gehen und ein Messer nehmen, das dort neben der Zitrone liegt.

Schneiden Sie mit diesem Messer die Zitrone in zwei Hälften.

Nehmen Sie eine der Hälften auf und führen Sie sie langsam zum Mund.

Beißen Sie herzhaft in die Zitronenhälfte hinein.

Wie oben erwähnt, ist die Regulation der Magen- und Darmtätigkeit eine Sache des vegetativen Nervensystems. Sie wird unwillkürlich gesteuert, wie auch die Speichelbildung, die Arbeit von Gallenblase, Leber usw. Dennoch ist es Ihnen sicherlich gelungen, zumindest einige dieser angeblich nicht bewußt steuerbaren Funktionen deutlich spürbar zu beeinflussen. Zumindest Speichelfluß sollte bemerkbar gewesen sein.

Wie ist das möglich?

Über innere Bilder und Vorstellungen besteht offensichtlich doch die Möglichkeit einer Einflußnahme auf die Tätigkeit des vegetativen Nervensystems. Dies wird beim autogenen Training und bei anderen Entspannungsverfahren, die über solche Vorstellungsbilder wirken, genutzt. Die progressive Muskelentspannung, von der wir oben die erste Übung kennengelernt haben, setzt dagegen an der willkürlichen Muskulatur an, in ihrer ersten Übung durch das Fäusteballen und anschließende Lockerlassen der Hände.

Beiden Herangehensweisen gemeinsam ist, daß am Körper angesetzt wird. Die Entspannung des Körpers soll sich dann ausbreiten und zu einer Entspannung der Psyche und des Bewußtseins führen. Alle Erfahrungen zeigen, daß dies auch funktioniert.

Das Umgekehrte ist uns gut bekannt: Wenn wir psychisch angespannt sind, reagiert auch unser Körper mit Verspannungen, vor allem im Schulter- und Nackenbereich, und mit vielfältigen Organreaktionen, beispielsweise im Magen und Darm. Eine Verbindung zwischen Streß- und Entspannungsreaktionen von Körper und Psyche besteht also, und sie wirkt offensichtlich in beiden Richtungen: Psychischer Streß führt zu körperlichen Reaktionen; körperliche Entspannung führt zu einer Beruhigung des Geistes.

Eine Beruhigung des Geistes läßt sich auch anders erreichen. Beispielsweise ließen sich die Belastungen reduzieren, die den Streß auslösen. Das ist leider oft nicht oder nur schwer möglich. Entspannungsverfahren nehmen deshalb die Gegebenheiten so hin wie sie sind und versuchen statt dessen, die eigenen Möglichkeiten zu stärken, mit diesen Anforderungen fertig zu werden. Die eigenen Möglichkeiten zu verbessern ist immer sinnvoll. Trotzdem können

Anforderungen manchmal einfach zu hoch sein. Überlegen Sie deshalb immer auch, ob nicht auf dieser Seite reduziert werden kann.

Die Fähigkeit zur Entspannung ist wichtig. Gerade bei Kindern ist aber darauf hinzuweisen, daß Aktivität genauso wichtig ist. Beides hat seine Berechtigung, beides den richtigen Ort und die richtige Zeit. Viele Situationen lassen sich nicht einfach durch mehr Aktivität angemessen bewältigen, sondern benötigen Ruhe und Konzentration. Mit Entspannung soll beides mehr unter die Selbstkontrolle des Kindes gebracht werden. Nicht immer entspannt zu sein, sondern sich dann entspannen zu können, wenn es erforderlich ist: Das ist unser Ziel.

Können Kinder entspannen?

Entspannung bei Kindern steht hierzulande weitgehend in der Tradition des autogenen Trainings – wenn auch zunehmend mit erheblichen Abweichungen und Erweiterungen. Zum autogenen Training gibt es daher die meisten Erfahrungen und Untersuchungen. Studien zur Wirkung der progressiven Muskelentspannung bei speziellen Problemen kommen dazu, vor allem aus Nordamerika.

In den Anfängen des autogenen Trainings (ab den 1930er Jahren) wurde Entspannung für Kinder nur sehr wenig eingesetzt, und wenn, dann nur bei einzelnen Kindern, die «besonders reif» dafür schienen, nicht bei Kindergruppen. Diese Zurückhaltung scheint mehr aus theoretischen Überlegungen begründet worden zu sein. Denn als ab den 1950er Jahren die ersten Berichte über Kinderkurse zum autogenen Training erschienen, waren die Ergebnisse sehr positiv. Oles (1956) schreibt in einer der ersten wissenschaftlichen Studien zum autogenen Training für Kinder (ab neun Jahren): «Wir konnten im Vergleich zu Erwachsenen feststellen, daß die Übungen des autogenen Trainings von Kindern dieser Altersklassen viel schneller und besser beherrscht werden als von Erwachsenen. Das mag damit zusammenhängen, daß Kinder dieser Altersstufe bildhafte Vorstellungen besser verwerten und verarbeiten können als Erwachsene, und gerade dies spielt beim autogenen Training ja eine entscheidende Rolle.»

Dennoch verbreitete sich Entspannung für Kinder nur zögernd – wahrscheinlich eine Folge der festgeschriebenen Meinungen in den Lehrbüchern der Zeit. Erst Mitte der 1970er Jahre gab es – praktisch gleichzeitig – drei Buchveröffentlichungen zum Thema, und etwa zu Beginn der 1990er Jahre begann eine geradezu explosionsartig anschwellende Veröffentlichungsflut.

Wahrscheinlich sind für diese Entwicklung besonders Veränderungen der Darbietung von Entspannung verantwortlich, vor allem die Einbettung der Entspannungsformeln in Geschichten, wie sie wohl erstmals von Gisela Eberlein (1976) propagiert wurde, so daß die Entspannung für Kinder auch für andere Anwendergruppen als Psychologen oder Ärzte handhabbar wurde. Die starke Ausbreitung von Entspannung für Kinder scheint sich nämlich fast ausschließlich auf ihre Anwendung in Kindergarten, Schule und zu Hause, nur wenig auf den psychotherapeutischen Bereich im engeren Sinne zu beziehen, aus dem Entspannungsübungen eigentlich stammen.

Gerade deshalb und auf dem Hintergrund der früheren Abstinenz von Psychotherapeuten ist zu fragen, ob es denn für diese Anwendung überhaupt eine belegbare Rechtfertigung gibt. Das Bedürfnis von Eltern, Lehrern und Erzieherinnen ist da, jede Fortbildung zu diesem Thema zeigt uns dieses Interesse sehr deutlich. Aber funktioniert es denn auch? Können Kinder überhaupt entspannen?

Fragt man die Kinder, gelingt es ihnen. Auch bei der Befragung von Übungsleitern berichten diese über eine klare Entspannungsfähigkeit von Kindern. Natürlich: Solche Einschätzungen können täuschen. Aber auch Messungen beispielsweise der Muskelspannung oder der Hautleitfähigkeit oder der Handtemperatur – alles Maße für den Grad der Entspannung – vor, während und nach einer Entspannungsübung zeigen klar, daß Kinder eine Entspannung zuwege bringen und auch spezielle Entspannungsinstruktionen wie Wärmeformeln umsetzen können (näheres dazu siehe Friebel 1994). Interessanterweise brachte in der uns einzigen bekannten Studie, die auch ein Vorstellungsbild in die Untersuchung einbezog (Liegen auf einer grünen Wiese), dieses sogar noch etwas mehr als die Schwereübung des autogenen Trainings (Klauß 1982) – ein Hinweis auf die besondere Bedeutung von Bildern bei der Entspannung von Kindern und auf die Möglichkeit ihres Einsatzes beispielsweise in Fantasiereisen.

Kinder können also entspannen. – Aber ab welchem Alter?

Betrachtet man die Literatur zur Entspannung für Kinder, so fällt von den Anfängen bis heute ein kontinuierlicher Fall der Altersgrenzen auf. Früher galt häufig ein Alter von 10 Jahren als Minimum für die Teilnahme an einer Entspannungsgruppe. Anna Polender (1982 a) berichtete dann in einem Aufsatz erstmals über den erfolgreichen Einsatz von Entspannung im Kindergarten – bei Kindern ab viereinhalb Jahren. Heute ist Entspannung im Kindergarten fast schon üblich. Der frühere hohe Ansatz der Altersgrenzen hängt sicher auch mit der damals verbreiteten Skepsis zusammen, ob Entspannung für Kinder überhaupt sinnvoll sei. Für den Fall der Altersgrenzen bis zu den Vierjährigen sind aber auch Veränderungen in den Übungen selbst verantwortlich.

Anna Polender beispielsweise vermittelte in ihrem wegweisenden Aufsatz den Kindern die Entspannung unter anderem über einen kleinen Bären. Es beginnt mit einer Geschichte: Der kleine Bär arbeitet zusammen mit seinen Eltern schwer, um alles für den Winter vorzubereiten und Essensvorräte zu sammeln. Nach der schweren Arbeit legt er sich hin, macht die Augen zu und streckt locker Arme und Beine aus. «Nun fühlt er, daß sein Arm schwer wird, er wird immer schwerer. (…) Da bemerkt der Petz, daß sein Arm warm wird. Es ist ihm so warm, als ob Sonnenstrahlen auf den Arm fallen und ihn erwärmt haben. (…)» So lernen die Kinder über die Identifikation mit einem kleinen Bären (oder einem Häschen, oder einem Hund) sowie durch Vorstellungsbilder (beispielsweise Sonnenstrahlen für Wärme) Entspannung nach den Formeln des autogenen Trainings. Anna Polender berichtet damit durchgehend Erfolge mit Gruppen von Kindern ab viereinhalb Jahren. Heute werden mit Stilleübungen und Fantasiereisen auch noch jüngere Kinder erreicht.

Kinder können entspannen, und sie können es ab einem sehr frühen Alter, wenn sie entsprechend altersgerecht herangeführt werden. Aber wollen sie es auch? Nicht unbedingt. Weshalb sollten sie?

Erwachsene wissen, warum sie entspannen. Wenn Erwachsene einen Entspannungskurs besuchen oder für sich selbst eine Entspannungsübung machen oder eine Fantasiereise hören, wissen sie, was sie damit erreichen möchten und weshalb das nötig ist. Kinder wissen es nicht. Für Kinder ist Entspannung zunächst einmal etwas, das sie lernen müssen, weil andere, Erwachsene, es wollen. Das kann Widerstände hervorrufen. Bei Kindern stellt sich für das Erlernen von Entspannungsübungen also sehr dringlich die Frage der Motivation. Die Vermittlung von Entspannung muß bei Kindern auf die vorhandene (bzw. erst einmal wenig vorhandene) Motivation Rücksicht nehmen. Eine Möglichkeit dazu ist, bei dem anzusetzen, was Kindern Freude macht (Spiele, Geschichten) und über solche Elemente dann Entspannungsübungen einzuführen. Was für Möglichkeiten es dazu gibt, wird in den Kapiteln des zweiten Buchteils behandelt. Und die Möglichkeiten von Entspannung müssen mit den Kindern besprochen werden.

Was sich mit Entspannung und Vorstellungsübungen erreichen läßt, vermittelt man Kindern am besten über kleine Übungen, so mit dem oben berichteten *Zitronenbeispiel*. Anschließend wird darüber gesprochen. Die Kinder werden gefragt, was sie gespürt haben, als sie in ihrer Vorstellung in die Zitrone gebissen haben. Dann wird darauf eingegangen, etwa folgendermaßen: «Ihr habt es euch nur vorgestellt – aber die Vorstellung hat wirklich etwas bewirkt, beispielsweise lief Speichel. So funktioniert auch Entspannung: Ihr stellt euch etwas vor, und das tut sich dann in eurem Körper. Beispielsweise stellt ihr euch die Ruhe vor – und werdet dabei ruhig.»

Ein nötiger Zusatz dazu: «Natürlich funktioniert nicht alles, was man sich vorstellt. Es funktioniert nur das, was möglich ist: Ruhig werden könnt ihr, fliegen aber nicht.»

Als Erweiterung kann auf das *mentale Training* eingegangen werden, etwa folgendermaßen: «Ähnliches wie wir mit unserer Vorstellung machen auch viele Erwachsene, und zwar gerade dann, wenn es darauf ankommt. Zum Beispiel Sportler. Vielleicht habt ihr schon beobachtet, daß irgendwelche Weit- oder Hochspringer vor ihrem Sprung oft einfach bloß dastehen, sogar die Augen geschlossen haben. Die entspannen sich, die konzentrieren sich – und die stellen sich ganz genau den Sprung vor, den sie gleich tun. Jeden Schritt ihres Anlaufs stellen sie sich vor, und den Absprung, und dann den Sprung. Sie springen erst *innen*. Sie stellen sich dabei natürlich auch vor, wie es klappt. Und dann erst machen sie es *außen* in der Wirklichkeit. Auch bei Skiabfahrtsläufern kann man das manchmal sehen, wenn eine Unterbrechung ist und die Kamera nicht weiß, was sie zeigen soll. Man kann dann manchmal sehen, wie welche oben stehen, die Augen geschlossen haben und sich sogar so bewegen, hin und her schwenken, wie nachher bei ihrem Lauf. Die stellen sich diesen Lauf vor, mit jeder einzelnen Kurve, jedem Sprung. Sie machen den Lauf erst in ihrer Vorstellung – und dann in der Wirklichkeit. Und das machen sie, weil sie wissen, daß es etwas nützt. Mit der Vorstellung kann man dafür sorgen, daß es nachher ein bißchen besser wird. Nicht, indem man es sich einfach wünscht, sondern indem man *innen* genau vormacht, wie man es nachher *außen* machen wird. Und indem man sich vorstellt, wie es klappt.»

Auch wenn Entspannungsübungen Kindern bekannt sind und funktionieren, ist es für sie nicht unbedingt selbstverständlich, diese in ihrem Alltag einzusetzen. Manche Kinder tun das spontan. Aber verlassen sollte man sich nicht darauf. Die Übertragung des Gelernten in den Alltag, beispielsweise auf Schulsituationen, ist deshalb etwas, das bei Kindern weit stärker und ausführlicher angesprochen werden muß als bei Erwachsenen. Jüngere Kinder (im Kindergartenalter) sind dazu kaum in der Lage. Sie entspannen sich bei der Übung – und damit gut. Auch das wird langfristig zu einem insgesamt entspannteren Verhalten führen. Einen Einsatz etwa von Entspannungsübungen in Streßsituationen sollte man von solch jungen Kindern aber noch nicht erwarten. Ältere Kinder können das, mindestens ab 8 Jahren, viele auch früher. Aber man muß sie darauf hinweisen. Man muß mit den Kindern besprechen, wo Entspannung in ihrem Alltag sinnvoll sein kann und wie sie sie dort am besten einsetzen.

Modifikationen für Kinder

Aus dem bisher Erwähnten ergeben sich bereits einige nötige Abwandlungen für Kinder.

– Kindern werden Entspannungsformeln zunächst stärker als Erwachsenen von außen vorgegeben (beispielsweise «*Du* bist ganz ruhig»). Die Kinder werden von außen angeleitet. Die Verinnerlichung («*Ich* bin ganz ruhig») erfolgt nach und nach, bei jüngeren Kindern ausdrücklich vielleicht überhaupt nicht.

– Vor allem bei jüngeren Kindern (Kindergartenalter) ist die Entspannung sinnvollerweise ganz in Fantasiereisen oder Entspannungsgeschichten integriert bzw. wird durch Anleitungen von Übungen und Spielen (Stilleübungen, meditativer Tanz usw.) indirekt hergestellt. Auf das ausdrückliche Lernen von Entspannungsformeln wird meist ganz verzichtet.

– Schon aus Gründen der andersgearteten Motivation ist die Vermittlung der Entspannung eingebettet in entspannungsbezogene Spiele und ähnliche Aktivitäten.

– Wahrscheinlich profitieren Kinder noch mehr als Erwachsene von der Darbietung mit Hilfe bildhafter Vorstellungen. Entspannungsverfahren, die dies unterstützen, dürften bei Kindern Vorteile haben. Bei allen Verfahren sollten bildhafte Vorstellungen wo immer möglich unterstützend eingesetzt werden. (Beim autogenen Training etwa: «Du spürst die Wärme *der Sonne*», bei der progressiven Muskelentspannung der Bezug auf Obelix oder Herkules oder King Kong beispielsweise beim Fäusteballen).

– Kinder lernen Entspannung leichter als Erwachsene. Sie wissen aber nicht unbedingt, wozu das gut sein soll. Das Augenmerk ist bei Kindern deshalb weniger auf den einfachen Lernprozeß als auf eine Vermittlung der Bedeutung von Anspannung und Entspannung zu legen sowie auf die Übertragung des Gelernten in den Alltag (Schule).

– Bei allen Verfahren ist darauf zu achten, ob die Worte oder das in der Übung Verlangte von den Kindern verstanden werden, ob sie mit den einzelnen Begriffen etwas anfangen können. Oft muß vor der Entspannungsanleitung einiges geklärt werden, wenn das in der Entspannungsanleitung vorkommt («Wo ist der Bauch? sind die Oberschenkel? die Füße? Was sind Waden?») Anleitungen müssen für das jeweilige Alter und Verständnis des Kindes abgewandelt werden. Ein starres Festhalten an Entspannungsformeln empfiehlt sich bei Kindern schon deshalb nicht.

Generell wichtig ist der spielerische Umgang mit Entspannung. Entspannung sollte als etwas ganz Selbstverständliches vorgestellt werden, als etwas, das alle brauchen und eigentlich auch können, und das es nur ein bißchen besser kennenzulernen gilt.

Die meisten Übungen zur Entspannung und Konzentration erfordern kein besonderes Umfeld. Stilleübungen können auf einem Spaziergang, zu Hause oder in der Schule ganz in die normalen Tätigkeiten eingebettet sein, ohne daß Wörter wie «Stille» oder gar «Übung» fallen müssen. Fantasiereisen oder Entspannungsgeschichten können einfach erzählt werden, ohne Übungscharakter zu haben. Auch bei Massagen, Yogaübungen, meditativen Tänzen oder Mandalamalen kann der Übungscharakter für das Kind ganz in den Hintergrund treten.

Äußere und innere Haltung

Entspannungsübungen, die ursprünglich aus einem therapeutischen Bereich stammen und auch heute noch unter anderem therapeutisch genutzt werden, finden üblicherweise in einer bestimmten Entspannungshaltung statt. Dies trifft auf das autogene Training und die progressive Muskelentspannung zu.

Auch bei ihnen gilt aber, daß eigentlich in jeder Körperhaltung entspannt werden kann und sollte. Bestimmte Körperhaltungen eignen sich allerdings besonders gut für das Lernen der Entspannung, da sie selbst eine gewisse Entspannung (oder Konzentration) herstellen und so die Übung erleichtern. Autogenes Training und progressive Muskelentspannung werden deshalb zunächst in Entspannungshaltungen gelehrt. Später sollte das Kind (oder der Erwachsene) die Übungen aber in jeder Haltung durchführen können. Wir stellen hier die drei wichtigsten Körperhaltungen zur Entspannung vor.

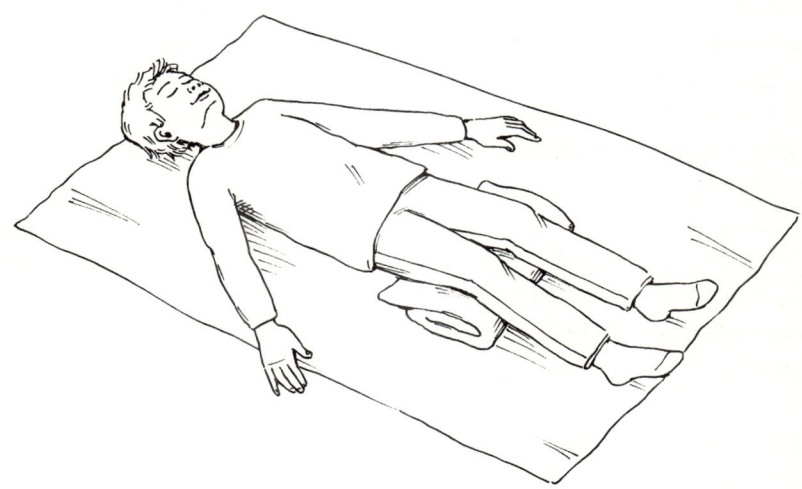

Die *Liegehaltung* eignet sich besonders gut zur Einführung der Entspannung, da sie von sich aus besonders entspannend ist. Gelegen wird auf dem Rücken. Andere Liegehaltungen bewähren sich nicht, verlangen häufigere Lageveränderungen und führen damit zu Unruhe. Die Schuhe sind ausgezogen. Je nach Raumtemperatur kann eine Decke zum Zudecken gut sein, immer ein Kissen zum Unterlegen des Kopfes. Die Arme liegen neben dem Körper, die Beine sind ausgestreckt und überkreuzen sich nicht. Geschlossene Augen erleichtern die Entspannung. Wenn das Kind die Augen nicht schließen kann oder möchte, sollte es einen bestimmten Punkt an der Decke anschauen, den Blick dort ruhen lassen, nicht abschweifen oder umherschauen. Ein nicht zu harter Untergrund (Matte, Bett, Teppichboden) ist günstig.

Für die spätere Anwendung von Entspannung in kritischen Situationen – gerade beim autogenen Training und der progressiven Muskelentspannung ein Ziel – eignet sich die Liegehaltung natürlich wenig. Das Kind kann sich bei einer Klassenarbeit schlecht auf den Boden legen. Deshalb werden bald Sitzhaltungen eingeübt.

Beim *angelehnten Sitzen* sitzt das Kind einfach bequem auf einem Stuhl. Der Rücken ist möglichst angelehnt, die Füße stehen möglichst nebeneinander auf dem Boden, die Hände liegen auf den Oberschenkeln, die Fingerspitzen fallen leicht nach unten, der Kopf ist gesenkt, die Augen sind möglichst geschlossen. Die Schuhe können anbehalten werden.

Diese Haltung eignet sich besonders für Entspannung in oder vor kritischen Situationen mit dem Ziel der Beruhigung.

Die *Königshaltung* variiert das angelehnte Sitzen: Gesessen wird vorn auf dem Stuhl, der Rücken ist gerade, auch der Kopf wird gerade gehalten (selbstbewußt wie ein König). Die anderen Punkte entsprechen dem angelehnten Sitzen.

Diese Haltung eignet sich besonders, wenn Entspannung und Konzentration gefragt sind. Es ist eine kraftvolle, energiefördernde Haltung.

Die Liegehaltung also zum ersten Kennenlernen und zur Entspannung außerhalb von kritischen Situationen; in kritischen Situationen dann das angelehnte Sitzen (wenn eher Beruhigung gefragt ist) oder die Königshaltung (wenn Energie und Konzentration gefragt sind): so lassen sich die drei Haltungen nutzen.

Andere Entspannungshaltungen können verwendet werden, wenn sie dem Kind bereits bekannt sind. Die drei vorgestellten reichen aber für alle Zwecke aus. Zu viele Möglichkeiten verwirren nur.

Bei allen Haltungen geht die Aufmerksamkeit nach innen. Das Kind hört (während des Einübens) Entspannungsformeln außen, aber der Ort der Verwirklichung ist innen, in ihm selbst. Gerade bei Entspannungsformeln nach dem autogenen Training sollte dies immer wieder deutlich gemacht werden. So kann etwa gesagt werden: *«Versuch dir bei den Worten immer genau vorzustellen, was ich sage. Hör nicht einfach nur zu, sondern stell dir das vor, worum es geht. Wenn es nachher also heißt: «Die Arme sind schwer», dann stell dir vor, wie deine Arme schön schwer sind.»*

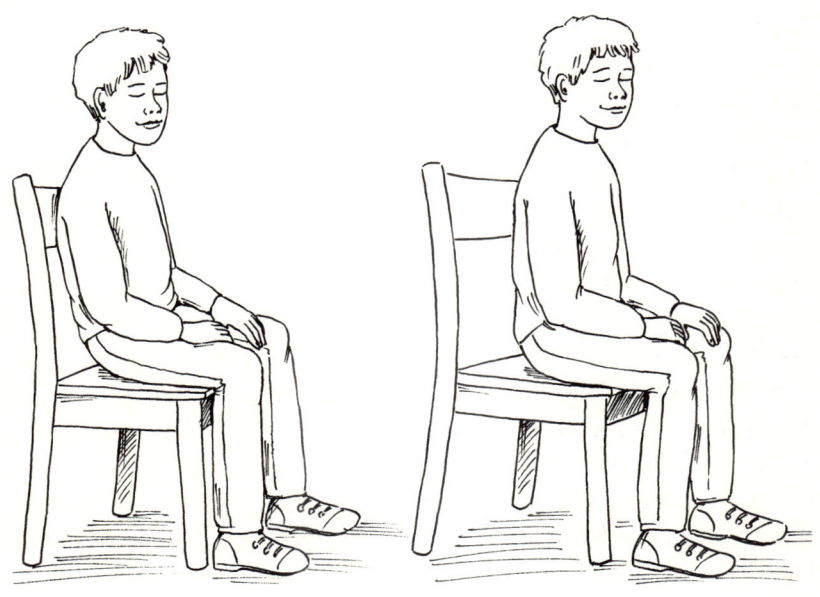

Umgehen mit Problemen in Kindergruppen

Kinder sollten nicht gezwungen werden, bei einer Entspannungsübung mitzumachen. Gerade bei Kindergruppen kommt es immer wieder vor, daß ein Kind auf Entspannung mit Widerstand reagiert, daß es überhaupt nicht mitmachen möchte. Es erhält dann eben eine andere stille Beschäftigung, beispielsweise ein Buch. Interessanterweise findet sich nicht selten, daß auch solche Kinder von der Entspannung profitieren können. So konnte ein Junge, der im Entspannungskurs nie mitgemacht hat, sondern immer mit einem Buch in der Ecke saß, zu Hause die Übungen durchführen und äußerte sich den Eltern gegenüber sehr positiv über die Entspannungsstunde.

Vor allem bei der Einführung beispielsweise von Stilleübungen oder Fantasiereisen kann es vorkommen, daß manche Kinder unruhig sind, kichern usw. Das sind für viele Kinder übliche Reaktionen auf ungewohnte Situationen. Sie können die Übung sehr stören. Wenn sich der Leiter davon nicht zu sehr beeindrucken läßt, kann Entspannung allmählich auch für Kinder mit solchen Reaktionen zu etwas Gewohntem werden, und die Probleme verlieren sich dann.

In Entspannungsgruppen sollten Regeln eingeführt werden, die möglichen Störungen vorbeugen oder sie zumindest etwas einschränken. Andere nicht stören: das ist die wichtigste Regel. Eigentlich ist in ihr schon alles enthalten. Ausdrücklich kann dann noch gesagt werden: Das heißt, bei der Entspannung nicht sprechen. Und je nach Vorkommnissen: Auch andere nicht berühren usw.

Ist ein Kind in der Gruppe sehr unruhig, kann es helfen, wenn sich der Leiter neben es setzt. Reicht das nicht aus, kann der Leiter es berühren, beispielsweise eine Hand auf seine Schulter legen.

Vor allem beim autogenen Training kann es zu körperlichen Mißempfindungen während der Übungen kommen, beispielsweise zu Kribbeln in den Gliedmaßen oder zu Muskelzuckungen. Das sind (unerwünschte) Zeichen davon, daß sich der Körper auf die Entspannung einstellt. Die Kinder sollen das am besten nicht beachten. Wenn es zu sehr stört, kann die Entspannung einfach etwas zurückgenommen werden. Beispielsweise ballt man die Hand zur Faust oder bewegt den Arm etwas, um Kribbeln zu beseitigen. Mit zunehmender Übung verlieren sich solche Nebenwirkungen oder fallen nicht mehr so auf.

Erwartungen

Sehr wichtig ist die richtige Einstellung zur Entspannung. Zahlreiche Untersuchungen zeigen, daß Kinder entspannen können und daß dies günstige Auswirkungen auch auf Konzentrationsfähigkeit, Schulleistungen, gesundheitliche und psychische Probleme haben kann. Entspannung mit Kindern läßt sich also mit der Zuversicht verwirklichen, etwas Gutes für das Kind zu tun, dem älteren Kind auch etwas in die Hand zu geben, das es selbst bei aktuellen Problemen einsetzen kann.

Entspannung ist aber kein Wundermittel. Sie ersetzt weder das Lernen für die Schule noch kann sie vorhandene Probleme sozusagen auf Knopfdruck beseitigen. Auch wenn gute Erfahrungen mit dem Einsatz von Entspannung bei einer Vielzahl von psychischen und medizinischen Problemen vorliegen (siehe Seite 204), sollte die Nutzwirkung von Entspannung in erster Linie langfristig betrachtet werden.

Kinder erlernen Entspannungsübungen schnell und gut. Die Auswirkungen dieser Übungen auf den Alltag der Kinder benötigen mehr Zeit. Alle Beobachtungen zeigen, daß günstige Auswirkungen zu erwarten sind – wenn die Entspannung selbst nicht etwa nur zu einem neuen Streß für das Kind (und den lehrenden Erwachsenen) gemacht wird. Entspannung möchte ein gelasseneres Umgehen mit sich selbst, mit Problemen und anderen Menschen erreichen. Sie möchte gerade weg von der Knopfdruckmentalität. Entsprechend gilt es auch mit ihr selbst und mit den eigenen Erwartungen umzugehen.

So erscheint uns ein ungezwungener und spielerischer Umgang mit Entspannung besonders wichtig. Zu Hause läßt sich Entspannung in den üblichen Tagesablauf einbetten. Aus vielen Momenten des Alltags läßt sich eine kleine Entspannungsübung machen. Auch in Schule und Kindergarten sollte darauf geachtet werden, daß Entspannung nicht etwa wie eine Disziplinierungsmaßnahme eingesetzt wird, etwa in der Art: *Die Kinder sind gerade unruhig – also mache ich eine Entspannungsübung.* Unruhe läßt sich mit Entspannung am besten durch ihren langfristig angelegten, nicht auf eine spezielle Situation bezogenen Einsatz besänftigen. Entspannung kann zwar auch bei aktueller Unruhe eingesetzt werden – aber wenn sie immer nur sozusagen als Polizei oder Feuerwehr zur Anwendung kommt, besteht sehr die Gefahr, daß Kinder bald so auf sie reagieren, wie auf andere «Tricks» der Erwachsenen: mit Ablehnung, und vielleicht steuern manche Kinder dann auch bewußt dagegen.

Eine langfristig angelegte, in die natürlichen Abläufe eingebettete Entspannung scheint uns am besten geeignet, die guten Möglichkeiten dieser Methode auszuschöpfen.

Streifzug durchs Buch

Die einzelnen Kapitel der folgenden Buchteile beschreiben die verschiedenen Entspannungsverfahren und die unterschiedlichen Gegebenheiten, in denen sie zur Anwendung kommen können. Die Kapitel bauen nicht aufeinander auf, so können sie je nach Interesse in beliebiger Reihenfolge gelesen werden. An dieser Stelle eine Übersicht, was Sie in den einzelnen Kapiteln erwartet.

Kinder mögen Massage: Margarita Klein sagt einiges zur Massage für Kinder und zeigt ausführlich und gut mitvollziehbar an drei Beispielen, wie eine solche Massage aussehen kann. Massage ist für sehr kleine Kinder die erste Entspannungsmethode, aber auch ältere Kinder haben sie gern.

Yoga: Bettina Hannsz erzählt eine Geschichte zum Yoga und seinem Licht, das um die Welt geht. Von den 1800 bekannten Yogahaltungen hat sie zehn für Kinder ausgewählt und beschrieben. Yoga stellt Entspannung durch Körperhaltungen her. Wenn Kinder weniger mit Vorstellungsübungen anfangen können, ist Yoga (wie Massage) ganz besonders geeignet.

Stilleübungen: Andrea Erkert hat in diesem Kapitel eine ganze Anzahl von Stilleübungen zusammengestellt. Sie sind für Kinder jeden Alters geeignet und erfordern keine Vorkenntnisse.

Entspannungsgeschichten: Die verschiedenen Arten von Entspannungsgeschichten werden in diesem Kapitel charakterisiert und an Beispielen vorgestellt. Auch wird gezeigt, wie sich ganz «normale» Geschichten ohne viel Aufwand in Entspannungsgeschichten umwandeln lassen. Außerdem werden «Starke Sprüche» vorgestellt, wie beispielsweise «Mit Mut geht's gut», die im Zusammenhang mit der Entspannung wichtig sein können.

Fantasiereisen und thematische Vorstellungsübungen: Auch diese Arten von Entspannungsgeschichten werden mit Beispielen vorgestellt. Außerdem gibt es Hinweise zum eigenen Erfinden von Fantasiereisen.

Autogenes Training: Ursprünglich als psychotherapeutisches Verfahren entwickelt, ist das autogene Training heute auch in der physischen und psychischen Gesundheitsvorsorge weit verbreitet. In diesem Kapitel werden Übungsformeln für Kinder vermittelt. Der Einsatz ist eher langfristig orientiert zu betrachten.

Progressive Muskelentspannung: Auch bei der progressiven Muskelentspannung gibt es zunächst allerlei zu lernen und einzuüben. Deshalb ist auch sie eher unter einer langfristigen Perspektive zu sehen.

Meditative Übungen: In diesem letzten Methodenteil werden Übungen zur Atementspannung, zum meditativen Tanz und zur Gestaltung von Mandalas vorgestellt.

Entspannung zu Hause: Allerlei Tips dazu, wie sich Entspannung in den Alltag zu Hause integrieren läßt, bietet dieses Kapitel.

Entspannung im Kindergarten: Andrea Erkert, selbst Leiterin eines Kindergartens, stellt vor, wie Entspannung in einer solchen Einrichtung angeboten werden kann.

Entspannung in der Schule: Einen Erfahrungsbericht und viele Hinweise dazu, wie Entspannung heute mit einer Schulklasse verwirklicht werden kann, bietet Priska Scharer in diesem Kapitel. Als Grundschullehrerin hat sie auch einiges über Probleme bei der Durchführung mit großen Kindergruppen und über längerfristige Veränderungen durch die Entspannung zu sagen.

Therapeutische Anwendung: Mehr für den Fachmenschen gedacht ist dieser kurze Abriß zur therapeutischen Anwendung von Entspannung bei Kindern.

Modellprojekt Gesundheitsförderung: Zunehmend findet sich eine institutionelle Nutzung von Entspannung bei Kindern. Dr. Rotraud Reinhardt-Bertsch berichtet über ein Modellprojekt des Gesundheitsamts Stuttgart, bei dem unter anderem Entspannung in der Schule zur Anwendung kommt.

Geschichtenteil: In verschiedenen Kapiteln sind bereits Entspannungsgeschichten, Fantasiereisen und andere Materialien verstreut zu finden. Nun, am Schluß des Buches, stehen 15 Geschichten der Schriftstellerin Andrea F. Cremer, die als Entspannungsgeschichten genutzt werden können. Je nach Alter und Auffassungsgabe der jeweiligen Kinder kann beim Vorlesen der dargebotene Text variiert, verändert, erweitert oder gekürzt werden. Die fantasiereichen Geschichten bieten genügend Anhaltspunkte dazu.

Möglichkeiten der Entspannung

Kinder mögen Massage
Margarita Klein

Was Massage will

Ich fühle, also bin ich
Die früheste Sinneserfahrung, die ein Mensch macht, ist die, berührt zu werden. Während der ersten neun Monate des Lebens wird das Ungeborene von allen Seiten berührt, es wird gehalten, ist ständig im Kontakt mit den Wänden der Gebärmutter und mit seinen eigenen Gliedmaßen. Schon ab der achten Woche seines jungen Lebens, gerade erst 2,5 cm lang, kann der Embryo Reize der Haut wahrnehmen. Wenn das Baby dann durch den Geburtskanal geglitten ist – auch das ist intensivste Berührung mit dem Körper der Mutter –, wird es von Händen in Empfang genommen, es liegt auf dem Bauch der Mutter, wird von ihr gehalten, gestreichelt. Die ganze Babyzeit hindurch ist Berührung neben Gestik, Mimik und Lauten das bestimmende Element der Beziehung zwischen Eltern und Kind. Erst später, mit der Entwicklung der Sprache, tritt die Bedeutung des Hautkontaktes ein wenig in den Hintergrund, ohne jemals unwichtig zu werden.

Das Baby erfährt die Wirklichkeit des Lebens außerhalb seines eigenen Körpers zunächst über die Haut. Der Tastsinn ist so gleichzeitig Realitäts-Sinn. Über den Kontakt zum «Außen» erlebt es auch, daß es selbst ein «Innen» ist, daß es existiert. «*Ich fühle, also bin ich*»: Dies ist vielleicht die allererste Erkenntnis eines Menschen, auch wenn es noch lange Zeit dauern wird, bis er sie in Worte fassen kann.

Jede liebevolle, aufmerksame Berührung seiner Haut bestätigt in den nun folgenden Jahren seiner Entwicklung und seines Wachstums die Erfahrung im Mutterleib: «*Ich bin geborgen, die Welt fühlt sich gut an*».

So kann eine Massage seines ganzen Körpers Erinnerungen an die wohlige Zeit damals wecken. Mit jedem Mal wächst sein Schatz an positiven Sinneserfahrungen und bildet ein immer stabiler werdendes Fundament der kindlichen Persönlichkeit. Sein «Haut-Ich» wird gestärkt.

Ich fühle dich, ich bin nicht allein

Ihr Kind zu massieren ist eine Möglichkeit, wie Eltern Sicherheit, Nähe und Geborgenheit geben können, wie sie ihm sagen können: «*Ich bin bei dir, ich liebe dich.*» Eine Berührung der Haut spricht seine Sinne auf wohltuende Weise an, und diese Sprache ist ihm seit Beginn seines Lebens vertraut, es versteht sie ganz unmittelbar, sie ist sinn-voll. So wächst es auf mit der Erfahrung, daß eine liebevolle Verbindung zwischen Menschen über Berührung, über Hautkontakt herzustellen ist. Berührung wird zu einem selbstverständlichen Bestandteil seines Repertoires in der Verständigung mit anderen Menschen. Je älter das Kind wird, um so mehr wird diese früheste Kommunikationsform ergänzt durch andere, vor allem durch die Sprache. «Soziale Fellpflege» nennt es der Familientherapeut Michael-Lukas Möller, wenn Freunde oder Freundinnen miteinander tratschen – ein Hinweis auf das Fortführen des Hautkontakts mit anderen Mitteln. In vielen Familien erhalten sich lange Jahre hindurch spielerische Kontaktrituale, beispielsweise sich gegenseitig den Rücken zu kraulen, zu kratzen oder zu bekrabbeln. Auch Kinder untereinander entwickeln eine Reihe taktiler Spiele, beispielsweise sich gegenseitig Buchstaben auf den Rücken zu malen.

Ich fühle mich besser, wenn du mich berührst

Auch wenn das Kind schon «groß», also dem frühen Säuglingsalter entwachsen ist, greift es bei Störungen seiner Befindlichkeit gern zurück auf die ganze frühe Erfahrung von Sicherheit durch Hautkontakt: Wenn es sich weh getan hat oder krank ist, immer wenn es einen Entwicklungsschub durchmacht, beispielsweise wenn die

Zähne kommen, kurz bevor es laufen kann, wenn es in die Trotzphase kommt, um nur einige verunsichernde Ereignisse aus der frühen Kindheit zu nennen. Später bringt vielleicht die Geburt eines Geschwisters, die Einschulung oder der Beginn der Pubertät das Kind aus der Fassung.

Was immer der Auslöser ist: Eine Massage kann das innere Chaos des Kindes ordnen, kann ihm helfen, Übergänge zu bewältigen. Sie macht ihm die klare Grenze seines Körpers, die Haut, bewußt und vermittelt gleichzeitig: *«Ich bin bei dir, ich stärke dir den Rücken, ich bin in Kontakt mit dir, auch wenn du deine Gefühle nicht in Worten ausdrücken kannst.»* Berührung ist die Sprache, die wir benutzen können, um ein Kind zu trösten, seinen Schmerz – seelischen wie körperlichen – zu lindern, Spannungen zu lösen. So erlebt das heranwachsende Kind: Nähe, Zuwendung, Massage können heilen, der Griff zur Medizin ist nicht das Wichtigste. Die ursprünglichste Form des Heilens ist das Auflegen der Hand. Die Kunst des «Be-Handelns» war bei uns fast in Vergessenheit geraten und kommt erst in neuerer Zeit wieder zu Ehren.

Kinder, die lindernde Berührung als selbstverständlichen Teil elterlicher Zuwendung in Krisenzeiten erleben, lernen, daß Menschen ganz unmittelbar einander helfen können. Sie gewinnen einen Grundstock an Erfahrung, der es ihnen ermöglicht, sich selbst und anderen beizustehen.

Massage verbindet
Eine Massage kann auch Krisen in einer Beziehung heilen. Liegt zum Beispiel nach einem unerfreulichen abendlichen Streit das Kind schließlich im Bett, ist vielleicht sogar mit einigen Schluchzern eingeschlafen, kann es ihm guttun, wenn die Mutter oder der Vater später noch einmal an sein Bett tritt und vom Kopf bis hin zu seinen Füßen über seinen Körper streicht (ganz zart, fast ohne Berührung). So wird ihm in den Schlaf hinein vermittelt: *«Es ist wieder gut.»*. Manchmal ist sogar zu beobachten, daß sich das Kind wohlig entspannt, vielleicht sogar im Schlaf lächelt. Auf jeden Fall bringt es auch den Erwachsenen das innere Gleichgewicht zurück.

Wenn mit einem älteren Kind oder einem Jugendlichen ein Streit heftig ausgetragen wurde, wenn wieder einmal erbittert gekämpft wurde, Verletzungen mit Worten zugefügt wurden, ist eine gegenseitige Massage manchmal der Weg, der nach Beilegung des Streits wieder zueinander führt, um auch den Rest von Ärger aus der Welt zu schaffen.

Massage reguliert die Spannung

Die Haut ist auch ein Organ des Körpers, das Spannung ausgleicht. Eine Berührung kann anregen, man fühlt sich hinterher erfrischt und wach, sie kann aber auch zutiefst beruhigen bis hin zum Einschlafen.

Ein Kind reagiert meistens sehr unmittelbar auf eine Massage: Entweder es wird ganz ruhig, der Atem vertieft sich, die Augen fallen zu – oder es kichert und lacht, zappelt, dreht und wendet sich.

Für manche Kinder allerdings sind sehr zarte Berührungen unerträglich. Sie brauchen einen sicheren, eindeutigen Kontakt, eine klare Information an den Körper: *«Hier bin ich – da bist du!»* Ihr Nervensystem ist mit undeutlichen, zu leichten, zu schnellen oder zu ungeordneten Berührungen überfordert. Ein Kind, das direkt und sichtbar freudig auf die Berührung reagiert, beantwortet die Frage: «Ist es wohl richtig so?» durch sein Verhalten eindeutig. Falls ein Kind zunächst nicht mit überwältigender Begeisterung reagiert, kann die Massage fortgesetzt werden, wobei Sie seine weiteren Reaktionen sorgfältig beobachten sollten. Eine eindeutige Ablehnung jedoch muß respektiert werden, und es ist die Frage zu klären, ob das Kind auf eine andere Weise, zu einem anderen Zeitpunkt oder von einer anderen Person eine Massage mag oder ob sie zu diesem Zeitpunkt seiner Entwicklung nicht das Richtige ist.

Mit Kindern, die sich schon mit Worten ausdrücken können, ist es auch möglich, sie unter verschiedenen Angeboten wählen zu lassen. Kinder, die schon Erfahrung mit Massagen haben, wünschen sich manchmal ausdrücklich eine ganz bestimmte Art der Berührung. Meistens wissen sie sehr genau, was ihnen guttut.

Massage – ein Gespräch zwischen Hand und Haut

Ein Kind zu massieren, mit den Händen zu seiner Haut zu sprechen, heißt auch, sich aus der Sphäre der Worte, des Denkens, des Analysierens heraus in den Bereich der Sinne, des Fühlens zu begeben, in den Bereich, in dem das Kind zu Hause ist. Hier kennt es sich aus, hier zeigt es der anderen Person, was ihm guttut und was ihm nicht gefällt. Kinder sind manchmal kompromißlos: Niemals läßt ein Baby oder ein Kind eine Massage über sich ergehen, die ihm nicht unmittelbar Wohlbefinden vermittelt, in der vagen Hoffnung darauf, daß es schon für irgend etwas gut sein wird, wie es manchmal Erwachsene tun. Durch seine Reaktion bringt es den aufmerksamen, einfühlsamen Masseur dazu, mit seinen Händen und der Art, wie er sie bewegt, genau das richtige Tempo und die für dieses Kind zu diesem Zeitpunkt richtige Intensität zu finden. Das ist Verständigung im besten Sinne.

Diese Einfühlsamkeit zeigen Kinder auch, wenn sie selbst andere berühren. Hat Ihnen jemals ein Kind seine Hand um Ihren Hals geschlungen oder Ihnen den Rücken gestreichelt? Eine Berührung von Kindern, weil sie mit offenem Herzen und offenen Händen geschieht, kann ganz tief innen berühren.

Schon Kinder im Vorschulalter können einfache Massagetechniken lernen und führen sie mit Begeisterung auch aneinander aus. Diese Sprache des Körpers, die unmittelbare Verständigung zwischen Hand und Haut (auch wenn sie von Kleidung bedeckt ist) ist ihnen sehr vertraut und selbstverständlich. Kinder zeigen gern ihre Kompetenz, und es unterstützt ihr Selbstbewußtsein, einer anderen Person eine Massage zu geben: *«Ich bin eine Person, die anderen guttun kann.»*

Wann, wo und mit wem Massage gut ist

Massage kann Menschen jeden Alters und jeden Geschlechts miteinander verbinden, Kinder und Erwachsene, Alte und Junge, Jungen und Mädchen, Männer und Frauen, Kranke und Gesunde, Behinderte und Nicht-Behinderte.

Die grundsätzliche Freiwilligkeit und die Zustimmung beider Partner ist unabdingbare Voraussetzung.

Massage innerhalb der Familie

Es kann das Familienleben ungemein bereichern, Massagen als alltägliches Ritual und als Hilfe bei Unwohlsein verschiedenster Ursachen anzuwenden.

Schon neugeborenen Babys tut eine zarte, einhüllende Massage gut. Seitdem Kinder nicht mehr täglich gebadet werden, entgeht ihnen diese regelmäßige Erfahrung, jeden Tag einmal vom Kopf bis zu den Füßen systematisch berührt zu werden. Eine Massage an Stelle des Badens kann sogar mehr sein als nur ein Ersatz des auf Reinigung abzielenden Rituals.

Eine kurze Anleitung zur «Schmetterlingsmassage» finden Sie auf den folgenden Seiten.

Da diese Berührung sehr sanft ist, eignet sie sich auch immer dann, wenn Ihr Kind krank ist, wenn es einen der im Kindesalter so zahlreichen Infekte durchmacht oder wenn es Zähne bekommt.

Vom späteren Säuglingsalter an darf die Berührung ruhig kräftiger sein. Viele Kinder lieben es dann, fest und sicher durchgeknetet zu werden.

Kann das Kind schon kleine Geschichten verstehen, ist es schön, ihm gleichzeitig diese Geschichte auf den Rücken oder auf die Hand zu malen. Das Hören der Worte und das gleichzeitige Fühlen schaffen so eine ganzheitliche Erfahrung für das Kind, sprechen viele seiner Sinne an (siehe auf S. 51 «Allwettermassage»).

Massage von Kindern oder Jugendlichen miteinander

Schon im Kindergartenalter sind Kinder in der Lage, sich gegenseitig zu massieren, als Teil des Bewegungsunterrichts, oder später in der Schule auch als kurze Entspannungszeit zu Beginn einer Unterrichtsstunde oder wenn die Aufmerksamkeit nachläßt. Auch in der Arbeit mit Jugendgruppen, in einem Alter also, in dem Spiele schon wieder interessanter werden, sind spielerische Massagen eine Erweiterung des Angebots. Es ermöglicht jungen Menschen, auf neuen Wegen miteinander umzugehen. Hier eignen sich ebenfalls die in diesem Text beschriebenen Techniken oder weitere aus dem Erfahrungsschatz der anleitenden Person oder auch der Kinder und Jugendlichen selbst. Der Fantasie sind dabei wenig Grenzen gesetzt.

Schulkinder und manchmal schon Vorschulkinder beginnen häufig, Verspannungen im Nacken und Schulterbereich oder Kopfweh zu entwickeln. Eine Massage des Kopfes kann Linderung verschaffen (siehe « *Haare waschen* » auf S. 55). Vom vielen Sitzen geplagte Schulkinderrücken freuen sich besonders über leichte klopfende und knetende Massagen von den Schultern bis ganz hinunter zum Becken. Die Wirbelsäule wird dabei immer ausgelassen.

7 praktische Tips für die Durchführung

1. Massage findet nur mit der Zustimmung des massierten Kindes statt. Wenn das Kind noch keine Erfahrung mit Massage hat, kann es nicht sagen, ob es das mag oder nicht. Dann sollte es sein Einverständnis zu einem Versuch geben. Ist das Kind noch zu klein, um sich verbal zu äußern, geben seine mimischen und stimmlichen Reaktionen deutlich Auskunft: Wenn es ihm nicht gefällt, schreit es laut und unmißverständlich.

2. Eine ruhige Atmosphäre unterstützt die Entspannung. Kerzen oder Musik können helfen, die Massage als Ritual zu kennzeichnen,

sind aber kein notwendiger Bestandteil. Wichtiger sind die Ruhe und Sicherheit der massierenden bzw. der anleitenden Person.

3. Die Massage sollte nicht länger als zehn bis fünfzehn Minuten dauern, sonst macht sich Ungeduld breit.

4. Auch Massage über der Kleidung tut gut, wenn die Pullover nicht allzu dick sind.

5. Den Rücken, die Kopfhaut und die Hände lassen sich die meisten Kinder ohne Abwehr massieren. Gesicht und Bauch sind eher «heikle» Körperbereiche, bei denen manche Kinder mit Abwehr reagieren. Die Füße sind oft kitzelig.

6. Wer in einer Gruppe nicht massiert werden will, setzt oder legt sich ruhig hin (wenn es notwendig ist, in die unmittelbare Nähe der anleitenden Person).

7. Wenn eine Massage einmal in großes Gelächter umschlägt: Lachen ist gesund, es ist gleichsam eine Massage von innen!

Schmetterlingsmassage

Für Babys und immer, wenn sich ein Kind «klein» fühlt.

– Lesen Sie sich den folgenden Text zunächst durch und machen Sie sich mit der Reihenfolge und den Techniken vertraut. Am besten probieren Sie sie an Ihrem eigenen Gesicht und an Ihrem Arm aus. Dann legen Sie das Buch zur Seite und wenden sich mit Ihrer vollen Aufmerksamkeit Ihrem Kind zu und massieren es so, wie Sie die Anleitung erinnern. Falls Sie etwas vergessen haben: macht nichts, beim nächsten Mal können Sie es dann schon besser. Lassen Sie sich von Ihren Händen und von der Reaktion des Kindes leiten.

– Massieren Sie mit warmen Händen, in einer ruhigen Atmosphäre, zu einem Zeitpunkt, zu dem das Kind aufmerksam und ruhig ist.

Sorgen Sie für eine wohlige Raumtemperatur. Die meisten Babys mögen es gern, wenn sie nackt sind, ältere Kinder bleiben, wenn es der Situation eher entspricht, leicht bekleidet. Das Kind liegt zunächst auf dem Rücken. Reiben Sie einige Male Ihre Hände fest gegeneinander, als ob Sie sie waschen wollten, und schütteln Sie sie dann leicht aus. Schauen Sie das Kind während der Massage an und sprechen Sie mit ihm oder singen Sie dabei.

– Es gibt drei Arten von «Techniken» bei dieser Massage, die Sie gut
  vorher an sich selbst (Gesicht und Arme) ausprobieren können:
1. langes, verbindendes Streichen von oben nach unten und von der
Mitte zur Seite. Die Finger sind leicht gespreizt, und das Kind wird
gleichsam mit Schmetterlingsflügeln eingehüllt.
2. Lockern der Muskulatur: mit der Hand oder den Fingern den
Muskel großflächig umfassen und leicht schütteln. Stellen Sie sich
vor, Sie versetzen einen Wackelpudding in leichte Schwingungen.
3. Kleine rüttelnde Bewegungen mit den Fingerspitzen («Tüpfeln»): Malen Sie Ihrem Kind dicke Sahnetupfer auf die Haut.
    Alle Bewegungen gehen vom Kopf des Kindes in Richtung auf
seine Füße und von der Mitte des Körpers nach außen. Jede wird

dreimal ausgeführt. Das schafft einen verläßlichen Rhythmus und sorgt dafür, daß die Massage insgesamt nicht zu lange dauert.

Begrüßung: Das Kind liegt auf dem Rücken und schaut Sie an. Streichen Sie einige Male sehr zart vom Scheitelpunkt des Kopfes ausgehend mit leicht gespreizten Fingern über den ganzen Körper des Kindes, bis zu den Zehen und darüber hinaus. Lassen Sie Ihre Hände dabei ganz weich und anschmiegsam jeder Rundung des Körpers folgen.

– Dann wenden Sie sich nach und nach jedem einzelnen Körperteil zu:

Das Gesicht wird recht zügig behandelt, wenn es dem Kind deutlich unangenehm ist, sogar ausgelassen.

Streichen Sie jeweils dreimal mit den Fingerspitzen auf der Stirn von der Mitte zur Seite bis in die Schläfen hinein,

um die Augen herum,

von der Nasenwurzel hinunter zu den Nasenflügeln, unter den Wangenknochen im Bogen bis hin zu den Ohren,

umrunden Sie die Ohren,

ziehen Sie Kreise um den Mund herum.

Tüpfeln auf den Wangen über den Kiefergelenken (Sahnetupfer).

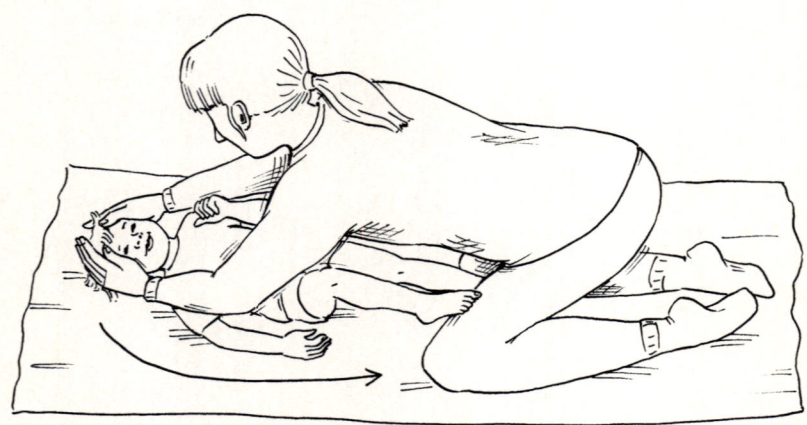

Schieben Sie beide Hände in den Nacken des Kindes, ohne seinen Kopf zu heben, und streichen Sie vom Hinterhaupt abwärts über den Nacken und die Rückseite der Schultern.

Streichen Sie über Schultern, Arme und Hände. Dann wenden Sie sich dem rechten Arm zu. Lockern Sie die Muskulatur des Oberarms (Wackelpudding), dann die des Unterarms. Streichen Sie um das Handgelenk herum, dann ausführlicher über den Handrücken und die Innenfläche der Hand. Folgen Sie den einzelnen Fingern bis zur Spitze, so als ob Sie Blütenblätter zupfen: er liebt mich, er liebt mich nicht, er liebt mich … Machen Sie dasselbe mit dem linken Arm, dann schließen Sie mit einhüllendem Streichen die Massage von Kopf und Armen ab und beginnen Sie mit Brust und Bauch.

Streichen Sie im Verlauf der Rippen vom Brustbein zu den Seiten des Brustkorbs. Sie beginnen damit am Hals und gehen jedesmal eine Rippe tiefer, bis Sie schließlich die letzten Striche von der Spitze des Brustbeins der unteren Rippenkante folgen lassen. Hier etwa verläuft auch das Zwerchfell, und auf dieser Linie tüpfeln Sie von der Mitte zur Seite.

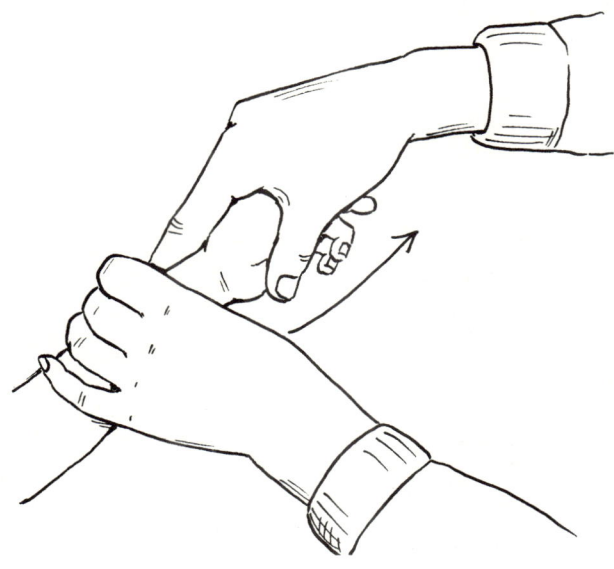

Auf dem Bauch ziehen Sie einen großen Kreis im Uhrzeigersinn um den Bauchnabel herum und tüpfeln dann auch auf dieser Linie. Die «Bikinifalte» finden Sie am Unterbauch des Kindes, etwa da, wo die Oberkante eines gedachten Bikinihöschens verlaufen würde. Streichen Sie der Falte folgend zunächst dreimal von der Mitte zur Seite, dann tüpfeln Sie.

Streichen Sie schmetterlingszart von der Taille abwärts über die Beine bis zu den Füßen und darüber hinaus.

Beginnen Sie mit dem rechten Bein und lockern Sie die Muskulatur vom Oberschenkel hinunter zum Unterschenkel (Wackelpudding). Streichen Sie um das Fußgelenk und die Ferse herum, über die Oberseite des Fußes und die Fußsohle, zupfen Sie leicht an den einzelnen Zehen (Blütenblätter) und wiederholen Sie den Vorgang am anderen Bein.

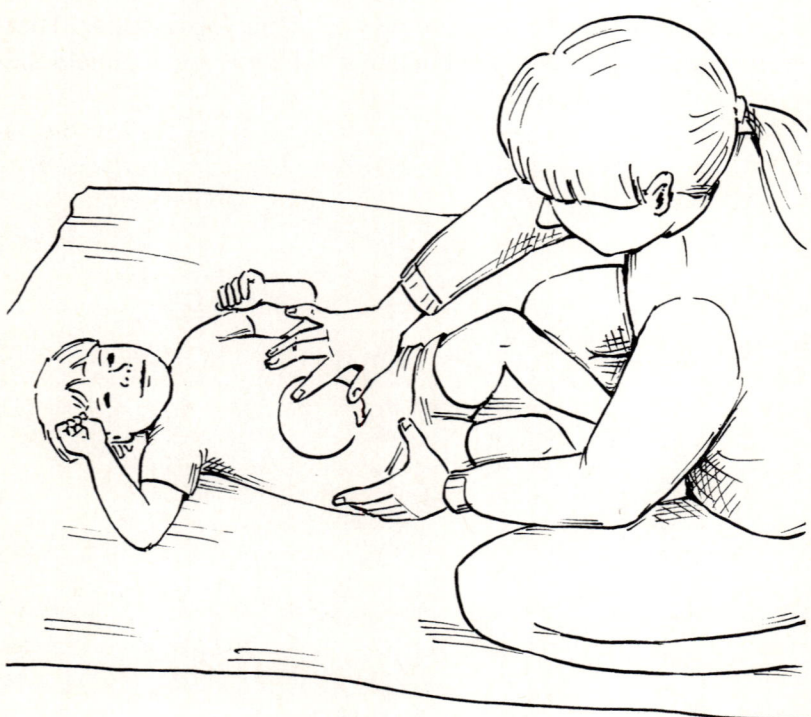

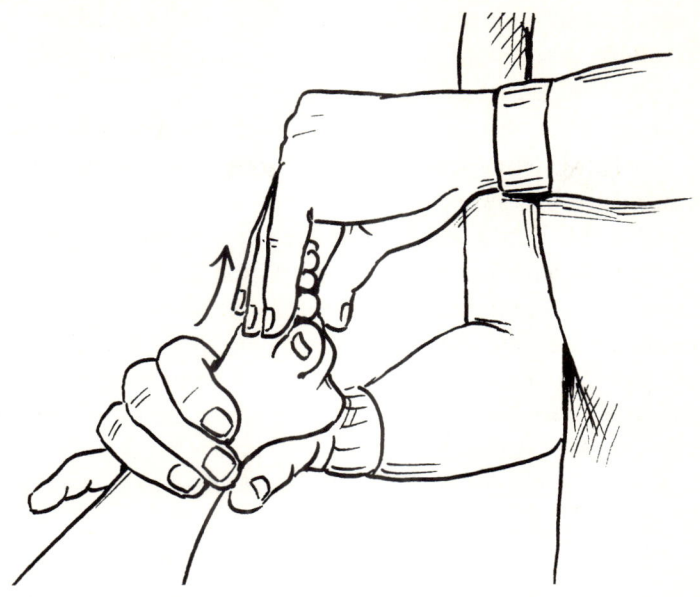

Beenden Sie die Massage der Vorderseite mit einhüllendem Streichen vom Scheitel des Kindes bis zu seinen Füßen und darüber hinaus (Schmetterlingsflügel).

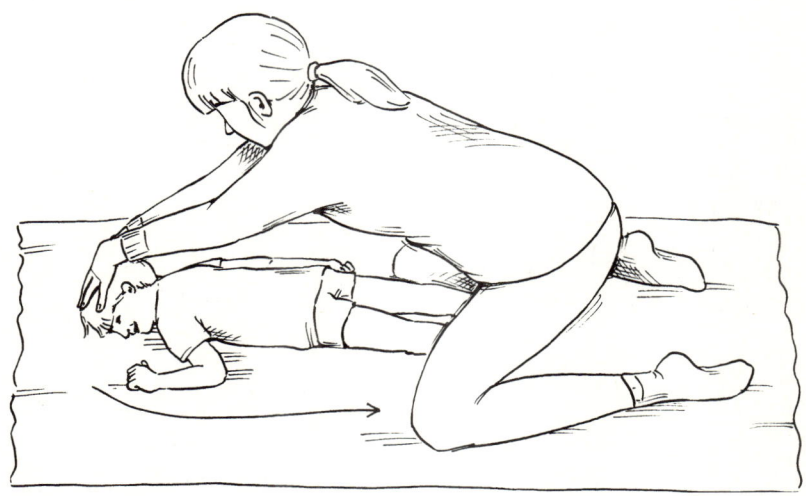

Drehen Sie das Kind auf den Bauch.

Der Rücken wird wieder mit langem Streichen vom Kopf bis zu den Füßen begrüßt.

Dann streichen Sie über die Schulterblätter von oben nach unten und von der Mitte nach außen, lockern Sie die Muskulatur um die Schulterblätter herum.

Streichen Sie den Rippen folgend von der Mitte zur Seite. Beginnen Sie am Nacken und wandern Sie Rippe für Rippe tiefer.

Ertasten Sie die Muskelstränge rechts und links der Wirbelsäule und lockern Sie sie vom Nacken beginnend bis zum Po.

Streichen Sie über den Po sternförmig von der Mitte ausgehend nach außen, dann legen Sie beide Hände weich auf die Pobacken und lockern sie (Wackelpudding).

Streichen Sie noch einmal die Rückseite der Beine und lockern Sie auch dort die Muskeln.

Beenden Sie die Massage, indem Sie dreimal vom Scheitel aus über den ganzen Rücken, den Po, die Beine, die Füße und darüber hinaus mit Schmetterlingshänden einhüllend streichen.

– Lassen Sie die Massage in Ruhe ausklingen. Hüllen Sie das Kind in eine Decke. Wenn es noch klein ist, nehmen Sie es in die Arme, schaukeln Sie sanft hin und her, wenn Sie mögen, summen oder singen Sie dabei. Wenn es größer ist, bleiben Sie einfach noch ein wenig still neben ihm sitzen.

Allwettermassage

Diese Massage eignet sich gut für Kinder ab drei bis vier Jahren. Sie wird begleitet von verbalen Beschreibungen der jeweiligen «Wetterlage». Die Stimme paßt sich dabei der Dramatik des Wetters an.

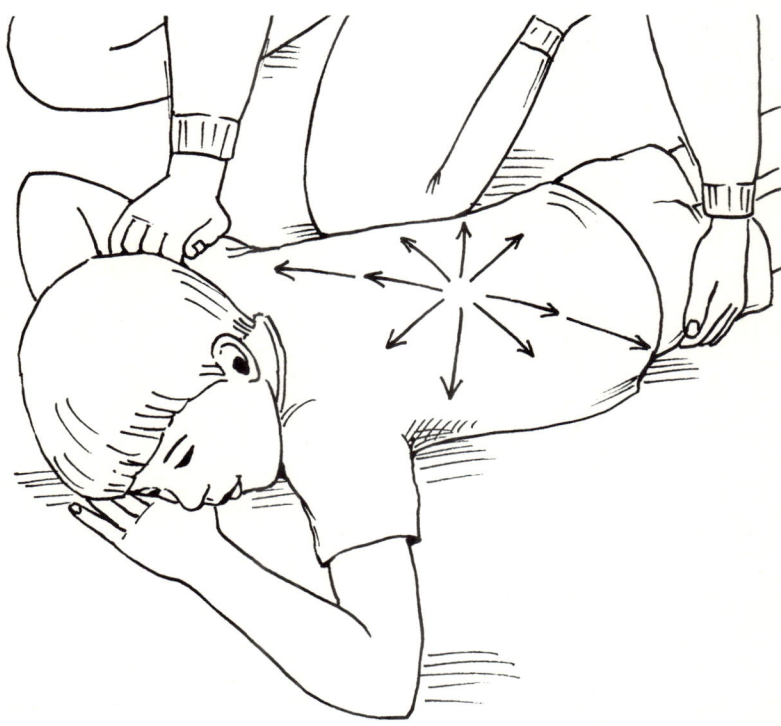

Wenn Sie eine Gruppe von Kindern anleiten, machen Sie in der Luft mit Ihren Händen die Bewegungen vor.

Das massierte Kind legt sich auf den Bauch, oder es setzt sich rittlings auf einen Stuhl und legt den Kopf auf die verschränkten Arme. Die massierende Person (ein Kind oder ein Erwachsener) sitzt möglichst bequem daneben. Zunächst reibt sie ihre Hände, als ob sie sie waschen wollte, und schüttelt sie ein wenig aus.

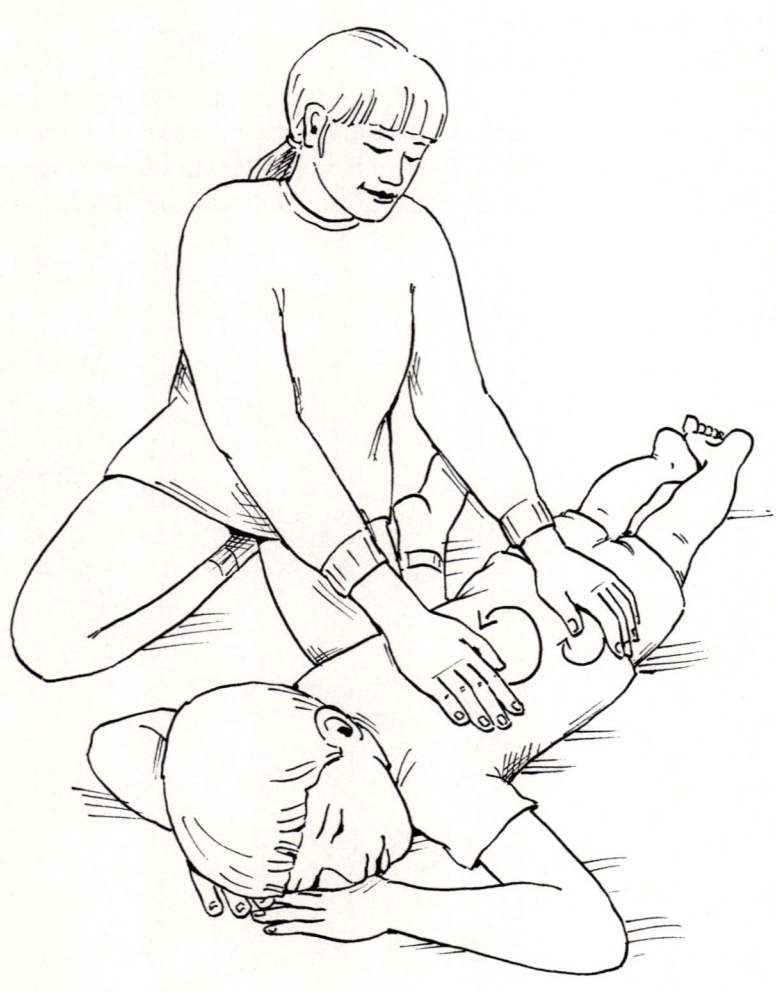

– Der Himmel ist klar.

Die Hände streichen über den Rücken vom Nacken bis ganz hinunter zum Becken.

– Die Sonne scheint.

Ihre wärmenden Strahlen breiten sich von der Mitte des Rückens nach oben und unten und zu allen Seiten hin aus. Die Strahlen werden mit den gespreizten Fingern beider Hände von der Taille aus zu allen Seiten mit deutlichen Strichen gemalt.

– Dicke Wolken ziehen auf.

Die flachen Hände streichen in großen, unregelmäßigen Kreisen über den ganzen Rücken. Schultern und Becken werden immer mit einbezogen.

– Ein warmer Sommerregen fällt mit dicken, weichen Tropfen.

Die Finger beider Hände fallen weich auf den Rücken, dabei sind die Handgelenke und die Schultern locker.

– Grelle Blitze zucken über den Himmel, es ist wirklich ein Unwetter!

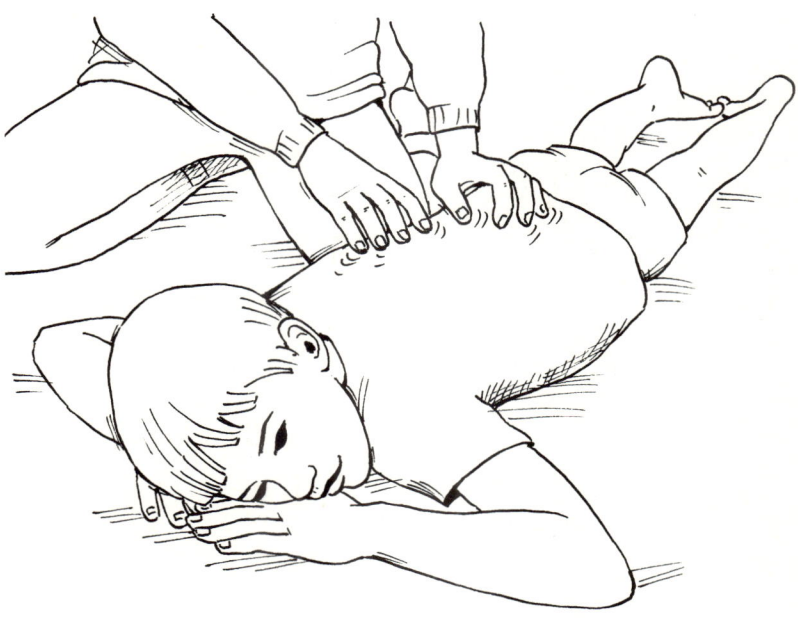

Der Zeigefinger malt vom Nacken bis hinunter zum Becken ganz rasch Blitze, zwischendurch regnet es wieder, auch die Wolken ziehen noch einmal über den Rücken.

– *Der Regen wird sanfter, bis schließlich nur noch einzelne Tropfen fallen.*

– *Wallender Nebel steigt auf.*

Beide Hände streichen langsam und zart in großen Kreisen und beziehen dabei die ganze Fläche des Rückens mit ein.

– *Einzelne Sonnenstrahlen lassen sich sehen,*

Mit einzelnen Fingern wieder von der Taille aus nach oben, unten und zu den Seiten Strahlen malen.

– *bis schließlich die Sonne wieder hell strahlt*

Strahlen mit allen Fingern beider Hände malen.

– *und der Himmel wieder ganz klar ist.*

Einige Male vom Nacken abwärts streichen.

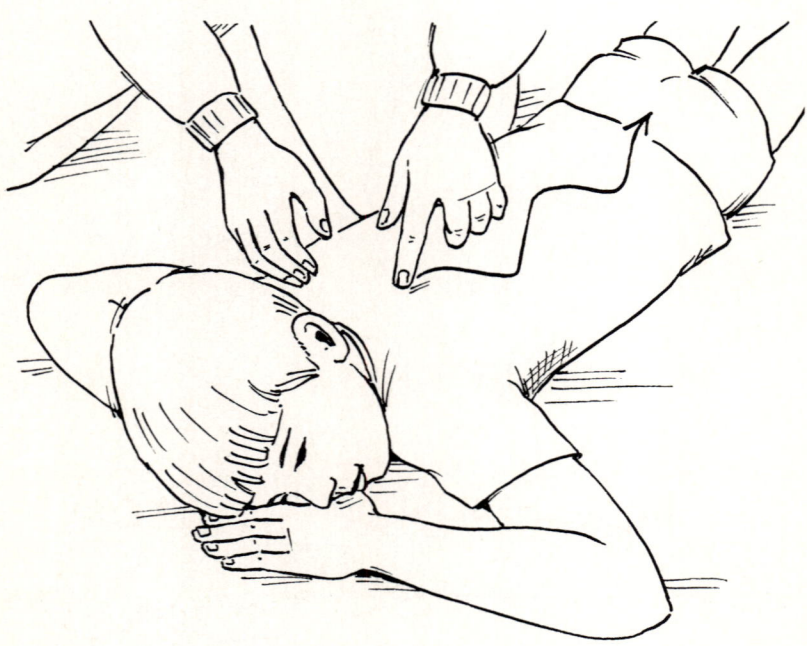

Haare waschen

Ein Kind sitzt im Schneidersitz, eventuell mit einem Kissen unter dem Po, das andere kniet dahinter. Oder das eine Kind sitzt rittlings aufgerichtet auf einem Stuhl, das andere steht dahinter.

Zunächst werden der Kopf, der Nacken und die Schultern unter der Dusche mit angenehm warmem Wasser benetzt.

Mit weichen Fingerspitzen und lockeren Händen vom Scheitel über den Nacken und die Schultern bis hinunter zu den Schulterblättern streichen.

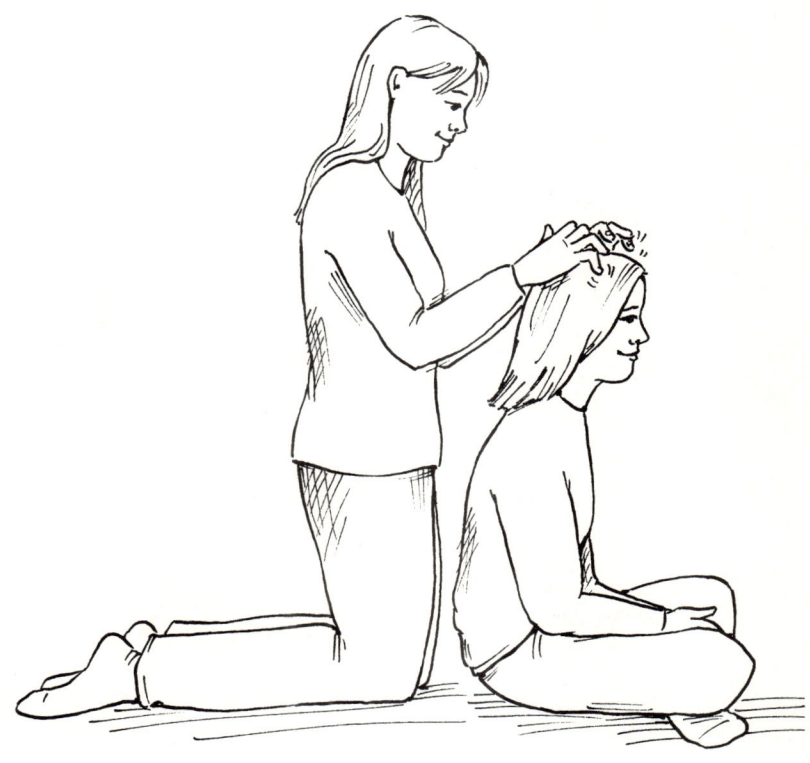

Das massierte Kind darf sich ein Haarshampoo wünschen in einer Farbe, die ihm heute besonders gut gefällt.

Das andere Kind nimmt die Flasche mit der richtigen Farbe aus dem Regal und läßt das Shampoo auf den Kopf des massierten Kindes laufen.

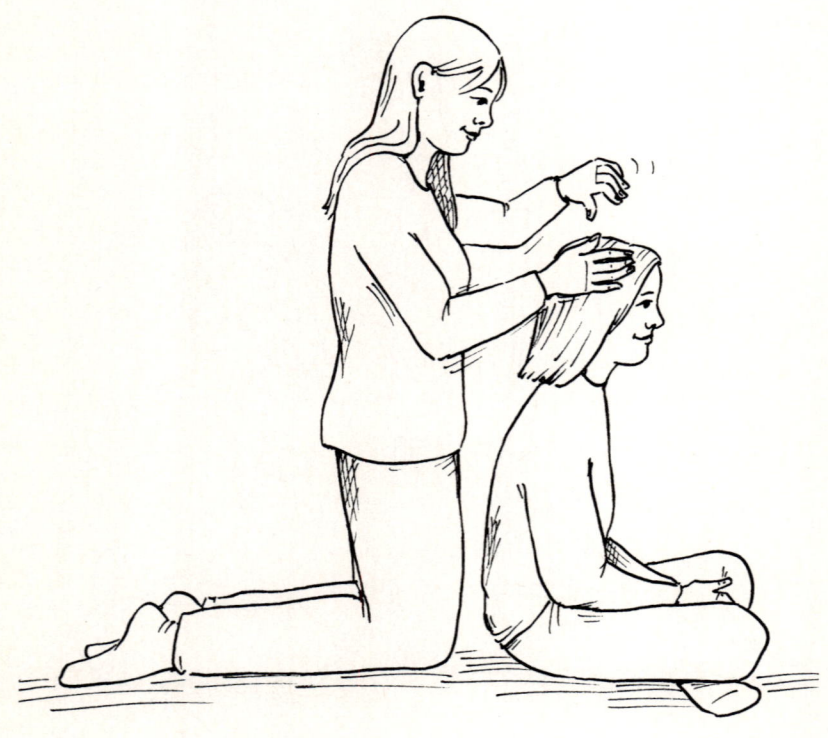

Die gespreizten Finger streichen vom Scheitel abwärts über die Haare.

Das Shampoo wird gründlich in die Kopfhaut einmassiert.

Auch die Haare im Nacken werden «gewaschen».

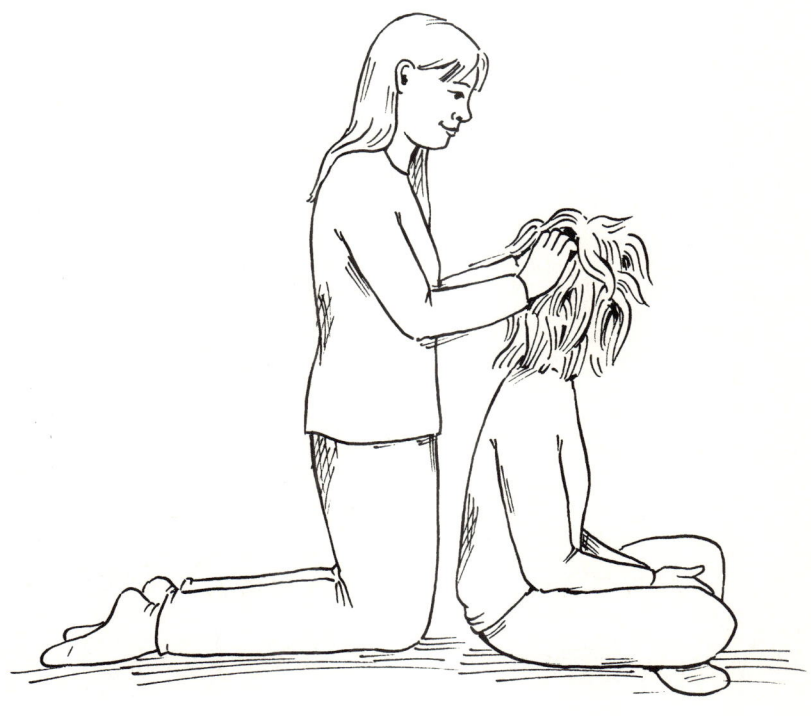

Das farbige Shampoo wird mit warmem Wasser abgespült und fließt über die Schultern den Rücken hinunter.

Beide Hände streichen einige Male leicht mit gespreizten Fingern vom Scheitel über den Kopf, den Nacken, die Schultern und den ganzen Rücken bis hinunter zum Becken.

Yoga
Bettina Hannsz

Was ist Yoga? Ich werde Ihnen dazu eine Geschichte erzählen. So, oder auch anders, mit Ihren Worten, mögen Sie sie Ihren Kindern weitererzählen:

Yoga ist ein Übungssystem für Körper, Seele und Geist. Es hat schon sehr vielen Menschen geholfen, gesund zu werden, wenn sie krank waren. Oder sich fit und gesund zu halten, wenn sie überhaupt nicht krank waren.

Yoga ist schon sehr alt. Tausend Jahre oder zweitausend. Vielleicht noch älter. Niemand wird es genau sagen können. Ich auch nicht. Yoga wurde in Indien erfunden. Indien liegt ganz schön weit weg von uns. Fast am anderen Ende der Welt. Selbst mit dem Flugzeug dauert es lange, bis man dort ist. Wenn man dorthin will.

In Indien haben also weise Männer Yoga erfunden, ältere und jüngere, aber mehr ältere. Die sind weiser. Sie trugen wallende Gewänder und hatten graue Haare. Manch einen schmückte ein langer Bart im Gesicht. Ihre Augen leuchteten und schauten ganz wach und aufmerksam in die Welt, in der sie lebten.

Sie hatten viel Zeit zum Schauen und Beobachten. Sie mußten noch nicht in großen Fabriken viele Stunden arbeiten oder in Büros ungezählte Formulare ausfüllen oder ständig nach Sonderangeboten rennen oder immerzu auf der Fernbedienung des Videorecorders oder Fernsehers rumdrücken. Wenn sie das alles hätten machen müssen, Yoga wäre nie erfunden worden!

Diese weisen Männer nannte man damals, auch heute noch, ehrfurchtsvoll Meister oder Yogi. Sie hatten Zeit, alles um sie herum genau zu beobachten. Dabei schauten und lauschten sie der Natur ab, was für sie nützlich und wichtig sein könnte. Zum Beispiel beobachteten sie aufmerksam die Tiere. Wildkatzen, Schlangen, Haifische, Wildschweine, Papageien, Käfer, Maulwürfe, Frösche und noch viele andere. Die gibt es alle in Indien!

Sie sahen, wie sie sich behend und flink bewegten, ausgelassen hüpften, mutig kletterten, sich vor Freude reckten und streckten. Oder manchmal still und ernst in einer besonderen Haltung verharrten, wenn sie traurig waren oder Schmerzen litten.

Die weisen Männer, die Meister oder Yogi, beobachteten, daß die Tiere, wenn sie eine Zeitlang in einer bestimmten Haltung verharrt hatten, bald keine Bauch-, Rücken-, Fuß-, Kopf-, Hals- oder andere Schmerzen mehr hatten und wieder gesund waren. Ganz ohne Tabletten und Pulver! Sie lernten von den Tieren, daß Körperhaltungen für die Heilung von Krankheiten und für das Gesundsein und Fröhlichsein ganz wichtig sind.

Als die Meister oder Yogi wieder und wieder und oft genug gesehen hatten, sammelten sie ihre Beobachtungen in ein System von Übungen. Jeder Übung gaben sie einen Namen. Vor allem Tiernamen. Ihr könnt euch sicher denken, warum: Klar, sie hatten sie ja von den Tieren abgeschaut. Die Übungen nannten sie Asanas. Das ist indisch.

Diese Übungen, die Asanas, machten die weisen Männer also den Tieren nach. Jeden Tag und fast immer zur gleichen Zeit. Nur wenn sie mal etwas ganz Wichtiges vorhatten, verschoben sie ihre Übzeit. Das kam selten vor. Aber vergessen haben sie sie nie!

So hielten sie ihre Körper biegsam und beweglich, stark und kräftig. Ihr Herz schlug immer regelmäßig, ihr Atem ging leicht und tief ein und aus, ihre Augen sahen alles scharf und genau. Ihre Ohren hörten sogar das Gras wachsen. Ihr Magen verdaute das Essen gut, und ihr Darm beförderte die Reste der Verdauung wieder rechtzeitig an die frische Luft. Da war die Luft allerdings für kurze Zeit nicht so frisch. Aber das ist menschlich.

Die Meister oder Yogi übten jedoch mit den Asanas nicht nur ihren Körper. Auch ihre Seele und ihren Geist. Sie waren dadurch immer reiche Menschen. Sie hatten einen klaren Kopf. Sie waren

selbstbewußt und empfindsam. Sie lebten in Frieden und Ein-
tracht mit sich und ihren Mitmenschen. Sie übten, sich zu be-
haupten und durchzusetzen. Aber auch nachzugeben. Sie lern-
ten, sich richtig zu streiten und wieder richtig zu vertragen. Sie
konnten nehmen und geben.

Weil ihnen die Übungen guttaten, wollten sie ihr Wissen nicht
für sich behalten. Sie gaben es weiter. Zuerst ihren Kindern, On-
keln und Tanten. Dann den Nachbarn und Freunden. Bald auch
Schülern, die davon gehört hatten und in großer Zahl herbeieil-
ten.

Es war wie das helle, warme Licht einer Kerze, das die Meister
oder Yogi entzündet hatten und das von nun an ganz weit leuch-
tete. Wer wollte, konnte daran sein eigenes Licht entzünden. Das
machten viele! Das Licht ging nicht mehr aus, es wurde weiterge-
tragen, weitererzählt, später aufgemalt und noch später aufge-
schrieben. So blieb es hell, frisch und neu bis in unsere Tage. Die-
ses Licht – so können wir Yoga ruhig auch nennen – hat schon
vielen tausend Menschen geholfen. Es hat sie gewärmt. Hat ihnen
auf ihrem Weg geleuchtet. Hat sie vor Unebenheiten bewahrt. Ih-
nen die Richtung für ihr Leben gezeigt. Und es hat sie beschützt.
So ist Yoga.

Lied vom kleinen Yogi Maik

Text und Musik von Johannes Schlecht

D. C.
Strophe 2–4

Maiks Kopf ist leer,
sein Herz ist kalt!
leer und kalt!
verschreibt, verliest, verrechnet sich
und schreit nur noch ich, ich, ich!
Schon viele können's merken:
Will Kopf und Herz gleich stärken!

Ganz still liegen, Augen zu,
finde so in mir die Ruh.
Dehnen, strecken aufrecht sitzen,
ohne hetzen, ohne schwitzen,
richtig atmen, ein und aus,
bald sieht's schon viel besser aus!

Maik geht es gut,
hat wieder Mut,
gut, hat Mut!
kann rechnen und auf Bäume steigen,
richtig rennen, Liebe zeigen,
alle können's merken:
Will sich drum weiter stärken!

Ganz still liegen, Augen zu,
finde so in mir die Ruh.
Dehnen, strecken, aufrecht sitzen,
ohne hetzen, ohne schwitzen,
richtig atmen, ein und aus,
bald sieht's schon viel besser aus!

(Dieses und noch viel mehr Lieder sind auf der Kassette von Johannes Schlecht: «Jetzt aber Ruhe! Piano Pianis Lieder zum Entspannen, Tanzen und Mitlachen», erschienen bei Aktive Musik [MC Nr. 512])

Bevor es richtig losgeht

– Zieht euch warme und bequeme Kleidung an.
– Versucht vorher nichts zu essen, damit die Übungen leichter ge-
  lingen.
– Benutzt, wenn ihr möchtet, eine Unterlage (Decke, Matte, Fell).
– Schafft euch eine angenehme Atmosphäre (gut gelüftet, ruhig).

Worauf ihr beim Üben achten solltet:

– Beim Yoga wird durch die Nase geatmet.
– Macht euch vorher warm, indem ihr zum Beispiel tanzt, hüpft,
  schreit, lacht oder singt. Danach legt ihr euch in einem Kreis still
  auf den Boden und versucht, euren Atem zu spüren. Legt dabei
  die Hände auf den Bauch. Jetzt könnt ihr mit den Haltungen be-
  ginnen.
– Übt konzentriert, aber spielerisch.
– Beendet das Yoga wiederum in Stille und tauscht euch dann dar-
  über aus.
Zum Beispiel so:
Was hat besonders Spaß gemacht?
Welche Haltungen sind schwierig?
Was wollt ihr noch mal machen?
Ihr könnt auch ein Bild malen.

Im folgenden habe ich einige Übungen aufgeschrieben. Die meisten
haben Tiernamen. Man kann daraus einen richtigen kleinen Zoo
oder Zirkus zusammenstellen – oder einen Wildpark, in dem alle
Tiere zusammen leben. Macht aber nicht alle hintereinander. Übt
lieber ein oder zwei und beim nächsten Mal zwei andere.

Die Yoga-Haltungen

Löwe

Du setzt dich auf deine Fersen. Deine Handflächen stützt du leicht auf die Knie, die Arme sind gestreckt. Jetzt atmest du tief durch die Nase ein und hebst dabei die Schultern leicht an. Zum Ausatmen reißt du Augen und Mund weit auf und gähnst herzhaft mit weit herausgestreckter Zunge. Aah! Der Ton kommt aus deinem Bauch.

Brücke

Lege dich auf den Rücken. Du ziehst deine Beine an und setzt deine Hände verkehrt herum neben dem Kopf auf. Nun nimm die Kraft aus deinem Becken und richte dich zu einer Brücke auf. Halte so lange aus, bis jemand unter deiner Brücke durchgekrochen ist. Ohne anzustoßen! Dann kehrst du vorsichtig in die Ausgangsposition zurück und entspannst in der Rückenlage.

Heuschrecke

Du legst dich auf den Bauch und schließt deine Fersen. Balle deine Hände zu Fäusten und verstecke sie unter den Oberschenkeln. Hebe nun deine ausgestreckten Beine nach oben, so weit es irgend geht! Nase und Schultern bleiben dabei am Boden. Kehre langsam in die Ausgangslage zurück und entspanne dich.

Tanzhaltung

Stelle dich auf dein linkes Bein. Umfasse mit der rechten Hand deine rechte Fußspitze und strecke deinen linken Arm weit nach vorne aus. Gehe mit deinem Körper langsam in die Waagerechte. Dabei ziehst du die rechte Fußspitze nach oben und schaust geradeaus. Anschließend Beinwechsel.

Gorilla

Stell dich locker hin. Breite deine Arme weit aus und balle die Hände zu Fäusten. Jetzt atme tief in deinen Brustkorb ein, bis du nicht mehr kannst. Brülle dann los: Uaah! Dabei trommelst du mit deinen Fäusten auf den Brustkorb. Das gibt dir neue Kraft und macht Mut.

Blume

Du setzt dich mit angezogenen Knien auf den Boden und führst deine Arme unter den Knien hindurch. Die Kniekehlen liegen in den Ellenbogen. Mache deinen Rücken ein wenig rund und stoße dich mit den Füßen ganz leicht vom Boden ab. Balanciere dich dabei auf dem Po aus. Du bist jetzt eine Blüte, die sich gerade geöffnet hat. Du leuchtest in schönen Farben und duftest betörend. Wenn du lange genug geblüht hast, entspanne dich.

Krähe

Setz dich in die Hocke und lege die Hände vor dich auf den Boden.
Dann drückst du deine Knie gegen die Arme. Dabei stützt du dich
mit deinem ganzen Gewicht auf deine Arme und lehnst dich mit
dem Körper nach vorn. Deine Füße hebst du jetzt vom Boden ab.
Entspanne dich anschließend.

Fliege verscheuchen

Eine Fliege sitzt auf deiner Nase! Das kitzelt und stört dich. Du willst sie wegschnauben. Atme dazu in kurzen, schnellen Atemstößen durch die Nase aus. Spüre, wie die Kraft für die Atemstöße aus dem Bauch kommt.

Frosch

Du gehst in die Hocke und setzt deine Füße parallel nebeneinander. Lege Unterarme und Hände flach auf den Boden. Jetzt hüpfe und quake! Du bist ein Frosch!

Raupe

Gehe in die Bauchlage und stütze die Hände neben den Schultern auf den Boden. Die Ellenbogen sind nach oben gerichtet, die Füße auf die Zehenspitzen gestützt. Nun hebe das Becken so, daß nur noch Kinn, Hände, Brust und Knie den Boden berühren.

Ich wünsche euch viel Vergnügen beim Ausprobieren und hoffe, daß euch die Übungen gefallen und daß sie euch stärken und gesund erhalten. Es gibt natürlich noch viel mehr Haltungen, ungefähr 1800, die ihr alle für euch entdecken könnt.

Eure Bettina

Stilleübungen
Andrea Erkert

Können Sie sich daran erinnern, wann Sie das letzte Mal Stille in der Natur gespürt, frische Luft genossen, den Gesang der Vögel gehört oder dem Plätschern eines Baches gelauscht haben?

Reizüberflutung, Streß und Hektik lassen das oft unmöglich scheinen, wir leben an der Natur vorbei. Vieles können wir schon aus Zeitmangel nur noch oberflächlich empfinden. Solange der Körper Leistungen erbringt, streichen gestreßte Personen Ruhe- und Erholungsphasen, um Zeit zu sparen. Irgendwann meldet sich der Körper «zu Wort», indem er schmerzt. Als Folge können dann psychosomatische Krankheiten entstehen. Bereits Kinder leiden zunehmend unter ihrer verplanten Freizeit und der einseitigen Erfahrungsvermittlung aus «zweiter Hand». Die Angebote der elektronischen Medien nehmen stark zu und sprechen einseitig die Sinnesorgane Ohr und Auge an. Die Fähigkeit, den eigenen Körper intensiv zu spüren und ganzheitliche Erfahrungen zu sammeln, geht immer mehr verloren.

Eine Möglichkeit, Kinder zur Ruhe kommen zu lassen, sich zu sammeln und zu konzentrieren, sprechen Stilleübungen an. Dabei sollen mit den Sinnen die Wahrnehmungsfähigkeit gefördert und der Blick für die leisen und wesentlichen Dinge des Alltags geschärft werden. Damit Kinder Stille als Erlebnisraum erfahren und genießen können, dürfen Stilleübungen nicht als «trockene» Stillhalteübungen verstanden werden. Stilleübungen sind Spiele und Übungen zur Sinneswahrnehmung, die ein bewußtes Stilleerlebnis, das sonst von außen verlangt und durchgesetzt wird, ermöglichen. Dabei sollten Stilleübungen nicht isoliert zur Aktivität der Kinder gesehen werden. So können Stilleübungen auch einfach mal so zwischendurch oder vor bzw. nach einer Aktivität angeboten werden. Viele Stilleübungen bieten sich bereits bei Jüngeren an, im Kindergarten oder zu Hause. Auch bei älteren Kindern sind Stilleübungen besonders vor dem Einsetzen von Entspannungsgeschichten geeignet.

Natürlich gibt es viel mehr Stilleübungen als die im folgenden beschriebenen. Lassen Sie Ihre Fantasie oder auch die der Kinder spielen. Die Übungen am Ende des Kapitels beschäftigen sich ausdrücklich mit der Schwere, der Wärme und dem Atem, die die Kinder als Entspannungsformeln in Entspannungsgeschichten kennenlernen können. Die Altersangaben sind als Richtwert zu verstehen.

Die erste Gruppe der Stilleübungen soll das Ohr ansprechen. Die meisten Geräusche, die uns umgeben, werden überhört. Erst wenn wir still und aufmerksam sind, hören wir sie. Mit diesen Stilleübungen soll das Kind bewußt verschiedene Töne, Klänge und Geräusche wahrnehmen und differenzieren.

Schlafkönig
ab 4 Jahre, mindestens fünf Kinder
Die Kinder liegen mit geschlossenen Augen auf einer Decke. Dabei sollen sie sich nicht bewegen. Wer sich dennoch bewegt, wird vom Spielleiter leise mit Namen aufgerufen und setzt sich ganz leise auf einen Platz. Das Kind, welches als letztes noch bewegungslos daliegen konnte, wird zum Schlafkönig bzw. zur Schlafkönigin gekrönt.

«Die Bombe tickt»
ab 4 Jahre
Material: Wecker
Ein tickender Wecker wird auf etwa fünf Minuten Weckzeit eingestellt und im Raum versteckt. Anschließend dürfen die Kinder, die den tickenden Wecker finden sollen, den Raum betreten und suchen. Dabei muß der tickende Wecker, der zu einer tickenden

Bombe wurde, vor dem Klingeln, bzw. Explodieren gefunden werden. Ein Wettlauf mit der Zeit beginnt. Bei dieser Übung sollen die Teilnehmer beim Suchen nicht sprechen.

Richtungen deuten

ab 5 Jahre, mindestens fünf Kinder
Material: Orff-Musikinstrumente
Die Kinder befinden sich im Stuhlkreis. Jedes Kind hat ein Orff-Musikinstrument, beispielsweise Triangel, Klangstäbe oder Becken, in der Hand. Ein Kind steht in der Kreismitte und hat die Augen geschlossen. Der Spielleiter bestimmt durch Zublinzeln ein Kind, das mit seinem Instrument spielen soll. Das Kind in der Kreismitte soll die Richtung des Instrumentenklangs deuten. Wurde die Richtung des Instrumentenklangs erkannt, erfolgt ein Rollenwechsel.

Variation: Jedes Kind stellt ein körpereigenes Geräusch her, beispielsweise Klatschen, Stampfen usw.

Instrumente hören und benennen

ab 6 Jahre, mindestens fünf Kinder
Material: Orff-Musikinstrumente, die bereits bei einer leichten Bewegung klingen, zum Beispiel Rassel, Regenstock, Glöckchen, Schellenkranz
Bis auf ein Kind liegen alle mit einem Orff-Musikinstrument auf einer Decke. Dabei sollen sie die Augen schließen und dann versuchen, leise mit ihrem Instrument aufzustehen und sich auf einen Stuhl im Stuhlkreis zu setzen. Das ratende Kind hat ebenfalls die Augen geschlossen. Hört es ein Instrument, soll es dieses mit Namen benennen.

Instrumentenpaare begrüßen sich

ab 8 Jahre, mindestens sieben Kinder
Material: Orff-Musikinstrumente

Jedes Kind hat ein Orff-Musikinstrument zur Verfügung. Jeweils zwei Kinder bekommen das gleiche Instrument. Die Kinder befinden sich im Stuhlkreis mit geschlossenen Augen. Der Spielleiter geht leise zu einem Kind und tippt es an den Schultern an. Das Kind spielt dann auf seinem Instrument. Wer glaubt, daß es sich um den Klang seines Instrumentes handelt, spielt zur Begrüßung ebenfalls.

Variation: Jeweils zwei gleiche körpereigene Geräusche werden ausgemacht und sollen gefunden werden.

Die zweite Gruppe der Stilleübungen zur Sinnesschulung beschäftigt sich mit dem Sehen. Wir können Dinge sehen, die Licht ausstrahlen, beispielsweise Sonne, Kerzenflammen oder ein anderer leuchtender Körper. Sehen können wir aber auch Dinge, die von der Sonne oder einer Lampe beschienen werden. Neben den äußeren Gegenständen können wir auch innere Bilder, die durch die Fantasie entstehen, sehen. Beim Sehen unterscheiden wir Gegenstände, Pflanzen, Tiere und Menschen voneinander. Dabei können wir Farb- und Größenunterschiede, Entfernungen und Eigenschaften feststellen. Bei den folgenden Stilleübungen soll die Aufmerksamkeit auf die kleinen Unterschiede, die schwer zu erkennen sind, gelenkt werden.

Stein im Wasserglas

ab 4 Jahre, mindestens zwei Kinder
Material: Murmeln, Stein und Wasserglas

In einem Weckglas, das mit Wasser gefüllt ist, befindet sich ein Stein. Jedes Kind hat eine Murmel, die beim Hineinwerfen in das Glas den Stein treffen soll. Dabei hat jedes Kind drei Versuche. Bei diesem Spiel sollten die Kinder wortlos hintereinander die Murmeln in das Glas werfen.

Ball in Kreisrichtung rollen

ab 4 Jahre, mindestens acht Kinder
Material: Ein Ball

Die Kinder sitzen im Stuhlkreis. Ein Kind bekommt die Aufgabe, einen Ball in der Mitte vorsichtig anzustoßen. Der Ball sollte sich in Kreisrichtung bewegen. Alle anderen Kinder beobachten das Rollen des Balls. Wenn der Ball zum Stehen kommt, heben die Kinder die Hand. Anschließend ist das Kind, vor dem sich der Ball befindet, an der Reihe.

Wunderkerzen betrachten

ab 7 Jahre
Material: Eine Wunderkerze, ein Feuerzeug oder Streichhölzer

Die Kinder können in einem etwas verdunkelten Raum die Leuchtkraft der Wunderkerze genießen. Nachdem sie verglüht ist, kann mit den Kindern über die Vergänglichkeit der Leucht- und Lebenskraft gesprochen werden. Im Gespräch mit älteren Kindern und Jugendlichen können durch die Leuchtkraft der Wunderkerze auch Bilder der Liebe, Hoffnung und Orientierung angesprochen werden.

Gleiche Gegenstände in der Fantasie finden

ab 7 Jahre
Material: Verschiedene Gegenstände, Papier und Stifte

Vor dem Kind liegt ein Gegenstand, beispielsweise ein Legorad. Das Kind soll sich weitere runde Gegenstände, beispielsweise einen Reifen, einen Teller, einen Kreis usw. vorstellen und nach etwa ein bis zwei Minuten aufmalen.

Bildmeditation

ab 8 Jahre
Material: Ein Bild, welches Ruhe ausstrahlt

Das Kind soll ein Bild, beispielsweise eine Landschaft am Meer oder im Gebirge, das Ruhe ausstrahlt, einen Augenblick lang betrachten und auf sich wirken lassen. Anschließend werden die Augen geschlossen, um es «nach-wirken» zu lassen. Dieser Vorgang wird einige Male wiederholt. Das Bild soll bei dieser Übung als Ganzes beeindrucken. Anschließend kann ein freiwilliger Erfahrungsaustausch stattfinden.

Geruch und Geschmack sind eng miteinander verbunden. Riechen wir den frischen Duft eines Brötchens oder einer leckeren Erdbeere, läuft uns das Wasser im Mund zusammen. Wir würden ohne den Geruchssinn einen feinen Geschmack nicht wahrnehmen können. Gerüche können aber auch stark und widerlich sein oder uns vor Gefahren warnen. Verdorbene Lebensmittel, beispielsweise faule Eier, senden einen Gestank aus, der uns davor bewahrt, sie zu essen. Ein brenzliger Geruch steigt scharf in die Nase und kann uns auf eine Brandstelle hinweisen. Andere Gerüche sind angenehm und lösen Wohlbefinden aus, wie beispielsweise Bienenwachs oder Parfüm. Wegen der engen Verknüpfung von Geruchs- und Geschmackssinn werden im folgenden Abschnitt die Stilleübungen zu diesen Sinnen zusammengefaßt.

Küche oder Bad?

ab 5 Jahre
Material: Verschiedene duftende Gegenstände aus der Küche oder dem Bad
Das Kind soll mit geschlossenen Augen verschiedene Düfte riechen und feststellen, wo sich dieser Gegenstand normalerweise befindet.

Düfte aus der Natur

ab 5 Jahre
Material: Unterschiedliche Naturmaterialien, die duften und nach Möglichkeit vorher mit den Kindern gesammelt werden

Unterschiedlich duftende Naturmaterialien wie Moos, Heu, Gras, Tannenzapfen sollen nur mit dem Geruchssinn erkannt werden. Anschließend werden die Augen geöffnet, und die Kinder vergleichen die verschiedenen Gegenstände und ihren Geruch.

Früchte im Mund unterscheiden

ab 5 Jahre
Material: Verschiedene Früchte, die mit den Kindern zuvor gepflückt oder gekauft werden sollten
Jeweils zwei verschiedene Früchte sollen gleichzeitig mit geschlossenen Augen im Mund gekostet werden. Das Kind soll feststellen, um welche zwei Früchte es sich handelt. Bei jüngeren Kindern sollten die Früchte nacheinander probiert werden.

Flüssig oder fest?

ab 5 Jahre
Material: Verschiedene Nahrungsmittel, z. B. Brot, Flocken, Milch, Apfelsaft
Das Kind bekommt hintereinander verschiedene flüssige oder feste Nahrungsmittel zum Probieren. Die Augen sind dabei geschlossen. Nach etwa sechs bis acht Kostproben kann es die Augen wieder öffnen. Das Kind soll die Anzahl der festen und flüssigen Nahrungsmittel mit Namen aufzählen und die Aussagen vergleichen.

Müsli schmecken

ab 8 Jahre
Material: Zutaten für Müsli
Mittlerweile gibt es sehr viele Müslisorten mit den unterschiedlichsten Geschmacksrichtungen zum Herstellen oder Kaufen. Ein Kind, das nicht bei der Zubereitung oder beim Kauf dabei war, probiert das Müsli und soll die Zutaten herausfinden.

Wie geht es einem Menschen, der sich hauptsächlich auf seinen Tastsinn verlassen muß? Blinde finden sich über Tasten in ihrer Umwelt zurecht. Tasten und fühlen können wir mit dem ganzen Körper. Somit ist das größte Sinnesorgan des Menschen die Haut. Auf der Haut spüren wir, was direkt um uns herum passiert. Durch den Tastsinn erhalten wir ein Gefühl für unseren Körper. Wir spüren, was uns angenehm oder unangenehm ist. Eigenschaften lassen sich fühlen und unterscheiden. Stilleübungen, die den Tastsinn ansprechen, sollen Kinder auf die unterschiedlichen Eigenschaften, die Gegenstände, Tiere und Personen haben können, aufmerksam machen. Gleichzeitig soll ein Gespür für den eigenen Körper entwickelt werden.

Wollknäuel wickeln

ab 5 Jahre, mindestens sechs Kinder
Material: Ein Wollknäuel
Die Kinder sitzen mit geschlossenen Augen im Stuhlkreis. Ein Kind hat das Wollknäuel in der Hand und gibt es an den Nachbarn weiter, hält aber das Fadenende fest. Das Wollknäuel wandert immer weiter, und jedes Kind hält den Faden in der Hand. Haben alle Kinder den Faden, öffnen sie die Augen. Nun können sie eine Verbindung und ein Netz wahrnehmen. Anschließend läuft das Ganze rückwärts und das Knäuel wird mit geschlossenen Augen aufgewickelt.
Variation: Die Kinder wickeln das Wollknäuel hinter dem Rücken ab und halten den Faden.

Rauh oder glatt

ab 6 Jahre
Material: Rauhe und glatte Gegenstände
Dem Kind wird jeweils ein Gegenstand in die linke und die rechte Hand zum Fühlen gelegt. Mit geschlossenen Augen soll es erkennen, wo es einen rauhen oder einen glatten Gegenstand hat. Kin-

der, die noch nicht so gut die rechte von der linken Hand unterscheiden können, heben bei der Benennung des Materials die entsprechende Hand hoch.

Natur mit den Füßen entdecken

ab 6 Jahre
Material: Schuhkartons, Naturmaterialien
Bei dieser Übung werden sechs bis acht flache Schuhkartons mit unterschiedlichen Naturmaterialien, beispielsweise Sand, Moos, Gras, Erde, Blätter, Zweige gefüllt und kurz hintereinander auf den Boden gelegt. Das Kind soll barfuß sein und die Augen schließen. Der Spielleiter oder ein anderes Kind nimmt es an die Hand und bittet es, vorsichtig in die verschiedenen Schuhkartons zu treten. Dabei soll sich das Kind die gefühlten Naturmaterialien merken und der Reihe nach benennen.

Tastbilder fühlen

ab 6 Jahre
Material: Brett (ca. 1 × 1 m), Klebstoff, Reste
Vor dieser Stilleübung sollte der Spielleiter mit dem Kind ein Tastbild herstellen und besprechen. Auf ein größeres Brett werden beispielsweise Stoff- und Filzreste, Holz, Münzen, Plastik geklebt. Anschließend darf das Kind die Augen schließen und das Tastbild fühlen. Mit den Fingern und Händen soll es das Material erkennen.

Im letzten Abschnitt dieses Kapitels werden Stilleübungen zur Schwere, zur Wärme und zum Atem vorgestellt. Diese Stilleübungen können zur Einführung von Entspannungsgeschichten eingesetzt werden.

Schwer oder leicht?

ab 5 Jahre

Material: Duplobausteine, Holzbrett z. B.

Das Kind liegt mit dem Rücken auf einer Decke und hat die Augen geschlossen. Der Spielleiter legt jeweils zwei Gegenstände, die unterschiedlich schwer sind, auf verschiedene Stellen des Körpers. Das Kind soll dem Spielleiter mitteilen, ob der erste oder zweite Gegenstand sich schwerer angefühlt hat.

Faust ballen und lockern

ab 6 Jahre

Das Kind soll die Augen schließen und anschließend für etwa 10 bis 15 Sekunden ganz fest eine Faust ballen und danach lockern. Es erlebt Anspannung und eine anschließende Entspannung der Hand. Nach dem Lockern der Hand kann auch Wärme gefühlt werden. Zwei- bis dreimal wiederholen.

Warm oder kalt

ab 6 Jahre

Material: Warme Gegenstände, z. B. Holz, Wolle, Stoff, Korken; kalte Gegenstände, z. B. Metall, Stein

Warme und kalte Materialien sollen mit geschlossenen Augen vom Kind gefühlt und benannt werden. Anschließend kann darüber gesprochen werden, welche unterschiedlichen Wärme- und Kältezustände es gibt: klirrendes Eis, kaltes Leitungswasser, lauwarme Cola, kochendheiße Suppe …

Kerzenlicht

ab 6 Jahre

Material: Kerze, Streichhölzer

Das Kind entzündet eine Kerze und setzt sich davor. Anschließend atmet es tief ein, um ausreichend Luft holen zu können. Danach soll durch langsames Ausatmen das Kerzenlicht vorsichtig in eine Schräglage gebracht werden. Das Kerzenlicht soll bei dieser Übung nicht ausgehen.

Blatt im Kreis

ab 6 Jahre, jeweils zwei Kinder
Material: Ein Gymnastikreifen und ein Blatt
Jedes Paar hat vor sich einen Gymnastikreifen liegen. Im Reifen befindet sich ein Blatt, das die Kinder vorher beim Spaziergang oder im Garten gefunden haben. Durch kräftiges Ausatmen und tiefes Einatmen wird die notwendige Luft für diese Übung geholt. Anschließend soll durch langsames Ausatmen das Blatt abwechselnd zum Gegenüber gepustet werden.

Entspannungsgeschichten

Volker Friebel

Entspannung kann auch durch Geschichten vermittelt werden. Gutenachtgeschichten wurden schon immer genutzt, einen Übergang von der Tagesaktivität zur Ruhe und Stille der Nacht zu finden. Und dazu müssen sie keineswegs langweilig sein. Auch Spannung kann zur Entspannung beitragen – wenn sie in einer Atmosphäre der Geborgenheit und Unterstützung stattfindet und wenn sich in der Geschichte anschließend eine Lösung der Spannung vollzieht.

Mehrere Arten von Entspannungsgeschichten für Kinder lassen sich unterscheiden:

1. Lehrgeschichten. In manchen Geschichten wird den Kindern direkt vermittelt, was Entspannung ist und wie sie sich einsetzen läßt. Entspannung ist also ein Thema der Geschichte, sie wird durch die Geschichten wie in einem Lehrgang vermittelt.

2. «Normale» Entspannungsgeschichten. Dies sind Geschichten, mit denen Entspannung hergestellt werden soll. Dabei handelt es sich meist um mäßig aufregende, mehr oder weniger «normale» Geschichten mit einem kleinen Abenteuer. Solche Geschichten können auch Entspannungsformeln beispielsweise aus dem autogenen Training enthalten, entweder in die Geschichte eingestreut oder als immer etwa gleichbleibender Block ans Ende gestellt («Du bist ganz ruhig, deine Arme sind schwer …»).

3. Fantasiereisen. Stimmungsvolle Naturbilder: das ist vielleicht die beste Beschreibung für Fantasiereisen. Grundmotive wie Berg, Bach, Wiese, Wald, Feld werden erlebt. Wenig passiert. Vielleicht flattert ein Schmetterling über den Weg, vielleicht wird die Bewegung des Windes oder eines Baches verfolgt. Ein richtiges Abenteuer gibt es eigentlich nicht. Auch in Fantasiereisen können Entspannungsformeln eingestreut werden.

4. Thematische Vorstellungsübungen. Sie sind ähnlich gestaltet wie Fantasiereisen, beschäftigen sich aber mit einem bestimmten Thema, beispielsweise Aggression, Angst, Hilflosigkeit. In Fantasiereisen steht die Entspannung im Vordergrund, ihre Herstellung und ihr Erleben, bei thematischen Vorstellungsübungen wird die Entspannung zur Bearbeitung bestimmter Themen genutzt. Thematische Vorstellungsübungen bedeuten also immer auch eine mehr oder weniger belastende Auseinandersetzung mit einem Problem. Zur Entspannungsvermittlung tragen sie deshalb nur langfristig, nicht kurzfristig bei. Immer sollte mit dem Kind anschließend über die Geschichte geredet werden.

Diesem Buch ist eine Anzahl von Fantasiereisen von Andrea F. Cremer beigegeben, mit Elementen «normaler» Entspannungsgeschichten. Fantasiereisen haben den großen Vorteil, daß sie altersunabhängig sind. Sowohl ganz kleine Kinder als auch Erwachsene hören sie gern – mit nur geringen Unterschieden der Wortwahl. Bei den anderen Formen von Entspannungsgeschichten stellt sich immer das Problem des altersgemäßen Erlebens. Kleine Kinder hören sehr gerne Geschichten, in denen Tiere die Hauptrolle spielen. Größere können damit meist nichts mehr anfangen. Sie verlangen Kinder als Identifikationsfiguren und wesentlich mehr «action». Im folgenden wird aber auch auf diese anderen Arten von Entspannungsgeschichten mit Beispielen näher eingegangen und gezeigt, wie sich daraus – am besten zusammen mit dem Kind – eigene Geschichtenreihen entwickeln lassen.

Zunächst folgen vier Lehrgeschichten zur Entspannung. Sie gehören thematisch zu längeren Geschichtenserien in Friebel (1995 c).

In der ersten erfahren der Drache Grünenstein und sein kleiner Besucher aus der Menschenwelt, wie Gedanken unsere Gefühle und unsere Aufgeregtheit beeinflussen.

In der zweiten muß Grünenstein Rätsel lösen. Und weil er sich gerade so schlapp fühlt, macht er eine Entspannung davor und läßt sich dazu die beiden Entspannungshaltungen im Sitzen zeigen.

In der dritten reden Grünenstein und sein Besucher darüber, daß Entspannung etwas ist, das jeder selbst machen kann, ohne daß jemand es einem wegnehmen kann.

In der vierten erfahren Klecks und Klacks, zwei ängstliche Kobolde, etwas über Macht-Mut-Sprüche und die Atementspannung.

Die Geschichten können vorgelesen werden, wenn das Kind die jeweiligen Punkte der Entspannung lernt. Wichtig ist, nachher noch über die Geschichten zu sprechen. Die Kommentare verweisen darauf.

Grünenstein an der Hängebrücke

Grünenstein tobt. Da will er dir endlich einmal das Innere der Dracheninsel zeigen, und nun das! «Du Möchtegern-Hänger, du langgezogenes Zwerggräserhirn, du Kokosmilchblase, du …»

«Grünenstein», unterbrichst du den Drachen, «das ist doch nur eine Hängebrücke.»

«Das ist nicht nur einfach eine Hängebrücke», wendet sich Grünenstein mit sanfter Stimme an dich, «das ist die Hängebrücke, über die wir die Drachenblutschlucht überqueren und auf die Ebene des lachenden Jägers kommen wollten. Und außerdem ist es eine *kaputte* Hängebrücke», fügt er schon wieder lauter hinzu.

Du schaust dir die Hängebrücke an: Seile sind über den schwindelnden Abgrund gespannt. Über die untersten Seile sind Bretter gelegt und festgezurrt, die bilden den Brückenboden. Darüber spannen sich weitere Seile, zum Festhalten. Das linke Halteseil ist gerissen, und in der Mitte fehlen über ein Dutzend Bretter.

«Bevor das nicht repariert ist, kann niemand hinüber», sagt Grünenstein.

«Deshalb brauchst du doch nicht die Brücke zu beschimpfen, sie kann nichts dafür», meinst du. «Und außerdem: mit dir zusammen wäre ich sowieso nicht hinübergegangen.»

«Warum denn nicht?» fragt Grünenstein. «Ist ein Drache dir nicht mehr gut genug?» Er verzieht beleidigt das Gesicht.

«Stell dich nicht so an», sagst du fest. «Unter deinem Gewicht reißt die Brücke doch sofort.»

«Oh!» Grünenstein drückt geschmeichelt die Brustschuppen nach vorne. Nach einer Pause meint er: «Aber ich bin schon oft über die Brücke gegangen und nie ist irgend etwas gerissen.»

«Wie lang ist das her?» fragst du.

«Na ja», überlegt Grünenstein. «Das letzte Mal war es im Jahr, als die südlichen Vulkane ausbrachen und die Lava bis ins Meer hinein lief. Dort liegt heute die Ebene der schweigenden Steine. Die können wir später vielleicht auch noch besichtigen. Vielleicht finden wir sogar noch ein Andenken.»

«Das war wohl nicht gestern», meinst du.

«Ein paar tausend Jahre wird es schon her sein», sagt Grünenstein, «aber mir kommt es trotzdem wie gestern vor.»

«Wie groß warst du damals?» willst du wissen.

«Na ja», Grünenstein zögert, «ich hatte gerade die hinteren Schwanzschuppen bekommen.»

«Wenn die Brücke damals gehalten hat, gut», meinst du. «Aber jetzt finde ich es eher ein Glück, daß sie beschädigt ist.»

Grünenstein lacht. «Das ist doch verrückt», sagt er dann. «Ich finde es schlecht und schimpfe, aber du findest es gut.»

«Alles hat eben zwei Seiten», sagst du.

«Zumindest eine Hängebrücke hat zwei», nickt Grünenstein und stößt einen kleinen Felsbrocken in den Abgrund. Der Stein springt über die Felsen und poltert die Wände hinunter. Schwächer und schwächer ist er zu hören. Schließlich hörst du ein helles Geräusch, wie Spritzen von Wasser. «Das wird der Drachenblutfluß sein», meint Grünenstein.

«Warum der Fluß wohl so heißt?» fragst du spitz.

«Wie gut, daß die Brücke kaputt ist», meint nun auch Grünenstein.

Langsam geht ihr weiter, an der Schlucht entlang, Richtung Meer. Von fern ist schon das Donnern der Wellen zu hören, die ersten

Möwen ziehen wie weiße Blitze über den Himmel. Du spürst den Geruch von Salz in der Luft. Dein Atem geht tief und ruhig.

«Seltsam», meint Grünenstein. «Das ist nun die gleiche Hängebrücke, gleich kaputt jedenfalls. Aber bevor wir miteinander gesprochen haben, war ich wütend, und jetzt bin ich es nicht mehr.»

«Weil du anders über die Brücke denkst», sagst du.

«Über dieselbe kaputte Brücke hab ich mich erst geärgert und dann nicht geärgert.» Grünenstein ist nachdenklich geworden.

«Dein Ärger kam eben nicht von der Brücke, sondern von deinen Gedanken über sie», meinst du.

«Über sie und das ganze Drumherum», bestätigt Grünenstein. «Als könnte man mit seinen Gedanken den Ärger verändern», sagt er dann.

«Das kann man», sagst du. «Denk nur einmal daran, was an einer ärgerlichen Sache auch gut ist. Da gibt es immer etwas.»

«Jetzt gehen wir ans Meer und besuchen dort die Muscheltaucher», sagt Grünenstein. «Da ist auch etwas Gutes dran.»

Das Schreien der Möwen ist lauter geworden, vor euch liegt das ungeheuere Meer. Und da ist der kleine Pfad, die Klippen hinunter an den weißen Strand, wo die Boote der Muscheltaucher liegen.

Gesprächsanregung: Wie Gedanken unsere Gefühle und Aufgeregtheit beeinflussen. Grünenstein war erst wütend, weil er nicht über die Brücke konnte. Aber dann sagte er sich, daß er sowieso zu schwer dazu gewesen wäre, und der Ärger ließ nach.

Was für andere Möglichkeiten gibt es, mit seinen Gedanken die eigenen Gefühle oder die eigene Aufgeregtheit zu beeinflussen? Suchen Sie mit dem Kind gemeinsam. Unter anderem ist da die Entspannung: Ich sage mir, ich bin ruhig, und ich werde dann tatsächlich ruhiger, zumindest ein bißchen, manchmal sogar sehr.

Die folgende Geschichte führt in die beiden Sitzhaltungen zur Entspannung ein. Bequemes Sitzen, möglichst angelehnt, ist gut, wenn die Entspannung zur Beruhigung dienen soll. Aufrechtes Sitzen mit geradem Rücken ist gut zur Konzentration.

Grünenstein muß Rätsel lösen

«Heut bin ich schon den ganzen Tag durcheinander, und jetzt ist Mittagszeit, da bin ich immer so müde, müde …» Grünenstein gähnt und schüttelt den Kopf. Du bist enttäuscht, schließlich wolltet ihr heute einen Ausflug zu den summenden Steinen der nördlichen Hochebene machen. Und jetzt stehen da drei Drachenkinder und wollen, daß Grünenstein Rätsel löst.

«Ich kann dir ja helfen», sagst du.

«Das gilt nicht», sagt Grünenstein. «Alle Drachenjüngsten müssen sich nämlich jeden Tag Rätsel ausdenken und sie einem anderen, größeren Drachen zur Lösung vorlegen. Das ist die Schule auf der Drachenwelt. Und du bist kein Drache.»

«Erstes Rätsel, erstes Rätsel», drängeln die Drachenkinder, die noch ganz flaumige Schwänze haben, ohne solch schillernde Schuppen wie Grünenstein.

«Bist du denn ein erwachsener Drache?» fragst du Grünenstein.

«Na», meint der, «größer als die Kleinen hier bin ich allemal. Natürlich gibt es Drachen, die sind noch tausendmal größer als ich. Aber die sind nur selten zu sehen. Es heißt sogar, daß unsere ganze Insel nur der Rücken eines riesigen Drachens ist. Der soll auf dem Meeresgrund liegen und schlafen. Nur eben sein Rücken ragt aus dem Wasser heraus. Aber das glaub ich nicht.»

«Erstes Rätsel, erstes Rätsel», die Drachenkinder lassen nicht locker.

«Dann mach doch einfach eine Ruheübung», sagst du. «Mit etwas Ruhe wirst du die Rätsel schon lösen und wir können los, zu den summenden Steinen.»

«Das mit der Ruhe ist auch so eine Sache», sagt Grünenstein. «Manchmal willst du ruhiger werden, weil du zu aufgeregt bist, manchmal willst du ruhiger werden, um dich besser konzentrieren zu können. Das sind doch eigentlich zwei verschiedene Dinge. Oder?»

«Um ruhiger zu werden, wenn du aufgeregt bist, setzt du dich einfach bequem hin, am besten, du lehnst dich dazu hinten an, wenn du zufällig einen Stuhl mit einer Lehne hast», sagst du und schaust dich in Grünensteins Höhle nach so etwas um. «Wenn du dich aber besser konzentrieren willst, dann setzt du dich am besten vorne auf einen Stuhl – oder einen Stein –, den Oberkörper schön gerade, den Kopf auch gerade. So geht es am besten, wenn du dich entspannen willst, um konzentrierter zu sein», erklärst du dem Drachen.

Grünenstein will sich besser konzentrieren, also setzt er sich auf seinen Lieblingsstein in der Höhle. Er macht den Rücken schön gerade, hält auch den Kopf gerade, die Augen sind geschlossen. Seine Hinterbeine stehen fest auf dem Boden, die Vorderpfoten liegen auf den grün-schillernden Oberschenkeln, mit den Handflächen nach unten. «So ist es richtig», sagst du.

Und dann macht Grünenstein eine Ruheübung. «Ich bin ganz ruhig – ich bin ganz schwer – ich bin schön warm», spricht er in sich hinein und stellt sich das alles schön vor. Und er achtet ein paar Atemzüge nur auf seinen Atem. Du merkst, wie er ganz ruhig und konzentriert wird. Dann macht er wieder die Augen auf.

«Nun raus mit den Rätseln», sagt er zu den drei kleinen Drachen, die ihn ganz schön anstaunen. «Was wollt ihr wissen?»

Der erste Minidrache beginnt: «Außen hart und innen weich, außen rauh und innen wie ein Edelstein. Was ist das?»

Dir fällt sofort die Muschel ein, mit der Perle, die ihr bei den Muscheltauchern gesehen habt. Aber Grünenstein antwortet: «Ein Drachenherz.»

«Erraten, erraten», kichern die Minidrachen.

«Du fliegst hindurch und siehst nicht gut, du watest hindurch und wirst ziemlich naß, du läufst darüber und dir wird kalt. Was ist das?» Der Minidrache, der das zweite Rätsel gestellt hat, grinst euch grün an. Grünenstein überlegt. Und überlegt. Und überlegt noch mal. Dann sagt er: «Wasser. Einmal als Wasserdampf in den Wolken, dann als Wasser eines Baches, dann als Eis auf den Drachenbergen.»

«Erraten, erraten», kichern die Minidrachen wieder.

Ein Rätsel bleibt übrig. Der dritte Minidrache hat sich ein Gedicht ausgedacht:

«Sie können fliegen, doch nicht allein,
beieinander müssen sie sein,
und in der richtigen Ordnung dazu,
nicht weit vom Herzen. – Was rätst du?»

«Vogelfedern», sagt Grünenstein sofort.

«Erraten, erraten.» Die Minidrachen sind zufrieden. Sie verschwinden durch den Höhleneingang. Du siehst sie den Weg zu den Klippen hinunterspringen.

«Und was haben die größeren Drachen von diesem Rätselraten?» fragst du Grünenstein.

«Das macht doch Spaß», antwortet der. «Und außerdem lernen wir auch etwas dabei. Heute hab ich gelernt, wie man sich zur Entspannung am besten hinsetzt. Eben je nachdem, zu was die Entspannung gut sein soll. Das ist doch allerhand, oder?»

«Ist doch klar», sagst du. Und dann macht ihr euch auf, zu den summenden Steinen.

Die Ebene der summenden Steine

Stünde jemand auf den Klippen der Dracheninsel und hätte ein scharfes Fernglas dabei, der könnte ein seltsames Bild einfangen. Landeinwärts, auf dem Weg zur nördlichen Hochebene, ist nämlich eine merkwürdige Gestalt unterwegs. Sie setzt zwar einen Fuß vor den anderen, ganz wie es sich gehört. Und vier Füße sind auf keiner Welt etwas Außergewöhnliches. Aber zwei Köpfe wohl schon. Doch mit einer ganz feinen Einstellung des Fernglases ließe sich erkennen, daß es eigentlich zwei Gestalten sind, die den Weg hinauftraben: ein Drache mit einem Menschenkind auf seinem breiten Rücken. Und mit einem sehr empfindlichen Mikrofon könnte man sogar belauschen, was die beiden so reden.

«Das versteh ich schon, ist doch klar», sagt Grünenstein. «Wenn dir immer irgend jemand anderes sagt: ‹Sei doch ruhig, hampel nicht so herum›, dann ärgert dich das. Aber wenn du von allein ruhiger werden kannst, dann ist das gut. Eben weil du es selbst gekonnt hast. Und wenn du auch noch etwas anderes deshalb besser hinbekommst, dann ist das doppelt gut. Aber wenn immer nur andere dir das sagen, dann ärgert es dich auch.»

«Und dafür gibt es eben die Entspannung», sagst du, «das mit dem Fäusteballen und -loslassen, oder das mit der Ruhe, Schwere und Wärme, oder das mit dem Atem. Natürlich, erst mal mußt du das lernen. Aber dann ist es dein und niemand kann es dir wegnehmen. Nur ab und zu daran denken mußt du dann noch, daß du es nicht wieder vergißt.»

Während ihr so redet, seid ihr zwischen den letzten Felsentürmen hindurch, und vor euch breitet sich flaches, steiniges Land aus, so weit der Blick reicht: die Ebene der summenden Steine.

«Da ist ja gar nichts», sagst du enttäuscht.

«Warum wolltest du dann unbedingt hierher?» fragt Grünenstein freundlich.

«Aber ...», du weißt erst gar nicht, was du sagen sollst, «du hast doch gesagt ...»

In der angestrengten Pause, die nun entsteht, meinst du, aus der Hochebene etwas hören zu können.

«Ist das der Wind?» fragst du nervös.

«Das sind wohl die summenden Steine», meint Grünenstein. «Ein wenig weiter müssen wir schon hinein, wenn du mehr hören willst.» Er setzt sich gemächlich wieder in Bewegung.

Nach einer Weile ist das Geräusch schon sehr deutlich geworden. Und nach einer Viertelstunde befindet ihr euch mittendrin, zwischen den summenden Steinen.

«Wie das nur kommt?» wendest du dich an Grünenstein.

«Fragen, immer nur Fragen», antwortet er gleichmütig. «Hör doch lieber zu.»

«Ob das der Wind ist?» überlegst du wieder.

Du springst von Grünensteins Rücken und wanderst umher. Du

spitzt deine Ohren und bald hast du einen der summenden Steine gefunden. Er sieht auch nicht anders aus, als die Steine daneben. Du legst deine Hand auf ihn. Das Summen verstummt. Du hebst den Stein auf. Ein kleines Tier, etwa wie eine plattgedrückte Grille, hockt darunter. Einen Augenblick starrt es dich an, dann verschwindet es blitzschnell in einem Loch. Du legst den Stein wieder zurück und gehst zu Grünenstein.

«Es sind kleine Insekten», sagst du ganz aufgeregt über deine Entdeckung.

«Und?» fragt Grünenstein. «Ist das Summen jetzt irgendwie anders geworden, weil du das weißt?»

«Nein, aber ich weiß es», sagst du stolz.

«Dann können wir ja wohl zurückgehen», meint Grünenstein.

«Laß uns doch noch ein wenig dem Summen lauschen», sagst du. «Es ist doch schön.»

So steht ihr noch ein wenig und hört dem allesdurchdringenden Summen der Steingrillen zu, dann geht ihr zurück.

Der Abstieg ist schwieriger als der Aufstieg. Nicht für dich, du sitzt gemütlich auf Grünensteins Rücken. Aber auch du kommst ins Schwitzen, als Grünenstein einige Male ausgleitet und fast gestürzt wäre. Du merkst, wie der Drache immer wieder kurz innehält und eine kurze Atementspannung macht, um sich besser auf den Abstieg konzentrieren zu können und neue Kraft zu schöpfen. ‹Hat er doch unser Gespräch von vorher behalten›, denkst du zufrieden.

Endlich seid ihr wieder unten, nah bei den Klippen und Grünensteins Höhle. Ihr schaut euch um, erst hinauf, den Weg zur Hochebene, den ihr glücklich hinter euch gebracht habt, dann in die andere Richtung, über die Klippen zum Meer.

Gesprächsanregung: Wie gut ist es, etwas zu haben, mit dem man selbst etwas tun kann, wenn man zu aufgeregt oder zu ängstlich oder zu unkonzentriert oder zu schlapp ist. Entspannung muß zwar erst einmal von jemand anderem gelernt werden, wird dann aber etwas eigenes, das dem Kind selbst gehört und das es immer anwenden kann, wenn es wichtig ist – wie Schreiben zum Beispiel.

Die beiden Kobolde Klecks und Klacks sitzen am Zaubersee und prahlen tüchtig. Ein Ungeheuer springt aus dem Wasser – und sie verjagen es mit ihrem Zittern. Aber Angst hatten sie doch ein klitzekleinwenig, und der kleine Besucher aus der Menschenwelt sagt ihnen, wie sie mit der Atementspannung und einem Mach-Mut-Spruch etwas dagegen tun können.

Der Frosch und die Kobolde

«Eigentlich steht die Welt doch verkehrt herum», meint Klecks, der Kobold. «Wenn der Himmel am Boden wäre, könnte man nämlich nicht mehr so leicht über alles mögliche stolpern und bekäme nicht dauernd wunde Füße von diesem, diesem …»

«Diesem Laufen», ergänzt Klacks, sein Zwillingsbruder, und fügt dann hinzu: «Und wenn der See oben am Himmel wäre, fielen die Fische heraus und wir müßten nicht dauernd so blöde mit der Angel am Ufer sitzen, um mal einen zu erwischen.»

«Das wäre schlecht für die Fische», meinst du.

«Aber gut für uns», rufen beide zusammen.

«Alle würden sich bald beschweren», sagst du. «Bei *euch* beschweren», fügst du hinzu.

«Sollen sie nur kommen», meint Klecks und streckt die magere Brust heraus. «Wir haben keine Angst.»

«Wenn wir kommen, dann zittern die Drachen und Zauberer und Schmetterlinge, und wenn wir dann etwas sagen», beginnt Klecks, und Klacks fällt ihm ins Wort, «dann flehen sie nur noch um Gnade und schütten Gold und Edelsteine vor uns aus, nur damit wir freundlich zu ihnen sind.»

Du mußt lachen, als die Kobolde sich so ereifern. «Man muß ja nicht alles glauben», denkst du dir.

Den ganzen Tag wart ihr unterwegs durch den Zauberwald. Nun, am Zaubersee, auf dem flachen Felsen der Tafelplatte, macht ihr

Rast und streckt eure müden Beine aus. Die Kobolde werfen Steine ins Wasser. Klecks seufzt tief und will noch etwas sagen, da springt plötzlich etwas aus dem Wasser zum Felsen hinauf. Gerade vor euch klatscht es hin.

Mit einem Entsetzensschrei springen die Kobolde auf. Sie klammern sich aneinander und zittern wie Espenlaub. Du schaust den Frosch an. Dann schaust du auf die Kobolde und lachst. Dem Frosch ist das Ganze wohl ein wenig unheimlich. Er dreht sich um, macht einen weiten Satz und verschwindet mit einem Plumpser wieder im Wasser.

«Wir haben ihn verjagt», sagt Klecks stolz und ungeheuer erleichtert. Die Kobolde wischen sich Schweißtropfen aus dem Gesicht und setzen sich wieder neben dich. «Wenn wir nämlich kommen», behauptet Klacks, «dann fliehen alle Leute und Tiere in Schrecken.» «Sogar manche Pflanzen», trumpft Klecks auf. «Die ziehen die Wurzeln schnell aus dem Boden und laufen davon.» Eifrig nicken die Kobolde.

Du beobachtest die Wellenkreise im See. Langsam laufen sie dahin, werden flacher und flacher. Sie spülen gegen das Ufer und wieder zurück. Bald sind sie ganz im weiten Wasser vergangen.

«Aber Angst habt ihr doch», sagst du fest und schaust Klecks und Klacks in die Augen.

«Na ja», zögert Klecks. «Aber nur ein klein bißchen», sagt Klacks. «Und nur so zum Spaß.» «Oder eigentlich sogar riesige Angst», behauptet Klecks, nun schon wieder ganz frech. «Wenn die anderen unsere Angst sehen, dann laufen sie alle davon, so unheimlich groß ist die manchmal.»

«Macht dann doch einfach die Entspannung», meinst du. «Die mit dem Atem. Und sagt euch noch einen Mach-Mut-Spruch dazu.»

«Ich hab geatmet», sagt Klecks fest.

«Ich auch, ich auch», ruft Klacks.

«Atmen tut jeder. Immer», sagst du. «Aber wenn ihr auf euren Atem achtet, wenn ihr darauf achtet, wie der Atem herausströmt und wieder hinein in euch, dann habt ihr anderes zu tun, als Angst zu haben. Die Angst läßt dann nach, zumindest ein wenig. Auf den Atem zu achten, macht ruhiger. Und dann sagt euch einfach noch einen Mach-Mut-Spruch – ‹Mit Mut gehts gut›, zum Beispiel. Dann ist es noch besser.»

«Warum?» fragen die Kobolde und putzen sich eifrig die Ohren.

«Weil ihr dann auf euren Mut schaut und nicht auf die Angst», sagst du. «Mut hat jeder in sich, genau wie Angst, zumindest ein bißchen. Aber die Angst ist oft stärker. Deshalb macht man die Angst mit der Entspannung ein wenig schwächer und denkt an seinen Mut – dann geht es viel besser als vorher. Und wenn ihr mutiger seid, dann müßt ihr auch nicht mehr so prahlen», fügst du noch hinzu.

«Wir prahlen auch so», meint Klecks und reckt schon wieder die Brust. Aber er schweigt. So sitzt ihr noch ein wenig unten am See und schaut dem stillen Wasser zu, wie es einfach nur daliegt. Ihr achtet auf das Tanzen der Wellen und die kleinen Geräusche der Enten. Ein leichter Wind erhebt sich und bringt die Bäume am Seerand zum Singen, er geht auch durchs Schilf. Leicht schlagen die Rohre aneinander. Und zwischen den Rohren sitzt stumm ein Frosch.

In diesem Stil können Sie weitere Lehrgeschichten zur Entspannung gut selbst erfinden, zusammen mit dem Kind. So lassen sich mit dem Kind Geschichten überlegen, in denen es in eine ihm schon bekannte Fantasiewelt reist (in sein Lieblingsbuch beispielsweise) und dort seinem Lieblingshelden nach und nach etwas über Entspannung beibringt – so, wie es sie gerade selbst lernt. Indem man anderen etwas beibringt, lernt man nämlich am besten.

Außer solchen Lehrgeschichten lassen sich mit dem Kind auch Entspannungsgeschichten erleben. Eine ganz normale Kindergeschichte mit einem kleinen Abenteuer, hier und da vielleicht Entspannungsformeln eingestreut oder am Ende ein Entspannungsblock: schon ist die Entspannungsgeschichte fertig.

Andrea F. Cremer hat für dieses Buch eine Anzahl von Geschichten mit eingebauten Entspannungsformeln geschrieben, die Elemente sowohl von solchen normalen Entspannungsgeschichten als auch von Fantasiereisen in sich vereinen (ab S. 225). Hier nun ein Beispiel zu Entspannungsgeschichten für Kinder von etwa vier bis acht Jahren. Es ist eine Geschichte vom kleinen Bären, mit angehängtem Entspannungsteil.

Kleiner Bär und die Menschenkinder

Der kleine Bär ist weit durch den Bärenwald gegangen, bis in eine Gegend, in der er noch nie war. Jetzt steht er still. Er achtet genau auf alles, was um ihn herum ist. Vögel singen im Wald. Fern rauscht ein Bach. Ein Schmetterling tanzt im freien Himmel über dem grauen Band.

Das graue Band! Wegen dem hat der kleine Bär angehalten. Es erstreckt sich links und rechts durch den Wald und riecht komisch. Es ist so breit, daß der kleine Bär mindestens acht oder neun große Hopser machen müßte, um auf die andere Seite zu kommen. In der Mitte des grauen Bandes sind weiße Striche. Am Rande stehen hier und da Pfosten, an denen etwas merkwürdig glänzt.

Der kleine Bär kratzt sich an den Ohren. So etwas hat er noch nie gesehen. Er weiß gar nicht, was er damit anfangen soll. So wandert er erst einmal am grauen Band entlang. Er will schauen, wo es denn hinführt.

Der kleine Bär setzt Tatze vor Tatze. Schön langsam trottet er neben dem grauen Band, auf dem weichen Waldboden. Er spürt seinen Atem gehen. Sein Atem strömt ein und aus, ein und aus, ganz ruhig und gleichmäßig, ganz von allein. Der kleine Bär trottet vor sich hin und spürt dabei die Schwere in seinen Tatzen. Seine Tatzen sind schwer, schön schwer. Und er spürt die Wärme, die durch ihn strömt. Die Wärme strömt durch den ganzen Körper des kleinen Bären. Der kleine Bär ist ganz ruhig.

Plötzlich ruckt der schwere Kopf des kleinen Bären hoch. Er bleibt stehen, seine Ohren stellen sich auf. Vor ihm schimmert etwas neben dem grauen Band, in einem unmöglichen Rot, intensiver und größer als jede Blume, die er je gesehen hat. Das Rot ist sogar stärker als der Klatschmohn auf den Feldern im Wiesental.

Und mehr noch passiert! Aus dem Wald kommen Stimmen, helle Stimmen, und da laufen auch schon zwei Menschenkinder daher, genau in seine Richtung. Jetzt stocken sie, stehen ganz still, wie erschrocken. Wahrscheinlich haben sie ihn jetzt erst entdeckt. «Ein kleiner Bär», hört der kleine Bär eines der Menschenkinder flüstern. «Ob er uns wohl auffrißt?» flüstert das andere Kind zurück. «Oder ob man ihn streicheln kann?» fragt das erste leise.

Der kleine Bär brummt leise, denn streicheln läßt er sich für sein Leben gern. Aber die Kinder bleiben einfach nur stehen. Wahrscheinlich trauen sie sich nicht an mich heran, weil sie mich für ganz gefährlich halten, denkt der kleine Bär. Das freut ihn erst – aber dann macht es ihn traurig. Weil sie ihn dann nämlich nicht streicheln können.

Also legt sich der kleine Bär gemütlich ins Gras neben dem grauen Band und schließt die Augen – vorsichtig erst eines, dann auch das andere. Ab und zu zwinkert er aber, um zu sehen, was die Kinder denn machen. Die stehen immer noch da. Also brummt der kleine Bär leis vor sich hin.

Bald ist er fast eingeschlafen, so gemütlich liegt es sich hier, aber da spürt er eine Hand auf seinem Rücken. Er öffnet langsam die Augen und brummt. Die Kinder sitzen nun bei ihm und streicheln ihn überall. Sogar hinter den Ohren kraulen sie ihn, wo er es gerade am liebsten hat. Selbst ein paar Beeren bekommt der kleine Bär von den Kindern, die haben sie in ihrem Körbchen gesammelt. Himbeeren sind es, die er besonders gern frißt.

So vergeht die Zeit. Die Sonne blinzelt zwischen den Blättern, die Kinder streicheln den kleinen Bären und unterhalten sich leise mit ihm und miteinander. So könnte es immer sein, denkt der kleine Bär träge und zerdrückt noch eine Himbeere unter der Zunge. Da ist plötzlich ein lauter Ruf zu hören, von diesem riesigen

Rot neben dem grauen Band. Und wieder – und wieder, ein lauter Ruf, hinein in den Wald.

Die Kinder springen auf. «Wir müssen zurück», flüstern sie miteinander, «sonst suchen die Eltern noch nach uns, und dann gibt es Ärger!» Sie heben ihr Körbchen auf, das umgefallen im Gras liegt. Himbeeren sind fast keine mehr da. Der kleine Bär schmatzt mit dem Mund. Die Kinder kichern und schütten auch noch den Rest aus, direkt vor seine Nase. Dann laufen sie davon, hinüber zum riesigen Mohnblumenrot.

Der kleine Bär schaut ihnen nach und nascht ab und zu von den Himbeeren. Vielleicht kommen sie ja zurück, denkt er. Drüben gibt es einige harte Geräusche, dann knirscht es plötzlich wie Sand und das riesige Mohnblumenrot bewegt sich. Es kriecht auf das graue Band und rollt dann immer schneller davon.

Schade, denkt sich der kleine Bär. Jetzt muß ich die Himbeeren wieder selber pflücken – und niemand streichelt mich. So erhebt er sich seufzend. Die letzte Himbeere läßt er im Gras, denn schon trabt er los, langsam, gemächlich, zur Bärenhöhle zurück.

Bald ist er in der Bärenhöhle angekommen. Brummend legt er sich auf das weiche Lager. Zwei Geschwister sind da, die brummen ihm freudig entgegen. Der kleine Bär streckt sich lang aus, er fühlt sich ganz ruhig. Schwer sind seine Glieder, bärenschwer. Sein ganzer Körper ist schwer. Fühlst du, wie schwer seine Glieder sind? Und schön warm ist ihm. Fühlst du, wie angenehm warm ihm ist? Die Wärme strömt durch seinen ganzen Bärenleib. Seine Tatzen sind warm, sein Bauch ist warm, sein ganzer Körper ist warm. Sein Atem geht ein und aus, ein und aus, ganz ruhig und gleichmäßig, ganz von allein. Der kleine Bär ist ruhig, schwer und warm, er ist ruhig, schwer und warm. – So liegt er ein Weilchen und ruht sich aus. Er ruht sich aus und fühlt die neue Kraft tief in sich wachsen.

Entspannungsgeschichten vom kleinen Bären gibt es mittlerweile in einer ganzen Reihe von Veröffentlichungen (beispielsweise in Friedrich / Friebel 1993 sowie 1996). Sie können sie aber problemlos auch selbst erfinden, am besten zusammen mit dem Kind. Das Kind gibt das Thema vor: Was soll der kleine Bär erleben? Und der Erwachsene führt das dann aus, langsam, gemächlich, es ist schließlich eine Entspannungsgeschichte.

Das Prinzip ist immer ähnlich: Der kleine Bär trottet durch den Bärenwald und erlebt ein kleines Abenteuer. Zwischendurch kann immer wieder einmal auf Sinneswahrnehmungen verwiesen werden: Was ist gerade zu hören (Vögel ringsum, ein Bach), was ist zu riechen (Blumen, schwere Walderde, Gras), was ist zu sehen (Blätter, Schatten und Licht, Schmetterlinge, Eichhörnchen), was empfindet der kleine Bär (er spürt seinen Atem gehen, empfindet Ruhe, Schwere und Wärme). Und am Schluß trottet er zur Bärenhöhle zurück. Das kann immer gleich gestaltet werden, wie in der obigen Geschichte. Es kann auch variiert werden. Vielleicht ist er allein, vielleicht sind einige Geschwister da oder ein Elternteil, zu denen legt er sich dann.

Statt eines kleinen Bären kann auch ein anderes Tier als Held der Geschichte gewählt werden. Es sollte einfach ein Tier sein, das dem Kind gut gefällt. Vielleicht schlägt es selbst eines vor. Der Schluß der Geschichte mit den Entspannungsformeln wird dann eben entsprechend variiert. Wir verwenden oft ein Kätzchen als «kleinen Helden». Der Abschluß der Entspannungsgeschichte sieht dann etwa folgendermaßen aus:

Bald ist das Kätzchen wieder an seinem Bauernhof angekommen. Es schleicht durchs geöffnete Scheunentor. Es trippelt die Holzstiege zum Scheunenboden hinauf. Im Katzenlager zwischen den Heuballen sind schon andere versammelt. Die Mutter liegt mit ausgestreckten Gliedern auf dem Streu des Holzbodens. Zwei Geschwister schnurren ihm zu. Da merkt das Kätzchen, wie müde es ist. Still legt es sich hin und streckt seine Pfötchen von sich. Es ist ganz ruhig. Schwer sind die Pfötchen, ganz schwer. Fühlst du, wie schwer seine Pfötchen sind? Das Kätzchen ist schwer, ganz schwer. Warm sind die Pfötchen, schön warm. Fühlst du, wie warm sie sind? Das Kätzchen fühlt sich warm, ganz warm. Sein Atem geht ein und aus, ein und aus, ganz ruhig und gleichmäßig, ganz von allein. Das Kätzchen ist ruhig, schwer und warm, es ist

ruhig, schwer und warm. – So liegt es ein Weilchen und ruht sich
aus. Es ruht sich aus und fühlt die neue Kraft tief in sich wachsen.

Ältere Kinder identifizieren sich nicht mehr so gern mit Tieren, für
sie sind solche Geschichten deshalb wenig geeignet. Bei ihnen
sollte ein Kind oder ein Erwachsener im Mittelpunkt der Geschichte stehen. Auch sollte etwas mehr passieren als bei den
«harmlosen» Geschichten vom Kätzchen und dem kleinen Bären.
Das bedeutet, daß sich Geschichten für ältere Kinder weniger leicht
als die Kätzchen- oder Bärchengeschichten aus dem Stegreif erfinden lassen.

In den letzten Jahren sind eine ganze Reihe von Büchern mit entsprechenden Entspannungsgeschichten erschienen. Entweder werden bei älteren Kindern solche speziellen Entspannungsgeschichten verwendet – oder ganz normale Kindergeschichten werden in
Entspannungsgeschichten verwandelt. Das geht bei den meisten
Geschichten ziemlich gut, indem einfach ein Block mit Entspannungsformeln nach dem autogenen Training (siehe ab S. 114) an
den Anfang oder ans Ende der Geschichte gestellt wird. Die Entspannung wird also einfach an die «normale» Geschichte angehängt oder steht vor ihr. Wenn sie vor der Geschichte steht, ist gar
keine Überleitung nötig. Wenn sie angehängt wird (vor allem wenn
die Entspannung vor dem Schlafen durchgeführt wird, empfiehlt
sich diese Version), kann das ganz unvermittelt oder (besser) mit einer kleinen Überleitung geschehen, beispielsweise:

Und damit ist die Geschichte zu Ende. Der Held (Name) ist
ganz müde von seinem Abenteuer geworden. Er legt sich hin und
streckt alle Glieder von sich. Er liegt ganz bequem. Er macht eine
Entspannungsübung. Mach sie einfach mit ihm. Er sagt sich:
(Entspannungstext, Kapitel über autogenes Training).

Wird die Entspannung vor dem Schlafen durchgeführt, ist keine
Rücknahme erforderlich. Ansonsten sollte immer eine ausdrückliche Rücknahme nach der Entspannungsgeschichte erfolgen,
etwa: «Und jetzt ist die Geschichte (oder: die Entspannung) zu
Ende, mach die Augen auf und streck und reck dich ein bißchen.»

Mit ein wenig Improvisationsgabe (oder einer Vorbereitung) lassen sich auch in ganz normale Geschichten Entspannungsformeln einflicken. Vor spannenden Momenten macht der Held (wenn die Handlung das erlaubt) einfach eine kleine Pause und achtet auf seinen Atem. Wenn mehr Zeit ist, setzt er sich auch oder er legt sich hin und macht eine Kurzentspannung nach dem autogenen Training oder der progressiven Muskelentspannung.

Oder eine Nebenfigur wird für die Geschichte hinzuerfunden, vielleicht eine Katze oder ein Kundschafter für den König bzw. eine andere in der Geschichte vorkommende Figur. Diese Nebenfigur beobachtet alles, und ab und zu, wenn ihr alles zu spannend wird, macht sie (möglichst vorher!) eine kleine Entspannungsübung. Hier ein Beispiel:

(Normaler Text:) «*In der Schlucht sollen Räuber ihr Unwesen treiben*», *meinte Christian.* «*Aber wir müssen hindurch*», *sagte Peter nur. Sie packten ihre Sachen zusammen und machten sich auf den Weg.*

(Normaler Text mit eingefügter Entspannung:) «*In der Schlucht sollen Räuber ihr Unwesen treiben*», *meinte Christian.* «*Aber wir müssen hindurch*», *sagte Peter nur. Der Detektiv des alten Kaufmanns seufzte. Noch mehr Aufregung! Aber dann machte er eine kurze Entspannung. Er achtete auf seinen Atem, achtete einfach darauf, wie sein Atem in ihn hineinströmte – und wieder heraus. Sein Atem ging ein und aus, ganz ruhig und gleichmäßig, ganz von allein. Er spürte bald, wie er ruhiger wurde. Sie packten ihre Sachen zusammen und machten sich auf den Weg.*

(Normaler Text mit anderer eingefügter Entspannung:) «*In der Schlucht sollen Räuber ihr Unwesen treiben*», *meinte Christian.* «*Aber wir müssen hindurch*», *sagte Peter nur.* «*Am besten machen wir vorher eine Entspannung, dann geht es besser*», *sagten sie beide. Sie legten sich bequem hin und achteten auf die Ruhe in sich.* «*Ich bin ganz ruhig*», *sagten sie in sich hinein und empfanden die Ruhe. Und sie achteten auf die Schwere in sich.* «*Ich bin ganz schwer*», *sagten sie tief in sich hinein und empfanden die Schwere ihres Körpers. Und sie achteten auf die Wärme in sich. «Ich bin ganz warm», sagten sie in sich hinein und empfanden die kreisende Wärme. «Ich bin ruhig, schwer und warm», sagten sie tief in sich hinein und spürten, wie sie ruhiger wurden und wie die Kraft in ihnen wuchs. Dann standen sie auf. Sie packten ihre Sachen zusammen und machten sich auf den Weg.*

Starke Sprüche

Außer Entspannungsformeln können in einer Geschiche auch andere Bewältigungs- oder Merksprüche enthalten sein. Bekannteste Beispiele: «Mit Mut geht's gut», das sich auf Angstsituationen bezieht, und «Konzentriert geht's wie geschmiert», das bei Konzentrationsaufgaben hilfreich sein kann.

Wie die Entspannungsformeln stammen diese «starken Sprüche» ursprünglich aus dem autogenen Training für Erwachsene. Dort firmieren sie unter der Bezeichnung «Vorsatzbildung». Für Kinder werden solche Sprüche üblicherweise in Reime gefaßt. Außerdem sollten sie kurz, prägnant und positiv getönt sein. Ein starker Spruch zu Angstsituationen bezieht sich also nicht negativ auf die Angst, sondern positiv auf das, was Angst verhindert oder mit ihr besser umgehen läßt, auf den Mut.

Bewältigungssprüche beziehen sich näher auf das jeweilige Problem, das mit der Entspannung angegangen werden soll. Sie sind eine hilfreiche Ergänzung zu den Entspannungsformeln, werden gerade von Kindern aber auch ohne vorhergehende Entspannung und losgelöst von Entspannungsgeschichten verwendet. Bewältigungssprüche erinnern an das Problem, und zwar in einer positiven Weise, indem sie den Blick auf seine (mögliche) Bewältigung richten.

Am besten ist es, wenn das Kind für sein jeweiliges Problem einen eigenen «starken Spruch» findet. Darauf verlassen darf man sich allerdings nicht, das gelingt nur selten. Deshalb ist es hilfreich, eine Auswahl an Bewältigungssprüchen anzubieten und dann, wenn genügend bekannt sind, mit dem Kind zu besprechen, welcher ihm persönlich am besten helfen kann. Die Sprüche werden möglichst in Geschichten eingeflickt, ganz wie oben auch für die Entspannungsformeln ausgeführt. Der Bewältigungsspruch wird dazu ganz einfach an die Entspannungsformeln angehängt.

Hier sind die beiden oberen Texte mit den Entspannungseinfügungen um einen Bewältigungsspruch ergänzt:

(Text mit eingefügter Entspannung:) *«In der Schlucht sollen Räuber ihr Unwesen treiben», meinte Christian. «Aber wir müssen hindurch», sagte Peter nur. Der Detektiv des alten Kaufmanns seufzte. Noch mehr Aufregung! Aber dann machte er eine kurze Entspannung. Er achtete auf seinen Atem, achtete einfach darauf, wie sein Atem in ihn hineinströmte – und wieder heraus. Sein Atem ging ein und aus, ganz ruhig und gleichmäßig, ganz von allein. «Mit Mut geht's gut», sagten sie sich und stellten sich vor, wie der Mut sie ganz durchströmte. Dann packten sie ihre Sachen zusammen und machten sich auf den Weg.*

(Gleicher Text mit anderer eingefügter Entspannung:) *«In der Schlucht sollen Räuber ihr Unwesen treiben», meinte Christian. «Aber wir müssen hindurch», sagte Peter nur. «Am besten machen wir vorher eine Entspannung, dann geht es besser», sagten sie beide. Sie legten sich bequem hin und achteten auf die Ruhe in sich. «Ich bin ganz ruhig», sagten sie in sich hinein und empfanden die Ruhe. Und sie achteten auf die Schwere in sich. «Ich bin ganz schwer», sagten sie tief in sich hinein und empfanden die Schwere ihres Körpers. Und sie achteten auf die Wärme in sich. «Ich bin ganz warm», sagten sie in sich hinein und empfanden die kreisende Wärme. «Ich bin ruhig, schwer und warm», sagten sie tief in sich hinein und spürten, wie sie ruhiger wurden und wie die Kraft in ihnen wuchs. «Mit Mut geht's gut», sagten sie sich und stellten sich vor, wie der Mut sie ganz durchströmte. Dann standen sie auf. Sie packten ihre Sachen zusammen und machten sich auf den Weg.*

Die folgende Liste kann als Anregung für einen eigenen Spruch oder direkt zur Auswahl eines «starken Spruchs» verwendet werden. Die Sprüche stammen von verschiedenen Autoren, meist aus Entspannungsgeschichten für Kinder.

- Mit Mut geht's gut.
- Nur ruhig Blut, dann geht's gut.
- Ruhig und still geht's wie ich will.
- Konzentriert geht's wie geschmiert.
- Ich weiß, ich kann – ich bleibe dran.
- Ohne Anfang gibt's kein Ende, also spuck in deine Hände!
- Frisch und wach wie ein Fisch im Bach.
- Wenn ich will, ist alles um mich still.
- Genau geschaut und dann getraut!
- Schau! Schau langsam und genau!
- Tief innen ist alle Kraft drinnen.
- Augen wach, denk erst nach.
- Überlegen, dann sich regen.
- Erst denken, dann schreiben!
- Mein Kopf ist leicht und frei!
- Ich hab die Kraft, die alles schafft.

Fantasiereisen
und thematische Vorstellungsübungen
Volker Friebel

In Fantasiereisen passiert äußerlich viel weniger als in Entspannungsgeschichten. Oft wird nur ein Naturbild in der Vorstellung intensiv erlebt, beispielsweise ein See, eine Wiese, das Ziehen von Wolken am Himmel, der Gang auf einem Waldweg. Und wenn etwas passiert, ist üblicherweise kaum ein Spannungselement dabei, beispielsweise flattert einfach ein Schmetterling über den Weg.

Fantasiereisen regen die eigenen Vorstellungskräfte an. Naturbilder haben üblicherweise eine beruhigende Wirkung auf den Menschen. Fantasiereisen in Vorstellungsbildern der Natur wirken also beruhigend.

Auch Fantasiereisen hört man am besten im Liegen, mit geschlossenen Augen.

Nicht so sehr die Worte der Fantasiereise sind wichtig. Wichtig sind die inneren Bilder, die durch die Worte nur angestoßen werden können. Je nach Kind, nach Alter, Vorwissen und Auffassungsgabe werden die Worte deshalb einfach verändert.

Schön ist es, wenn außer auf Bilder auch auf Töne, Gerüche, Empfindungen, vielleicht sogar auf Geschmack verwiesen werden kann. Eine Fantasiereise versucht, möglichst alle Sinne mit einzubeziehen.

Sehr wichtig ist die Zeit zwischen den Worten. Die eigene Vorstellung braucht Zeit, sich entwickeln zu können. Eine Fantasiereise darf deshalb nicht einfach heruntergelesen werden wie eine Entspannungsgeschichte oder ein anderer Text. Die Fantasiereise besteht zum größten Teil aus Leerräumen für die eigene Vorstellung des Kindes.

Die Fantasiereise soll Anregungen geben – aber nicht zu sehr festlegen. Sie sollte deshalb immer ein wenig unscharf sein, nicht alles haarklein ausmalen, so daß dann für das Kind nichts übrigbleibt. Mit wenigen Worten viel Anregung geben, das ist das Ziel einer Fantasiereise. Und die Anregung sollte eine bestimmte Tendenz haben. Sie sollte in Richtung Entspannung und Ruhe führen.

Ein Beispiel.

Die Wale

Die Walherde schwimmt langsam in der Weite des Meeres. Große Wale sind dabei, und kleinere. Auch ein paar Junge schwimmen dazwischen.

Manchmal schwimmen die Wale eng beieinander, treiben ihr Spiel miteinander, manchmal entfernen sie sich. Aber immer wieder finden sie zueinander zurück.

Von den riesigen Leibern sind über dem Wasser meist nur die Rücken zu sehen, oder nicht einmal die. Manchmal läßt sich ein Wal einfach treiben, unter dem Wasser, in der blauen Unendlichkeit – gerade so, als würde er träumen. Nur ab und zu kommt er hoch, um Luft zu holen.

Verfolge einfach ein Weilchen die Wale auf ihrer Reise durchs Meer. Achte auf ihre ruhigen Bewegungen. Achte auf ihre Langsamkeit, und auf ihre Stärke. Achte auf die Ruhe in ihrer Kraft.

Die Wale ziehen durchs endlose Meer.

Manchmal hörst du sie singen. Ihre tiefen Gesänge ziehen weit durch das stille Wasser dahin.

Die Wale singen sich zu. Von Meer zu Meer hörst du ihre Gesänge.

Am Himmel treiben nur Wolken. Sie ziehen über das Meer und über die Wale langsam dahin.

Wenn die Wale in die Nähe einer Insel kommen, oder in die Nähe des Festlandes, werden sie von den Schreien der Möwen begrüßt. Dort begegnen sie öfters auch Schiffen. Draußen, in der Weite des

Meeres, gibt es keine Möwen, und auch die Schiffe sind viel seltener dort.

Vielleicht spürst du den Wind überm Wasser.

Vielleicht riechst du das salzige Meer.

Die Sonne zieht ihren Bogen, langsam und ruhig über dem endlosen Blau.

Alles ist langsam und ruhig hier. Alles hat Zeit, viel Zeit. Da ist nur das Meer, nur diese unendliche Weite.

Die Wale ziehen langsam und ruhig in der Weite umher.

Auch in Fantasiereisen können Entspannungsformeln eingestreut werden. Da wird dann vom *Atem*, von der *Ruhe*, *Schwere* und *Wärme* die Rede sein. Nötig ist das aber nicht unbedingt.

Die Geschichten von Andrea F. Cremer (ab. S. 225) sind manchmal wie Entspannungsgeschichten, manchmal wie Fantasiereisen gehalten. Sie enthalten zum Teil solche Entspannungsformeln.

Nach diesem Muster lassen sich leicht eigene Fantasiereisen erfinden. Das geht noch viel leichter, als etwa das spontane Erfinden von Entspannungsgeschichten, denn zwischen den Worten ist bei Fantasiereisen ja Zeit. Der Vortragende läßt hier die Bilder sich einfach entwickeln.

Thema für einen ersten Versuch dazu könnte beispielsweise der Flug eines Albatrosses sein, hoch über dem Meer. Unter ihm das klare, kühle Wasser, über ihm die warme Sonne. Salziger Geruch, Wind. Vielleicht fliegt er auch ein Stück über Land, über Berge oder Inseln. Und immer wird die Ruhe und Sicherheit und die Kraft betont.

Oder Sie knüpfen an Erleben vom Tage an. Vielleicht war da ein Waldspaziergang, der einfach in Form der Fantasiereise noch einmal erlebt wird.

Als weiteres Beispiel die folgende Geschichte.

Pusteblume

Stell dir eine Pusteblume vor. Auf der Wiese steht sie, zwischen all den anderen Blumen und den langen Halmen des Grases. Sie steht da allein.

Der lange Stengel, oben die silberne Kugel, die schwankt leicht im Wind.

Ab und zu fliegt ein Insekt vorbei, eine Mücke oder eine Biene, auf der Suche nach Blumen und Nektar.

Grillen zirpen ringsum. Hier und da sind auch Vögel zu hören, vielleicht von den Obstbäumen der Nachbarwiese. Die Pusteblume ist stumm. Sie steht einfach nur da.

Die Pusteblume bewegt sich gar nicht von selbst, jede Bewegung an ihr kommt vom Wind. Sie wiegt sich im Wind, sie läßt sich schaukeln vom Wind. Sie selbst ist ganz ruhig. Die Ruhe und Stille der Pusteblume, vielleicht fühlst du sie auch in dir.

Da kommt wieder ein Windstoß – und reißt ein paar Samen aus der silbernen Kugel. Die segeln nun über die Wiese. Braune Samen an silbernen Segelschirmen – im Wind über die Wiese geht es hin.

Du verfolgst den Flug eines der Samen: leicht im Wind über die Gräser und Blumen. Aber es geht nicht etwa höher und höher – denn du spürst da unter dem Wind noch etwas anderes, das ist die Schwere der Welt. Die Schwere der Welt hält die Samen bei sich, sie läßt ihnen Raum zum Fliegen, aber sie zieht sie sanft und langsam wieder auf die Erde zurück.

Da kommt noch ein Windstoß – noch einmal geht es ein Stückchen hinauf in den Himmel. Du siehst über dir das offene Blau. Unter dir zieht die Wiese hinweg, das Grün, das Rot, das Gelb, das Weiß – all die Blumen, die du magst.

Der Samen ist niedergefallen. Da liegt er, am Bach. Der braune Samen ist halb in die Erde eingesunken. Hier wird seine neue Heimat sein. Nächstes Jahr wird hier eine neue Pusteblume stehen. Aber jetzt liegt der Samen nur da, auf der warmen Erde. Die Sonne scheint auf ihn. Er spürt ihre Wärme, er fühlt ihre Kraft.

Die *Ruhe*,
die *Schwere*,
die *Wärme*,
die *Kraft*.

Bildhafte Vorstellungen können auch zur Bearbeitung von Problemen oder einfach von bestimmten Themen genutzt werden. Bei Fantasiereisen ist das «Thema» dabei nur die Entspannung. Thematische Vorstellungsübungen dagegen beschäftigen sich beispielsweise mit Konflikten, mit Angst, Aggression, Krankheit, der eigenen körperlichen Entwicklung, mit Liebe und Haß.

Der Berg

Neben dem Weg im Tal fließt der Bach. Du hörst sein Murmeln und findest irgendwie einen Rhythmus darin, ganz wie der Rhythmus, den deine Schritte gehen. Du gehst den Bachlauf hinauf, der Strömung des Baches entgegen.

Der Weg trennt sich vom Bach. Du bleibst hier stehen und schaust hoch. Der Berg türmt sich über dir auf. Der Bach verschwindet in einem Tal, dein Weg führt von hier an den Berg hinauf. Du stehst und betrachtest den Berg.

Du betrachtest den Berg, schaust ihn dir genau an, wie hoch er ist, wie er aussieht, ob du etwas Besonderes entdecken kannst. Du betrachtest den Berg genau und merkst dir alles für später.

Du gehst den Weg weiter. Du gehst auf dem Weg den Berg hinauf, höher und höher.

Vielleicht verändert der Weg sich, je höher du kommst. Vielleicht geht es leichter oder schwerer, je weiter du kommst. Du achtest auf deine Schritte.

Du achtest auch auf die Veränderung des Berges, je höher du kommst. Vielleicht kommst du erst durch einen Wald, und dann hört der Wald auf und Wiesen beginnen. Und dann kommt der nackte Fels. Vielleicht kommt ganz oben sogar Schnee auf dem Berg. Aber dein Berg kann auch anders sein. Du achtest einfach darauf, wie er ist. Du achtest darauf, im Rhythmus deiner Schritte.

Vielleicht hörst du den Klang von Wasserfällen. Die stürzen über den Fels. Oder da sind Vögel zu hören. Vielleicht fallen dir auch bestimmte Gerüche auf.

Langsam kommt der Gipfel in Sicht. Du setzt weiter Schritt vor Schritt.

Dann erreichst du den Gipfel. Du bleibst stehen und atmest tief durch. Du bist glücklich. Du schaust frei umher über das weite Land unter dir. Achte darauf, was du alles erkennen kannst. Vielleicht siehst du von hier oben den Weg, den du gekommen bist. Und du siehst weit umher über das Land.

Über thematische Fantasiereisen wie «Der Berg» sollte anschließend mit dem Kind gesprochen werden. Vielleicht wird dazu erst der erlebte Berg bzw. etwas aus der Bergbesteigung gemalt und anschließend gemeinsam auf die Besteigung eingegangen.

Wie sah der Berg aus? War er eher groß oder klein? Gab es da Fels und Schnee oder war er bis oben mit Wiesen oder Wald bestanden? Wie erschien die Vorstellung, den Berg besteigen zu müssen, unten im Tal? Als aufregend oder anstrengend oder langweilig? Wie war die Besteigung? Eher leicht oder schwer? Was war von oben, vom erstiegenen Berg aus zu sehen? Wie fühlte sich das Kind oben, auf dem Gipfel des Berges? Was verbindet das Kind mit einem Berg? Im Alltag, kennt das Kind dort auch so etwas wie einen Berg?

Die Interpretation des Erlebten muß ganz individuell ausfallen. Die Vorerfahrungen des Kindes (mit realen Bergen, mit Problemen, Herausforderungen), sein Alter, seine ganze Lebenslage ist dabei immer zu berücksichtigen. Weder das Kind noch der Erwachsene sollte sich dabei zu sehr auf eine bestimmte Deutung festlegen. Die Vieldeutigkeit des Bildes kann durch Interpretationen manchmal wohl konzentriert werden, die Gefahr der Fixierung auf einen einzelnen, vielleicht durchaus wichtigen, aber sicher nicht einzigen

Aspekt ist dabei aber immer gegeben. Wichtiger als Deutungen ist das Erleben, und die Veränderung in diesem Erleben.

Wenn die Fantasiereise mehrfach durchgeführt wird (das empfiehlt sich), lohnt es, nach Veränderungen des Berges und der Leichtigkeit seiner Besteigung Ausschau zu halten, danach auch direkt zu fragen und zu vergleichen. Auch hielt gilt es aber, mit Interpretationen vorsichtig zu sein.

Thematische Vorstellungsübungen lassen sich leicht selbst entwikkeln. Hier einige Motive dazu:

– Im (ruhigen und sicheren) Auge eines Hurrikans diesen und seine Zerstörungen miterleben.
– Ein (reinigendes) Gewitter erleben: erst Wolken dunkel und schwer, dann Blitz, Donner und Regen, dann Wolken hell und leicht.
– Ein altes Haus erkunden.
– Erkundung einer Höhle.
– Entwicklung eines Baumes von der Eichel, Buchecker, Kastanie bis zum erwachsenen Baum.
– Verwandlung vom Ei über die Raupe und die Puppe zum Schmetterling.
– Vor einer Wand stehen, nicht weiterwissen.
– Gesundheitsbezogene Vorstellungsübungen: beispielsweise der ganze Körper von Gesundheit (Kraft, Energie, Zellen des Immunsystems) durchströmt.
– Etwas finden (einen Stein, eine Feder, eine Wurzel), dem man ein Geheimnis (oder eine Sorge) zuflüstern kann.
– Im Zauberspiegel sich so sehen, wie man sein möchte, und dann so wie man ist.
– Durch eine Zaubertür alle Menschen, die man mag, zu sich kommen lassen, während die anderen (noch) draußen vor bleiben müssen.
– Etwas (jemanden) schrumpfen lassen, vor dem man Angst hat.
Günstig ist immer die Verbindung von thematischer Vorstellungsübung, Malen und Gespräch über die Fantasiereise und das Bild.

Autogenes Training
Sabine Friedrich

Das autogene Training besteht aus sechs Grundübungen, die zunächst einzeln erlernt und dann während der Entspannungsübung hintereinander ausgeführt werden. Ansatzpunkt dieser Übungen ist das vegetative Nervensystem (siehe Einführung ab Seite 15). In der Regel wird zunächst im Liegen gelernt. Das finden die meisten Menschen am leichtesten. Es ist aber auch möglich, die Übungen im Sitzen durchzuführen. Zumindest wenn alles gelernt ist, sollte zusätzlich auch im Sitzen geübt werden, da Entspannung im Alltag eben häufig im Sitzen gebraucht wird.

Ein Übungsleiter (zu Hause Mutter oder Vater) spricht die Entspannungsformeln vor, das Kind spricht sie innerlich nach und versucht, sich die Aussagen der Formeln innerlich vorzustellen. Dabei können zusätzlich eigene Vorstellungsbilder eingesetzt werden. Zum Beispiel kann sich das Kind bei der Formel «Ich bin ganz warm» vorstellen, daß es auf einer Wiese liegt und sich von der Sonne bescheinen läßt.

Die sechs Grundübungen beziehen sich auf Ruhe («Ich bin ganz ruhig»), Schwere («Ich bin ganz schwer»), Wärme (Ich bin ganz warm»), Atmung («Mein Atem geht ganz ruhig und gleichmäßig»), Bauchorgane («Mein Bauch ist strömend warm» oder «Mein Sonnengeflecht ist strömend warm»), Herz («Mein Herz schlägt ganz ruhig und regelmäßig») und Stirn («Die Stirn ist angenehm kühl»). Meistens wird jede Formel dreimal vorgesprochen.

In Kursen lernen die Teilnehmer meist pro Stunde eine Übung, die dann bis zur nächsten Woche täglich mehrmals selbständig geübt werden soll. In der nächsten Stunde werden dann die bisher bekannten Übungen durchgeführt und im Anschluß daran die jeweilige neue Übung. Bei den meisten Kursteilnehmern stellen sich nach einiger Zeit die erwünschten Körperempfindungen ein, und die Entspannung wird spürbar.

Ziel des autogenen Trainings ist aber nicht nur, daß sich der Übende unter Anleitung entspannen kann, sondern die erwünschten Körperempfindungen sollten auch selbständig herbeigeführt werden können, das heißt ohne Anwesenheit eines Übungsleiters. Der Übende soll ja in die Lage versetzt werden, sich im Alltag (beispielsweise im Büro, beim Zahnarzt oder in der Schule) ohne fremde Hilfe entspannen zu können. Der Transfer in den Alltag wird durch häufiges Üben in Alltagssituationen erleichtert.

Während der Übungen kann es zu körperlichen Begleiterscheinungen kommen, beispielsweise zu einem Kribbeln der Haut, Muskelzuckungen in Armen und Beinen, Kreislaufempfindungen, Jukken, Darmgeräuschen oder anderen Körperempfindungen. Teils hängen diese Begleiterscheinungen mit der Umschaltung in den Entspannungszustand zusammen, teils können sie als Abreaktion angestauter Spannungen angesehen werden. Sie treten vor allem bei «Anfängern» auf und verschwinden mit zunehmender Übung oder werden nicht mehr als belastend empfunden. Letzteres ist wohl so zu erklären, daß der Übende mit zunehmender Erfahrung lernt, sie als harmlos bzw. sogar als Anzeichen für die sich einstellende Entspannung zu betrachten. Die körperlichen Begleiterscheinungen treten aber durchaus nicht bei jedem Übenden auf und auch nicht bei allen Übungen.

Autogenes Training hat bei Erwachsenen eine lange Tradition. Bei Kindern fand es dagegen erst in den letzten Jahren eine größere Verbreitung. Früher bestand die Ansicht, daß es für Kinder sehr viel schwieriger sein müßte, autogenes Training zu lernen als für Erwachsene, da ihre Selbstkontrolle geringer ausgeprägt ist. Studien zeigten aber, daß Kinder die Entspannungsübungen schneller erlernen als Erwachsene, vermutlich deshalb, weil bei Kindern das bildhafte Vorstellungsvermögen besser ausgeprägt ist (s. S. 17). Wie oben erwähnt, ist es für das Gelingen der Übungen wichtig, daß die Formeln des autogenen Trainings durch innere Bilder unterstützt werden, und dies scheint Kindern besser zu gelingen.

Es gibt jedoch auch einige Eigenschaften von Kindern, die für das Erlernen eher ungünstig sind. Sie lassen sich leicht ablenken und haben nur eine geringe Aufmerksamkeitsspanne. Vor allem kleineren Kindern fällt es oft schwer, regelmäßig zu üben, und der Übungserfolg ist bei ihnen stärker von der augenblicklichen Stimmung abhängig als bei Erwachsenen.

So müssen die Übungen Kindern etwas anders vermittelt werden. Sie benötigen beispielsweise zum Lernen der Formeln mehr Anleitung von außen, das heißt, die Entspannungsformeln werden Kindern viel ausführlicher und mit mehr Vorstellungshilfen vorgesprochen. Auch ist für das Erlernen der Übungen ein spielerisches und damit motivierendes Umfeld nötig. Angebote für Kinder haben außer der Entspannung deshalb zusätzliche Inhalte, beispielsweise Spiele, Malen, Geschichten und Gespräche. Kinder lernen das autogene Training am besten in Gruppen etwa Gleichaltriger. Aufgabe des Übungsleiters ist es, von Anfang an eine angstfreie, akzeptierende und fröhliche Atmosphäre zu schaffen, die den Kindern das Lernen erleichtert. Die wichtigste Ergänzung der Übungen sind Entspannungsgeschichten, die heute von den meisten Übungsleitern eingesetzt werden. Bei älteren Kindern ergänzen die Geschichten die eigentlichen Übungen und verhelfen dem Kind zu einem vertieften Entspannungserlebnis. Bei jüngeren (Kindergartenalter) können die Übungen selbst vollständig in eine Geschichte eingebettet sein (ausführlicher dazu siehe ab Seite 85).

Anleitung zum autogenen Training

Der achtjährige Matthias erzählt, wie er in einem Kurs autogenes Training erlernt hat. Übungsleiterin ist Frau Tröger. In dieser Art können Entspannungsstunden für Kinder zum Erlernen des autogenen Trainings gestaltet werden. Natürlich gibt es auch viele andere Möglichkeiten. Die Übungsformeln und sonstigen wichtigen

Aussagen sind im Text *kursiv* gedruckt. Um diese Kernsätze herum können Kursstunden und Stunden zu Hause aufgebaut und vielfältig variiert werden.

Erste Stunde (Ruheübung)

Erst war ein lustiges Spiel. Bei dem hab ich die anderen Kinder alle kennengelernt. Dann fragte uns Frau Tröger, was wir uns eigentlich unter Entspannung vorstellen. Dazu fiel uns eine ganze Menge ein, beispielsweise, daß man sich dabei aufs Sofa legen kann, daß man auf dem Bett liegt und Musik hört. Frau Tröger fand diese Ideen schon sehr gut und hat gemeint, wir könnten das ja einmal ausprobieren. Wir legten also unsere mitgebrachten Decken auf den Boden, das Kopfkissen dazu, und legten uns hin. Frau Tröger sagte:

«Wir wollen uns jetzt einmal entspannen. Legt euch hin, und zwar auf den Rücken, eure Arme liegen neben dem Körper, eure Beine sind ausgestreckt. Am besten, ihr schließt die Augen. Wenn das noch zu schwierig ist, laßt sie einfach offen. Aber laßt sie nicht im Raum umherschweifen, sondern laßt euren Blick irgendwo ruhen, an irgendeinem Ort an der Decke.»

Also das Liegen auf dem Rücken kam mir zuerst schon komisch vor, wo ich doch im Bett sonst immer auf der Seite liege. Ich fand das sogar richtig unbequem und fragte Frau Tröger, ob ich auch auf dem Bauch oder auf der Seite liegen kann. Frau Tröger meinte aber, daß die Rückenlage für das Lernen der Entspannung besser wäre, und ich solle es einfach mal ausprobieren. Na ja, dachte ich mir, probieren kann ich es ja mal. Das mit dem Augenschließen war am Anfang auch nicht so leicht, denn ich wollte ja mitkriegen, was die anderen Kinder so machen. Deshalb behielt ich sie erst mal offen. Dann sagte Frau Tröger:

«Streckt und rekelt euch noch einmal, damit ihr bequem liegt. Dann beginnt die Entspannung. Ich spreche jetzt einiges vor: versucht euch dabei genau das vorzustellen, was ich sage. Hört nicht einfach nur zu, sondern stellt euch alles genau vor. Wenn es nach-

her also heißt: ‹Die Arme sind ruhig›, dann stellt euch vor, wie eure Arme ganz ruhig sind. Und wenn ich sage: ‹Die Augenlider sind ruhig›, dann stellt euch auch das genau vor.

Also, jetzt geht's los!»

Und dann ging es los. Frau Tröger sprach das, was wir uns vorstellen sollten, und sie sprach es ganz langsam, mit kleinen Pausen zwischen den Sätzen:

Ruheübung

«Deine Arme werden jetzt ganz ruhig, und deine Beine werden ganz ruhig.

Dein Gesicht wird ruhig, und deine Augen werden ganz ruhig.

Die Augenlider werden schwer, ganz schwer, so schwer wie Blei, sie werden bleischwer.

Und du läßt dich treiben, immer weiter treiben, immer tiefer in die Ruhe und in die Entspannung hinein, einfach treiben, weiter treiben, ganz ruhig und entspannt.

Du bist jetzt ganz ruhig und sagst dir in Gedanken dreimal:

Ich bin ganz ruhig.

Ich bin ganz ruhig.

Ich bin ganz ruhig.

Ihr kommt jetzt langsam zum Ende der Übung: Ballt eure Hände kräftig zu Fäusten, spannt Arme und Beine fest an, reckt und streckt euch. Atmet tief durch und öffnet die Augen wieder!»

Ach, wie schade, daß die ganze Übung schon aus ist, dachte ich, das war wirklich prima, ich wäre gern noch ein Weilchen liegengeblieben. Auch meine Augen gingen ganz von alleine zu, weil ich ein bißchen schläfrig geworden bin. Das Liegen auf dem Rücken hat mir eigentlich gar nichts ausgemacht. Als Frau Tröger gesprochen hat, habe ich gar nicht mehr darauf geachtet. Auch die anderen fanden die Übung viel zu kurz, aber Frau Tröger beruhigte uns gleich: Weil wir so toll mitgemacht haben, dürfen wir die Übung am Schluß der Stunde noch mal machen, und anschließend erzählt sie uns noch eine Entspannungsgeschichte. Jetzt will sie erst mal etwas mit uns spielen, damit wir wieder munterer werden. Ja, da hat sie recht, ich bin jetzt wirklich ein wenig schläfrig und freue mich auf Bewegung.

Am Ende der Stunde übten wir dann wirklich noch mal und hörten eine schöne Geschichte von einer Insel. Diese Insel durften wir uns in Gedanken ausschmücken, wie wir wollten, und am Schluß durften wir sie noch für die anderen aufmalen.

Zweite Stunde (Schwereübung)

In der nächsten Stunde kündigte uns Frau Tröger eine neue Übung an, die Schwereübung. Ich konnte mir zuerst gar nicht vorstellen, was das sein soll, aber Frau Tröger meinte, das sei gar nicht so schwer. Oder *schwer* vielleicht gerade doch. Zuerst sollten wir uns nämlich überlegen, welche *schweren* Tiere es gibt. Na, dazu fiel mir natürlich eine ganze Menge ein, schließlich bin ich schon in der zweiten Klasse. Zum Beispiel Elefant, Wal oder Nashorn.

Dann sollten wir die Tiere vorspielen, und die anderen mußten raten, welches Tier wir darstellen. Das war schon lustig und vor allem ziemlich laut, denn man sollte auch die passenden Tiergeräusche dazu machen. Anschließend sagte Frau Tröger, daß wir nun wieder eine Entspannungsübung machen. Schnell holten wir unsere Decken und Kissen und machten es uns auf dem Boden gemütlich. Das Hinlegen tat gut nach dem anstrengenden Tierespiel. Puh, habe ich geschwitzt!

Dann sagte Frau Tröger, daß wir uns wieder wie in der letzten Stunde hinlegen sollten, und erklärte alles noch mal ausführlich, obwohl wir das doch schon gut wußten. Frau Tröger meinte aber, sie sagt uns lieber alles noch einmal, denn bei der letzten Stunde sei das ja für uns noch ganz neu gewesen. Als sie dann aber gesehen hat, daß wir das noch alles wußten, hat sie sich gefreut und gesagt, wir seien ja schon «alte Hasen» in der Entspannung.

Jetzt legten sich alle ruhig hin und Frau Tröger erklärte noch mal, daß wir uns alles, was sie sagt, genau vorstellen sollen und nicht nur einfach zuhören. Wenn sie dann beispielsweise sagt: «Deine Arme sind ganz schwer», dann sollen wir uns das schwere Tier vorstellen, das wir vorhin gespielt haben, und uns ganz doll vorstellen, daß wir jetzt genauso schwer werden.

Dann begann sie mit der Ruheübung, die wir ja schon letzte Woche geübt haben. Danach kam die Schwereübung dran, und die ging so:

Schwereübung

«Deine Arme werden jetzt schwer, ganz schwer. Die Oberarme werden schwer, ganz schwer, und die Unterarme werden schwer, ganz schwer, und deine Hände werden schwer, ganz schwer. Deine Arme werden immer schwerer und schwerer.

Und du läßt dich treiben, immer weiter treiben, immer tiefer in die Ruhe und in die Entspannung hinein, einfach treiben, weiter treiben, ganz ruhig und entspannt.

Deine Beine werden jetzt schwer, ganz schwer. Die Oberschenkel werden schwer, ganz schwer, und die Waden werden schwer, ganz schwer.

Arme und Beine werden immer schwerer und schwerer, bleischwer.

Und du läßt dich treiben, immer weiter treiben, immer tiefer in die Ruhe und in die Entspannung hinein, einfach treiben, weiter treiben, ganz ruhig und entspannt. Du bist jetzt ganz schwer und sagst dir in Gedanken:

Ich bin ganz schwer.
Ich bin ganz schwer.
Ich bin ganz schwer.»

Danach kam wieder das Zurücknehmen der Übung.

Frau Tröger fragte uns nach der Übung, ob wir uns die Schwere gut vorstellen konnten. Und ob ich mir das vorstellen konnte! Ich war so schwer, daß ich mich am Ende der Übung gar nicht bewegen wollte, sondern am liebsten so liegengeblieben wäre. Martin sagte, er wäre beinahe durch den Boden durchgebrochen. Na ja, das war sicher übertrieben, aber man hat tatsächlich gedacht, man wiegt soviel wie ein Elefant oder ein Nashorn.

Danach haben wir wieder ein Spiel gemacht und am Schluß noch mal die Übung mit einer schönen Geschichte dran.

Am Anfang dachte ich ja, Entspannung ist bestimmt ziemlich langweilig, aber heute war es schon toll, das Gefühl mit der Schwere und die Geschichte am Schluß. Ich freue mich jedenfalls auf die nächste Stunde.

Dritte Stunde (Wärmeübung)

In der dritten Stunde haben wir erst mal darüber gesprochen, wie es uns zu Hause beim Üben ging. Denn zu Hause üben sollen wir auch. Jeden Tag mindestens einmal. Ich habe die Übung immer abends im Bett probiert, meine Mutter hat sie mir vorgelesen. Einmal bin ich sogar dabei eingeschlafen, weil meine Mutter so langsam und leise gesprochen hat. Frau Tröger meinte, man könne nicht nur abends im Bett üben, sondern auch mittags nach der Schule, wenn man vom vielen Lernen ganz geschafft ist. Das werde ich morgen mal ausprobieren.

Daß wir alle die Ruhe und die Schwere spüren können, fand Frau Tröger ganz toll und meinte, dann können wir ja eine neue Übung probieren, die Wärmeübung. Zuerst wollte sie aber von uns wissen, welche Dinge warm sind oder Wärme abgeben. Na, das war vielleicht eine Baby-Frage. Ein Ofen zum Beispiel oder ein Fön, die Sonne oder eine Sauna, warmes Badewasser oder ein heißer Tee. Uns fiel da eine ganze Menge ein.

«Sehr gut», sagte Frau Tröger, «aber wißt ihr auch, daß euer Körper warm ist?» Natürlich wußten wir das, manchmal wird er sogar sehr heiß, wenn man beispielsweise Fieber hat. Dann erklärte uns Frau Tröger, daß wir uns unsere Blutadern wie Makkaroni vorstellen können, und durch diese Tunnel fließt unser warmes Blut. Diese Adern können sich ganz breit machen oder ganz eng. Wenn es uns beispielsweise warm ist und wenn wir uns ganz entspannt fühlen, sind die Adern ganz weit, und deshalb fließt viel warmes Blut durch. Frieren wir oder sind wir sehr aufgeregt, machen sich die Adern ganz eng, und es kommt nur wenig warmes Blut durch. Deshalb fühlen sich unsere Hände und Füße dann ganz kalt an.

Das ist ja ganz interessant, dachte ich, aber was hat das mit der Entspannung zu tun? Sandra fragte das auch. «Ganz einfach», sagte Frau Tröger, «wenn ihr euch vorstellt, daß ihr ganz ruhig, schwer und warm seid, machen sich die Adern ganz weit, und ihr merkt, daß ihr an Händen und Beinen und am ganzen Körper warm werdet.»

Mann, das wollten wir alle mal probieren. «Also, dann machen wir jetzt unsere Übung», meinte Frau Tröger. «Zuerst kommt die Ruheübung, dann die Schwereübung aus der letzten Stunde, und am Schluß kommt dann die Wärmeübung. Seid ihr bereit?» Es dauerte noch ein bißchen, aber dann konnte die Übung beginnen.

Wärmeübung

«Stell dir vor, du liegst auf einer weiten Wiese. Um dich herum wiegt sich das weiche Gras im Wind und allerlei bunte Blumen blühen. Der Himmel über dir ist tiefblau, die Sonne scheint und es ist angenehm warm. Du spürst die Wärme der Sonne auf dir.

Du spürst die Wärme der Sonne auf deiner Haut und in deinem ganzen Körper. Du spürst die Wärme in deinen Oberarmen – wohlige Wärme in deinen Oberarmen. Und du spürst die Wärme in deinen Unterarmen – wohlige Wärme in deinen Unterarmen. Und die Wärme strömt in deine Hände und bis in deine Fingerspitzen hinein. Wohlige Wärme in deinen Fingerspitzen.

Deine Arme sind warm, deine Oberarme sind warm, deine Unterarme, deine Hände bis hinein in deine Fingerspitzen sind warm. Du fühlst die Wärme der Sonne in deinen Armen.

Und die Wärme strömt weiter durch deine Brust und in deinen Bauch, und du spürst die Wärme der Sonne in deinem Bauch.

Dein Bauch ist warm, wohlige Wärme durchströmt deinen Bauch.

Und die Wärme strömt weiter zu deinen Beinen. Und du spürst die Wärme in deinen Oberschenkeln, wohlige Wärme durchströmt deine Oberschenkel. Und die Wärme strömt weiter zu deinen Waden, wohlige Wärme durchströmt deine Waden. Und die Wärme strömt weiter zu deinen Füßen und bis in die einzelnen Zehen hinein. Wohlige Wärme durchströmt deine Füße.

Deine Beine sind warm, ganz warm. Wohlige Wärme strömt von den Oberschenkeln über die Waden zu den Füßen bis in deine Zehen hinein.

Wohlige Wärme durchströmt jetzt deinen ganzen Körper, und du sagst dir in Gedanken:

Ich bin ganz warm.

Ich bin ganz warm.

Ich bin ganz warm.»

Nach der Übung kam wieder das Zurücknehmen.

Diesmal hatte ich gar keine Lust, mich wieder hinzusetzen, weil das Liegen so schön war, aber Frau Tröger meinte, wir sollten diesmal besonders gut «zurücknehmen», weil die Übung jetzt schon recht lang war. Wir sind also noch ein bißchen herumgehopst und haben mit einem Luftballon gespielt, den uns Frau Tröger schnell aufgeblasen hat. Danach waren wir wieder so fit, daß wir über die Übung sprechen konnten.

Die Wärme in den Händen habe ich schon ein wenig gespürt. Als die Beine dran waren, konnte ich irgendwie nicht mehr so richtig aufpassen, da habe ich daran gedacht, daß ich morgen mit Andi ins Schwimmbad gehe.

Ja, sagt Frau Tröger, man muß sich bei den Übungen schon ganz schön lange konzentrieren, und es ist ganz normal, wenn man manchmal mit den Gedanken abschweift. Dann soll man einfach versuchen, wieder zu der Entspannung zurückzukommen. Aber sie meinte, wir hätten das heute schon recht gut gemacht und es sei toll, daß manche von uns die Wärme schon beim erstenmal gespürt haben. Bei denen, die es noch nicht spüren konnten, kommt es auch bald, meinte Frau Tröger, das sei eine Frage der Übung.

Im zweiten Teil der Stunde zeigte uns Frau Tröger eine Kurzübung der Entspannung. Denn in der Schule vor einem Diktat können wir uns ja nicht plötzlich auf den Boden legen, um unsere Übung zu machen. Gerade für die Schule wäre Entspannung aber sehr nützlich, beispielsweise wenn es in der Klasse sehr unruhig ist, oder wenn ein Diktat geschrieben wird, oder wenn man wegen etwas anderem sehr aufgeregt ist.

«Bei der Kurzübung sitzt man am besten ganz bequem auf einem Stuhl mit Lehne, die Hände ruhen auf den Oberschenkeln, die Fingerspitzen sollen möglichst etwas nach unten zeigen, dann kann das Blut besser in die Fingerspitzen fließen», meinte Frau Tröger. «Die Hände sollen sich möglichst nicht überkreuzen, denn sonst weiß man ja bei geschlossenen Augen nicht mehr, wo die rechte und wo die linke ist.»

Unsere Stühle hier haben Lehnen, so daß wir uns mit dem Rükken gut anlehnen können. Diese Haltung nennt man «angelehntes Sitzen». «Aber manchmal», sagte Frau Tröger, «habt ihr vielleicht nur einen einfachen Stuhl ohne Lehne oder wollt die Entspannung machen, wenn ihr gerade auf einer Mauer oder auf einem Stein sitzt. Dann ist die ‹Königshaltung› besser. Dabei sitzt man aufrecht wie ein König auf dem Stuhl und lehnt sich nicht an. Auch hält man den Kopf ganz gerade, wie wenn man eine Krone tragen würde, die nicht herunterfallen darf. Diese Haltung ist auch gut, wenn man sich auf etwas konzentrieren will, beispielsweise vor einer Mathearbeit. Das angelehnte Sitzen ist besser, wenn man sich einfach ausruhen will.» Das hört sich eigentlich ganz logisch an.

(Zu den Entspannungshaltungen s. auch S. 25).

Frau Tröger wollte dann die Kurzübung im Sitzen mit uns einmal ausprobieren. Jeder durfte die Haltung aussuchen, die er für sich am besten fand. Ich hab mich für das angelehnte Sitzen entschlossen. Und so geht die Kurzübung:

Kurzübung

«Schließe die Augen, atme dreimal ruhig ein und aus und sage dir dann in Gedanken jeweils dreimal:

Ich bin ganz ruhig.
Ich bin ganz schwer.
Ich bin ganz warm.»

Vierte Stunde (Atemübung)

In der nächsten Stunde lernten wir wieder eine neue Entspannungsübung kennen. Dabei ging es um den Atem. Zuerst bastelten wir ein Papierschiffchen, was gar nicht so einfach war. Im Kindergarten hab ich das einmal gelernt, aber inzwischen lang wieder vergessen. Als alle Schiffe gefaltet und bemalt waren, wollte Frau Tröger, daß wir uns auf unsere Decken legen und das Papierschiffchen auf unseren Bauch setzen. Jetzt konnten wir beobachten, wie das Schiffchen hoch und runter ging, wenn sich unser Bauch mit dem Atem hob und senkte. Das war echt super!

Danach sollten wir das Schiffchen herunternehmen und einfach weiter auf unseren Atem achten. Einige von uns begannen, ganz laut zu schnaufen, und kurz darauf war ein Riesengeschnaufe im Gange und natürlich viel Gelächter. Frau Tröger ließ uns eine Weile blödeln, dann sollten wir uns wieder hinlegen. Sie erklärte uns, daß wir unseren Atem gar nicht beeinflussen sollen, also nicht besonders tief atmen sollen oder besonders kurz, sondern daß wir einfach nur auf den Atem achten. Dann sprach sie die «Atemformel», wie sie dazu sagte:

Atemübung

«Dein Atem geht ganz ruhig und gleichmäßig, er hebt und senkt sich wie ein Boot auf den Wellen. Du bist jetzt ganz ruhig und sagst dir in Gedanken:

Der Atem geht ganz ruhig und gleichmäßig.»

In dieser Stunde probierten wir auch wieder unsere Kurzübung im Sitzen aus. «Da muß man am Anfang ja auch auf seinen Atem achten», fiel Antje auf. «Ja, das stimmt», meinte Frau Tröger, «da ist die Atemübung auch mit drin, weil es sehr beruhigend ist, wenn man auf seinen Atem achtet.» Wenn ich mich aufrege, sagt meine Mutter auch meistens: Jetzt dreimal tief durchatmen!

Wir sprachen dann noch eine ganze Weile darüber, was man machen kann, wenn man sehr aufgeregt oder ängstlich ist. Ich wollte anfangs gar nichts dazu sagen, weil ich dachte, die anderen Kinder haben sicher nicht so oft Angst wie ich. Aber das stimmte gar nicht, die anderen haben allerhand über ihre Ängste erzählt, und da fiel es mir ganz leicht, auch etwas zu sagen.

Danach machten wir ein Spiel und zum Schluß noch eine richtig lange Übung im Liegen mit allen Übungen, die wir schon kannten: Ruhe-, Schwere-, Wärme- und Atemübung. Anschließend hörten wir noch eine Entspannungsgeschichte.

Fünfte Stunde (Bauchübung)

In der nächsten Stunde fragte uns Frau Tröger, was der Körper eigentlich macht, wenn man sehr aufgeregt oder ängstlich ist. «Das Herz schlägt ganz stark», meinte Lena. «Ich zittere dann immer», sagte Martin. «Bei mir kribbelt's im Bauch, und ich muß dauernd aufs Klo», sagte ich. Ja, auch die anderen Kinder kannten das Kribbeln im Bauch. Antje meinte sogar, bei ihr tut der Bauch dann richtig weh.

Frau Tröger sagte, der Bauch könne sich anspannen, ohne daß man zuerst etwas davon merkt. Nach einiger Zeit tut der angespannte Bauch dann weh. Sie meinte, wir sollten es einmal mit der Bauchübung aus dem autogenen Training probieren. Dazu legten wir uns wieder in Rückenlage auf unsere Decken und legten eine Hand auf den Bauch. Dann sprach Frau Tröger zuerst die Übungen aus den letzten Stunden und danach die Bauchübung.

Bauchübung

«Geh jetzt in Gedanken zu deinem Bauch – du kannst auch deine Hand auf den Bauch legen. Du spürst jetzt die Wärme in deinem Bauch und sagst dir in Gedanken:
Der Bauch ist strömend warm.»

Bei dieser Übung hatte ich das Gefühl, daß der Bauch unter meiner Hand ganz warm wird. Das war ein schönes Gefühl, und ich nahm mir vor, das einmal auszuprobieren, wenn ich im Wartezimmer vom Zahnarzt sitze, weil ich da manchmal ein bißchen Bauchweh kriege.

Sechste Stunde (Herzübung)

Die nächste Stunde begann ganz toll. Frau Tröger brachte uns ein echtes Stethoskop mit, wie mein Kinderarzt eines hat. Jeder durfte damit einmal sein Herz abhören und auch bei den anderen mal horchen. Das hat großen Spaß gemacht, und ich war mächtig überrascht, daß da immer zwei Schläge ganz schnell hintereinander kommen und dann eine Pause ist. Wir probierten dann noch aus, wie das Herz schlägt, wenn wir vorher hüpfen. Ich bin so doll gehüpft, daß mein Herz nachher richtig gerast ist.

Danach machten wir eine lange Entspannungsübung im Liegen und hängten an die alten Übungen noch die Herzübung dran. Frau Tröger sagte vorher, dabei sei es wichtig, daß wir nicht versuchen, den Herzschlag zu beeinflussen, sondern ihn nur beobachten. Also genau wie schon bei der Atemübung.

Herzübung

«Höre jetzt in dich hinein, ob du dein Herz irgendwo spürst. Vielleicht spürst du deinen Puls in den Fingern oder am Hals oder auch im Bauch. Du bist ganz ruhig und sagst dir in Gedanken:
Mein Herz schlägt ganz ruhig und regelmäßig.»

Diese Herzübung fanden die meisten von uns einfach, denn man muß ja eigentlich gar nichts tun, nur horchen, ob das Herz auch gleichmäßig schlägt. Tanja meinte allerdings, sie habe das Herz nirgends gespürt, aber Frau Tröger sagte, das macht nichts.

Nach unserem Sitzkreis machten wir noch ein Spiel und danach wieder unsere Kurzübung im Sitzen.

Danach haben wir darüber gesprochen, wer die Kurzübung zu Hause oder in der Schule ausprobiert. Ich hab erzählt, daß ich die Kurzübung jetzt immer in der Schule vor dem Diktat mache, weil ich dann nicht so aufgeregt bin und weniger Leichtsinnsfehler mache. Außerdem habe ich im Schwimmbad geübt, als unser Lehrer gesagt hat, wir sollten vom Drei-Meter-Brett springen. Ich wollte springen, weil der Jens, mein Freund, auch gesprungen ist. Aber meine Knie wollten wohl nicht, die haben geschlottert wie sonst was. Beim Hochsteigen aufs Brett und beim Vorlaufen zum Rand hab ich dauernd zu mir gesagt: «Ich bin ganz ruhig, ich bin ganz schwer, ich bin ganz warm.» Und das hat auch geholfen, ich bin tatsächlich gesprungen. Die anderen Kinder im Kurs fanden es toll, daß ich so mutig war, und Martin meinte, das muß er nächste Woche gleich mal ausprobieren. «Prima», sagte Frau Tröger, «dann kannst du uns nächste Woche berichten, wie es geklappt hat.»

Wir haben so lange über die Kurzübung geredet, daß die Zeit für eine ganz lange Übung mit Geschichte nicht mehr gereicht hat. Dafür haben wir noch ein Spiel gemacht, dann war die Stunde schon aus.

Siebte Stunde (Stirnübung)

In der nächsten Stunde lernten wir die letzte neue Übung kennen. Da war ich froh, denn mehr Übungen kann ich mir wahrscheinlich nicht merken. Frau Tröger sagte: «Heute machen wir es mal umgekehrt. Wir sprechen nicht zuerst über die neue Übung, sondern wir probieren sie gleich aus!» Wir legten uns also auf die Decken und Frau Tröger machte eine sehr lange Übung mit uns, mit allen Entspannungsformeln, die wir schon kannten. Am Schluß kam die neue Übung und die ging so:

Kopf- und Stirnübung
«Der Kopf ist klar, die Stirn ist ein wenig kühl.»

Als Frau Tröger das mit der kühlen Stirn sagte, ging sie reihum und strich jedem von uns mit einem feuchten Tuch über die Stirn. Zuerst bin ich ein bißchen erschrocken gewesen, aber danach war's ein tolles Gefühl; richtig kühl war mein Kopf. Ich frage mich nur, wie ich diese kühle Stirn kriegen soll, wenn mir Frau Tröger kein Wasser an die Stirn macht. Frau Tröger meinte, wir sollen uns das kühle Gefühl von der Übung gut merken und uns bei den nächsten Übungen dieses Gefühl einfach vorstellen. Das sei so wie bei der Schwereübung, als wir uns vorgestellt haben, ein ganz schweres Tier zu sein. Also, ich war ganz schön gespannt, ob ich das beim nächstenmal schaffe. Wir wollten es eigentlich gleich ausprobieren, aber Frau Tröger wollte zuerst ein Spiel machen. Danach, versprach sie uns, machen wir noch mal die lange Übung.

Nach dem Spiel sprachen wir über die Merksprüche (siehe Seite 104), die in den vielen Geschichten vorgekommen sind, die uns Frau Tröger immer im Anschluß an die Entspannung erzählt hat. Zuerst sammelten wir die Sprüche und Frau Tröger schrieb alle ganz groß auf ein großes Blatt Papier. Dann sollten wir uns den Spruch aussuchen, der für uns selbst am wichtigsten ist. Ich hab mich für den Spruch «Mit Mut geht's gut» entschieden, denn ich bin manchmal eben ängstlich und kann diesen Spruch deshalb gut gebrauchen.

Wie versprochen machten wir am Schluß der Stunde noch mal eine lange Übung. Die Stirnkühle hab ich – glaube ich – ein wenig gespürt, ich weiß selbst nicht so recht. Frau Tröger meinte, das muß man eine Weile üben, ehe man das richtig intensiv spürt.

Am Ende der Stunde sagte Frau Tröger, daß wir doch eigentlich feiern müssen, weil wir jetzt alle Übungen vom autogenen Training kennen. Na, da waren wir natürlich gleich einverstanden.

Achte Stunde (Fest)

In der letzten Stunde gab es also ein großes Fest mit Keksen und Saft und natürlich vielen Spielen. Zum Abschluß wollten wir alle noch eine richtig schöne Entspannungsübung machen, und Frau Tröger erzählte uns hinterher noch eine Geschichte. Wir waren natürlich ein bißchen traurig, als es ans Abschiednehmen ging. Da sagte Frau Tröger: «Wenn ihr Lust habt, dann können wir uns in einem halben Jahr noch mal treffen, und jeder kann erzählen, wie es ihm mit dem autogenen Training inzwischen ergangen ist.» Da waren wir alle froh, und der Abschied fiel nicht mehr so schwer.

Progressive Muskelentspannung
Sabine Friedrich

Die verschiedenen Entspannungsverfahren unterscheiden sich weniger in ihrem Ziel voneinander als vielmehr in der Art und Weise, wie Entspannung erlernt bzw. erzeugt werden soll. Beim autogenen Training soll das Entspannungsgefühl rein gedanklich über Autosuggestionen (beispielsweise über die Formel «Mein Arm ist schwer») und dazugehörige Vorstellungsbilder erreicht werden. Bei der progressiven Muskelentspannung nach Jacobson wird dagegen mit den Muskeln gearbeitet. Verschiedene Muskelgruppen werden zunächst stark angespannt und die Anspannung dann einfach losgelassen. Dabei achtet die Person genau auf das Gefühl, das beim Loslassen der Anspannung entsteht. Der übertriebene Unterschied zwischen extremer Anspannung und völligem Loslassen von Anspannung (das heißt Entspannung) soll es erleichtern, ein Gefühl für einen entspannten Körper zu entwickeln.

Diese Vorgehensweise zum Erlernen der Entspannung klingt zunächst einmal einfach und plausibel und scheint auf den ersten Blick leichter lernbar zu sein als andere Entspannungsverfahren, wie zum Beispiel das autogene Training. Bei Erwachsenen zeigt die Praxis, daß beide Verfahren ungefähr gleich beliebt sind und sich auch in ihrer Wirksamkeit kaum unterscheiden. Interessanterweise hat sich jedoch bei Kindern die progressive Muskelentspannung im Gegensatz zum autogenen Training noch wenig durchgesetzt.

Dafür gibt es verschiedene Gründe. Zum einen erfordert die Muskelentspannung in ihrer vollständigen Form eine gut differenzierte Körperwahrnehmung, die beispielsweise bei kleinen Kindern (unter etwa neun Jahren) noch nicht vorhanden ist. Zudem benötigt das Kind schon eine gute Konzentrations- und Gedächtniskapazität, um die Einzelübungen richtig zu erlernen und sie sich in der vorgegebenen Reihenfolge einprägen zu können. Die Länge und Ausführlichkeit der Übungen sowie die Tatsache, daß man sie in der Öffentlichkeit kaum unbemerkt ausführen kann, erschweren außerdem die Übertragung auf den Alltag. Dort benötigt das Kind aber gerade die Übungen, beispielsweise in der Schule als Hilfe bei Angst vor einer Klassenarbeit.

Dies soll jedoch nicht davor abschrecken, mit der Muskelentspannung auch bei Kindern zu arbeiten, denn sie kann im einen oder anderen Fall sehr sinnvoll sein, beispielsweise wenn Kinder mit der vegetativen Entspannung (autogenes Training) oder mit einer reinen Atementspannung (siehe Seite 143) nicht zurechtkommen. Mit Hilfe der Muskelentspannung können solche Kinder oft noch motiviert werden, sich überhaupt auf Entspannung einzulassen. Weiterhin kann die Muskelentspannung (bzw. einige Teilübungen daraus) auch gut als Vorübung für eine vegetative Entspannung dienen, um Kindern über den Unterschied zwischen Anspannung und Entspannung ein Gefühl davon zu vermitteln, wie sich Entspannung anfühlen kann.

Hat man sich also dazu entschlossen, Muskelentspannung bei Kindern einzusetzen, sind einige Aspekte zu beachten, damit die Kinder Spaß an der Entspannung haben und gleichzeitig gewährleistet ist, daß sie die Übungen auch im Alltag, beispielsweise bei Streß- oder Angstsituationen, problemlos einsetzen können:

- Die vollständige Version der Muskelentspannung (siehe unten) sollte erst bei Kindern ab etwa neun Jahren eingesetzt werden, davor ist eine differenzierte Körperwahrnehmung noch nicht vorhanden.
- Will man Muskelentspannung bei kleineren Kindern einsetzen, so muß man die Übungen stärker zusammenfassen. Es macht beispielsweise wenig Sinn, zunächst den rechten Arm, dann den linken und schließlich beide Arme nacheinander zu entspannen, da die Körperhälften vom kleinen Kind noch nicht getrennt wahrgenommen werden. In diesem Beispiel müßte man also beide Arme

gleichzeitig anspannen und anschließend entspannen lassen. Dasselbe gilt für die Beine.

– Außerdem muß man die Übungen bei kleineren Kindern auf die wichtigsten Körperteile beschränken, da diese beispielsweise die komplexe Gesichtsübung noch nicht vollwertig ausführen können.

– Es muß immer sichergestellt sein, daß die Kinder wissen, von welchem Körperteil bei der Übung die Rede ist (das gilt natürlich auch für andere Entspannungsverfahren), das heißt, es muß vorher besprochen werden, wie die Körperteile, um die es geht, heißen und wo sie sind. Begriffe wie «Waden», «Oberschenkel», «Unterarm» oder «Nacken» sind selbst bei Kindern im vierten Schuljahr oft noch erklärungsbedürftig.

– Zur Motivierung vor allem kleinerer Kinder ist es sinnvoll, die Übungen nicht ganz «trocken» anzubieten, sondern sie in eine Geschichte einzukleiden. Beispielsweise könnte das Kind in der Geschichte ein Abenteuer erleben, bei dem auch eine spannende Situation oder eine Angstsituation vorkommt. Zur besseren Bewältigung denkt es sich eine Übung (der progressiven Muskelentspannung) aus und wendet sie an. Das zuhörende Kind wird nun in der Geschichte aufgefordert, mitzumachen. Dabei kann man dem Kind das Anspannen der Muskeln erleichtern, wenn man ihm den Grad der Anspannung über Zahlen vorgibt: «Jetzt ball die Hände zu Fäusten, ganz fest, so fest du kannst, bis auf tausend (fünf Sekunden Pause), und jetzt laß langsam los, 900, 800, 700 … 100 – und Null. Deine Hände und Arme sind jetzt ganz locker und entspannt.» Der Versuch einer Umsetzung der progressiven Muskelentspannung in Geschichtenform (für Schulkinder) findet sich in dem Kassettenprogramm «Stecki 401» von Hassan Refay (siehe Literaturverzeichnis).

– Um die Übungen auch auf den Alltag übertragen zu können, sollten die Kinder eine Art «Kurzübung» erlernen, die möglichst unauffällig im Alltag einsetzbar ist. Beispielsweise könnten Schulkinder lernen, daß sie vor einer Klassenarbeit unauffällig unter dem Tisch beide Hände stark zu Fäusten ballen und dann nach einigen Sekunden völlig locker lassen. Dabei sollen sie auf das Gefühl der Entspannung achten. Danach sollen sie noch einmal tief durchatmen.

Anleitung zur Muskelentspannung

Die Muskelentspannung wird am besten in der Sitzhaltung geübt, im angelehnten Sitzen (siehe Seite 27). Es ist auch möglich, die Liegehaltung einzunehmen (siehe Seite 25), vor allem dann, wenn anschließend an die Übung noch eine Entspannungsgeschichte erzählt oder noch ein wenig ruhige Musik abgespielt wird.

Bei der progressiven Muskelentspannung werden in der vollständigen Version nacheinander Hände und Unterarme, Oberarme, Gesicht, Nacken, Schultern, Leib, Rücken, Beine und zum Schluß noch einmal der gesamte Körper angespannt und entspannt. Die Übungen sollten aber nicht auf einmal, sondern in Etappen erlernt werden, am besten beginnt man mit der Entspannung von Händen und Unterarmen.

Danach kann eine Geschichte vorgelesen werden. Am Schluß erfolgt auf jeden Fall die Rücknahme der Entspannung. Diese beiden Punkte wurden unten nur bei der ersten Übung (Hände und Unterarme) aufgeführt. Sie gelten natürlich auch bei allen folgenden Übungen.

Diese Übung wird einige Tage ausprobiert und gefestigt, dann wird die nächste Übungsstufe angehängt, die Entspannung der Oberarme. So kann die Muskelentspannung nach und nach vervollständigt und eingeübt werden.

Erste Übung: Hände und Unterarme

«Balle deine starke Hand zur Faust. Balle sie ganz fest, immer noch mehr, so fest du kannst. Fühl die Spannung in deiner Hand und im Unterarm. Halte die Spannung noch eine kurze Zeit … (*etwa fünf Sekunden Sprechpause*) … Und dann laß los … Laß die Hand ganz locker werden und achte auf das Gefühl dabei. Das ist die Entspannung. Laß alle Spannung in deiner Hand los und achte auf das Gefühl der Entspannung. Achte darauf, wie es sich ausbreitet … (*etwa zwanzig Sekunden Sprechpause*).

Und nun mach dasselbe mit deiner anderen Hand. Ball die Hand zur Faust. Ball sie ganz fest, immer noch mehr, so fest du kannst. Fühl die Spannung in deiner Hand und im Unterarm. Halte die Spannung noch eine kurze Zeit … (*etwa fünf Sekunden*) … Und dann laß los … Laß die Hand ganz locker werden und achte auf das Gefühl dabei. Laß alle Spannung in deiner Hand los und achte auf das Gefühl der Entspannung. Achte darauf, wie es sich ausbreitet … (*etwa zwanzig Sekunden*).

Und nun mache dasselbe mit beiden Händen gleichzeitig. Ball die Hände zu Fäusten. Ball sie ganz fest, immer noch fester, so fest du kannst. Fühl die Spannung in deinen Händen und Unterarmen. Halte die Spannung noch eine kurze Zeit … (*etwa fünf Sekunden*) … Und dann laß los … Laß die Hände ganz locker werden und achte auf das Gefühl dabei. Laß alle Spannung in deinen Händen ganz los und achte auf das Gefühl der Entspannung. Achte darauf, wie es sich ausbreitet … (*etwa zwanzig Sekunden*).»

Jetzt kann eventuell eine Entspannungsgeschichte oder Fantasiereise vorgelesen werden.

«Am Schluß nimmst du die Entspannung immer zurück, machst eine *Rücknahme*. Dann bist du ganz fit. Ball dazu die Hände zu Fäusten, aber nicht mehr so stark und nur kurz. Streck und rekel dich, und atme einmal tief durch.»

Zweite Übung: Oberarme

Zunächst erfolgt wieder die Entspannung von Händen und Unterarmen, aber noch keine Rücknahme. Dann wird die Entspannung mit folgender Anleitung fortgesetzt und danach, wie oben, eventuell durch eine Entspannungsgeschichte und auf jeden Fall durch die Rücknahme ergänzt. (*Auch bei den folgenden Übungen können Sie eine Entspannungsgeschichte einsetzen und sollten auf jeden Fall mit der Rücknahme abschließen.*)

«Beuge nun den Oberarm deiner starken Hand. Beuge ihn so stark wie möglich in Richtung Schulter. Laß die Hand dabei aber ganz entspannt. Aber die Muskeln im Oberarm, die spannst du so stark an, wie es nur geht. Und fühle die Spannung ... (*etwa fünf Sekunden*) ... Und dann laß los ... Leg die Hand nun wieder auf den Oberschenkel (oder, beim Liegen, neben den Körper) und laß alle Spannung in deinem Arm los ... Achte auf das Gefühl der Entspannung ... achte darauf, wie es sich ausbreitet ... (*etwa zwanzig Sekunden*).

Und nun mache dasselbe mit dem anderen Oberarm. Beuge ihn so stark wie möglich in Richtung Schulter. Spann die Muskeln im Oberarm so stark an, wie es nur geht. Und fühle die Spannung ... (*etwa fünf Sekunden*) ... Und dann laß los ... Leg die Hand nun wieder auf den Oberschenkel (bzw. neben den Körper) und laß alle Spannung in deinem Arm los ... Achte auf das Gefühl der Entspannung ... Achte darauf, wie es sich ausbreitet ... (*etwa zwanzig Sekunden*).

Und nun mach dasselbe mit beiden Oberarmen gleichzeitig. Beug sie so stark wie möglich, spann die Muskeln deiner Oberarme so stark an, wie es geht. Die Hände aber bleiben ganz locker. Achte auf die Anspannung und halte sie ein paar Augenblicke lang ... (*etwa fünf Sekunden*) ... Und dann laß los ... Leg die Hände nun wieder auf deine Oberschenkel (bzw. neben den Körper) und laß alle Spannung in deinen Armen los ... Achte auf das Gefühl der Entspannung ... Achte darauf, wie es sich ausbreitet ... Achte darauf, wie die Entspannung tiefer und tiefer wird ... (*etwa zwanzig Sekunden*).»

Dritte Übung: Gesicht

Zunächst kommen die ersten beiden Übungen der Muskelentspannung dran, aber noch keine Rücknahme. Dann wird die Entspannung mit folgender Anleitung fortgesetzt:

Augenbrauen und Stirn: «Zieh deine Augenbrauen hoch, so daß auf der Stirn Querfalten entstehen. Halte die Spannung ein Weilchen und achte auf das Gefühl dabei ... (*etwa fünf Sekunden*) ... Und dann laß wieder los. Laß deine Stirn ganz glatt werden. Und achte auf das Gefühl der Entspannung ...» (*etwa zwanzig Sekunden*).
Augen: «Kneif nun deine Augen fest zusammen, spann deine Augenmuskeln fest an ... (*etwa fünf Sekunden*) ... Und dann laß wieder los, laß deine Augenmuskeln sich lockern, ganz leicht und glatt sein in der Entspannung ...» (*etwa zwanzig Sekunden*).
Kiefer: «Beiß jetzt deine Zähne fest aufeinander, vor allem die Bakkenzähne. Achte auf die Spannung in deinen Backen ... (*etwa fünf Sekunden*) ... Und dann laß los und achte auf das Gefühl der Entspannung. Laß deine Backen ganz locker werden und das Gefühl der Entspannung sich immer weiter ausbreiten ...» (*etwa zwanzig Sekunden*).
Lippen: «Drück jetzt deine Lippen gegeneinander. Drück fest und achte auf das Spannungsgefühl ... (*etwa fünf Sekunden*) ... Und dann laß locker. Laß deine Muskeln sich lösen, völlig sich lösen, und achte auf das Gefühl der Entspannung ...» (*etwa zwanzig Sekunden*).

Bitte beachten: Der Kiefer-Teil sollte bei Kindern mit Bruxismus (Zähneknirschen nachts oder am Tage) besser ausgelassen werden.

Vierte Übung: Nacken

Zunächst erfolgen die ersten drei Übungen der Muskelentspannung, aber keine Rücknahme. Dann die Anleitung:

«Beug deinen Kopf weit nach vorne, preß dein Kinn fest gegen die Brust. Achte auf die Spannung, die sich dabei in deinem Nacken aufbaut ... (*etwa fünf Sekunden*) ... Und dann laß los, ganz los. Laß deinen Nacken ganz locker und achte auf die Entspannung dabei ... (*etwa zwanzig Sekunden*).

Und jetzt bewege deinen Kopf ganz nach hinten, so weit es geht. Lege den Kopf ganz nach hinten und achte dabei auf die Spannung in deinem Nacken. Dreh den Kopf etwas nach links und nach rechts und achte auf die Spannung ... (*etwa fünf Sekunden*) ... Und dann laß wieder los, ganz los. Der Kopf geht nach vorne. Achte auf die Entspannung, die sich von deinem Nacken aus ausbreitet. Die Muskeln werden locker und leicht ...» (*etwa zwanzig Sekunden*).

Fünfte Übung: Schultern

Zunächst erfolgen die ersten vier Übungen der Muskelentspannung, aber noch keine Rücknahme. Dann wird die Entspannung mit folgender Anleitung fortgesetzt:

«Zieh die Schultern hoch, beide Schultern, so hoch es geht. Achte auf die Spannung, die dabei in deinen Schultern entsteht ... (*etwa fünf Sekunden*) ... Und dann laß los. Laß die Schultern wieder nach unten fallen und löse alle Spannungen in ihnen. Achte darauf, wie sich die Entspannung ausbreitet. Versuche, die Entspannung noch tiefer zu machen, sich noch weiter ausbreiten zu lassen. Die Muskeln werden locker und leicht ...» (*etwa zwanzig Sekunden*).

Sechste Übung: Leib

Zunächst erfolgen die ersten fünf Übungen der Muskelentspannung, aber noch keine Rücknahme. Dann wird die Entspannung mit folgender Anleitung fortgesetzt:

«Atme tief ein – und halte dann kurz die Luft an. Achte darauf, wie sich Spannung in Bauch und Brust aufbaut … (*etwa fünf Sekunden*) … Dann laß die Luft wieder entströmen. Achte auf die Muskeln von Brust und Bauch, laß sie sich lockern. Mach die Muskeln ganz locker und leicht … (*etwa zwanzig Sekunden*).

Drück dann deinen Bauch heraus und spann die Bauchmuskeln an. Die Atmung aber geht ganz normal. Spann die Bauchmuskeln an und achte auf das Gefühl der Spannung … (*etwa fünf Sekunden*) … Und dann laß los. Laß deine Bauchmuskeln ganz locker werden, locker und leicht. Löse jedes Gefühl von Spannung in ihnen. Laß deinen Bauch ganz locker werden und leicht und achte auf das Gefühl der Entspannung, das sich ausbreitet …» (*etwa zwanzig Sekunden*).

Siebte Übung: Rücken

Zunächst erfolgen die ersten sechs Übungen der Muskelentspannung, aber noch keine Rücknahme. Dann wird die Entspannung mit folgender Anleitung fortgesetzt:

«Drück beide Schultern nach hinten, als wolltest du sie hinten zusammenführen. Achte auf die Spannung, die sich dabei in deinem Rücken aufbaut … (*etwa fünf Sekunden*) … Und dann laß los. Die Schultern gehen wieder nach vorne, der Rücken entspannt. Achte auf das Gefühl der Entspannung. Versuche, es noch ein wenig tiefer zu machen, sich noch ein wenig mehr ausbreiten zu lassen …» (*etwa zwanzig Sekunden*).

Achte Übung: Beine

Zunächst erfolgen die ersten sieben Übungen der Muskelentspannung, aber noch keine Rücknahme. Dann wird die Entspannung mit folgender Anleitung fortgesetzt:

Oberschenkel und Gesäß: «Streck die Beine aus und spanne die Muskeln von Gesäß und Oberschenkeln an. Spann sie an und achte auf das Spannungsgefühl ... (*etwa fünf Sekunden*) ... Und dann laß los. Die Beine gehen wieder zurück, so wie sie waren. Versuche, Gesäß und Oberschenkel immer noch ein wenig mehr zu entspannen. Achte darauf, wie die Spannung sich vertieft und ausbreitet ...» (*etwa zwanzig Sekunden*).

Waden: «Drück die Füße und Zehen fest auf den Boden. Achte auf das Spannungsgefühl, das sich in den Waden aufbaut ... (*etwa fünf Sekunden*) ... Und dann laß los. Die Füße stehen wieder ganz lokker auf dem Boden. Achte auf das Gefühl der Entspannung. Versuche, es noch ein wenig mehr zu vertiefen und auszubreiten ...» (*etwa zwanzig Sekunden*).

Neunte Übung: Gesamter Körper

Zunächst erfolgen die acht Teilübungen der Muskelentspannung, aber noch keine Rücknahme. Dann wird die Entspannung mit folgender Anleitung fortgesetzt:

«Spann deinen ganzen Körper fest an: Hände ... Arme ... Gesicht ... Nacken ... Schultern ... Leib ... Rücken ... Gesäß ... und Beine. Halte die Spannung kurz ... (*etwa fünf Sekunden*) ... Und dann laß los. Achte auf den Unterschied zwischen Anspannung und Entspannung. Gehe in Gedanken deinen Körper kurz durch, um festzustellen, wo noch etwas Anspannung vorhanden ist. Beseitige dann auch diese Anspannung und achte auf die Entspannung deines ganzen Körpers ...» (*etwa 30 Sekunden*).

Bei Kindern bis etwa zum Ende des Grundschulalters gelingen die Übungen leichter, wenn man Helden aus der Comic- oder Computerspielwelt einführt. Sie können zum Beispiel ein spannendes Abenteuer von Asterix und Obelix erzählen, in dem die Helden zur Beruhigung eine der oben genannten Übungen machen. Dann können Sie auf das Kind überleiten, etwa folgendermaßen: «Spann auch du deine Arme ganz fest an wie Asterix, bis auf tausend – noch fester ...»

Oder das Kind stellt sich – ohne Geschichte – einfach bei der Übung vor, die Muskeln so stark anzuspannen wie Asterix.

Meditative Übungen

Volker Friebel

Ob Kindern qualitativ wirklich so etwas wie Meditation möglich ist, darüber läßt sich streiten. Ich persönlich bin skeptisch. Meditation möchte unser Verständnis von «Ich» und «Welt» (oder «Umwelt») durchbrechen, es möchte hinter den Masken unserer Rollen in Alltag und Beruf und sozialen Beziehungen auf etwas stoßen, für das paradoxe Bezeichnungen am besten zu passen scheinen: auf das Ungeborene; auf den Ort, an den die Flamme geht, wenn sie erlischt; auf einen Menschen ohne Namen.

Mir scheint, der Weg von Kindern ist ein anderer, muß ein anderer sein. Sie suchen eben gerade die Namen, sie möchten gerade dieses bunte Dasein, und soviel wie möglich davon, sie möchten gern eine möglichst interessante Rolle darin. Versuche, mit Kindern zu meditieren, müssen so einfach an ihrer ganz anders gelagerten Motivation scheitern. Ausnahmen mag es geben, aber bei den meisten positiven Berichten denke ich mir: Diese Kinder waren wohl einfach nur *brav*.

Allerdings gibt es aus Traditionen der Meditation Übungen, die auch für Kinder geeignet sind. Ihr Ziel wird allerdings ein anderes sein als bei Erwachsenen, sich im wesentlichen «nur» auf Beruhigung, Konzentration und Selbstkontrolle beziehen. Ich spreche deshalb statt von Meditation lieber von meditativen Übungen für Kinder. In den folgenden Abschnitten sind einige dieser Übungen und Herangehensweisen aufgeführt, zur Atementspannung, zum meditativen Tanz und zum Mandala.

Atementspannung

Meditation bei Erwachsenen setzt in erster Linie am Atem an, meist in Form einer Atembeobachtung. Die Atembeobachtung gilt aber eigentlich noch als Hilfsmittel zur Meditation und weniger als Meditation selbst. Immerhin läßt sich durch den Atem und durch die Entspannung über den Atem auch bei Kindern in die Meditation einführen.

Eine ausgezeichnete Übung zur Entspannung über den Atem, die sich für Kinder und Erwachsene gleichermaßen gut eignet, ist *Meeratem*. Die Entspannung beginnt mit einer Fantasiereise, mit dem Bild eines Meeres, den Wellen, die einen Strand hinauflaufen (oder an eine Küste schlagen). Naturbilder haben etwas Beruhigendes. Das wird noch verstärkt, wenn ein langsamer Rhythmus zugrunde liegt. Rhythmen unterhalb des menschlichen Herzschlages wirken beruhigend. Auch der eigene Atemrhythmus liegt unterhalb des Herzschlags, er wird nun mit dem Bild des Meeres verknüpft, das Meer kommt so noch näher heran, bis hinein in den Atem. *Meeratem* ist eine Übung für kraftvolle Ruhe, für Konzentration.

Meeratem kann gut im Sitzen erlebt werden. Die Augen sind möglichst geschlossen, der Rücken möglichst aufrecht (die sogenannte Königshaltung, s. S. 26), das vermittelt Energie.

Hier ein Text, der bei einer Anleitung zur Orientierung dienen kann. Die Worte können und sollten je nach Kind und Situation etwas verändert werden. Je nach Alter und Vorerfahrungen lassen sich über das Meer und den Atem noch weitere Dinge einfügen, beispielsweise die Erinnerung an ein konkret erlebtes Meer.

I Stell dir das Meer vor, das Meer an einer Küste. Wellen laufen den Strand hinauf, wieder und wieder.

Stell dir die Wellen vor, wie sie den Strand hinauflaufen – und dann wieder zurückspülen ins Meer. Die nächste Welle überrollt sie.

Du hörst den kraftvollen Klang der Wellen.

Vielleicht hörst du auch Möwen rufen, die kreisen am Himmel über dem Meer. An der Küste haben sie ihre Nester versteckt. Aber du siehst nur ihre weiten Kreise am Himmel.

Unter dem weiten Himmel mit seinen Möwen das Meer: das Brausen der Wellen, wenn es den Strand hinaufgeht – und wieder hinunter, von der nächsten Welle schon überrollt.

Du spürst die Kraft darin, die ruhige Kraft des Meeres.

II Achte jetzt noch auf deinen Atem. Bei jedem Atemzug hörst du eine Welle des Meeres. Du spürst, wie die Kraft des Meeres in dich hineinströmt. Zwischen den Atemzügen ist Stille, ruhig, lebendig, klar.

Achte so einige Atemzüge lang einfach auf deinen Atem – und auf die Wellen des Meeres.

III Achte darauf, wie bei jedem Atemzug die Ruhe und Kraft des Meeres in dich hineinströmt. Alles Unruhige aber strömt aus dir heraus, mit deinem Atem.

Das Meer – und der Atem. Du spürst, wie die Ruhe tief in dir wächst – und auch die Kraft.

Der Text sollte, wie alle solche Übungen und Fantasiereisen, nicht einfach heruntergelesen werden, er benötigt *Pausen*, damit die Vorstellungen beim Kind entstehen und wirken können. Am besten, man macht die Übung beim Vortrag einfach mit, dann ergeben sich die Pausen von selbst.

Meeratem kann von älteren Kindern gut selbständig durchgeführt werden. Es kommt nicht im mindesten darauf an, sich an bestimmte Vorstellungsbilder oder gar einen bestimmten Wortlaut zu halten. Nur (I): die Vorstellung des Meeres ist wichtig; und (II) die Einbeziehung des Atems in dieses Bild. Und (III): die Vorstellung, wie die Kraft und Ruhe des Meeres in einen selbst strömen. Das kann ganz ohne Worte geschehen, solange wie Zeit ist, beispielsweise vor oder in einer Klassenarbeit – einen Atemzug, zehn Atemzüge, zwanzig Atemzüge.

Eine weitere Entspannungsübung auf der Grundlage des Atems ist *Aufregung ausatmen*. Das Kind achtet auf seinen Atem, beobachtet ihn zunächst nur, am besten mit geschlossenen Augen. Nach einiger Zeit konzentriert es sich ganz auf die Ausatmung. Es stellt sich vor, daß bei jedem Ausatmen ein bißchen Aufregung mit der Luft aus dem Körper geblasen wird. Mit jedem Ausatmen wird die Aufregung geringer. Ruhe und Kraft nehmen also zu.

Letzteres läßt sich noch unterstützen (am besten nicht beim ersten Versuch, es wird sonst zuviel), indem vorgestellt wird, wie bei jedem Einatmen Ruhe und Kraft eingeatmet werden – etwa wie bei *Meeratem*. Die Vorstellung eines Meeres ist aber hier nicht erforderlich.

Natürlich läßt sich außer Aufregung auch anderes ausatmen, beispielsweise Wut, Haß, Angst, Ärger – eben alles, was als schlecht oder störend empfunden wird.

Die Übung läßt sich – am besten bei Ärger oder Wut – auch körperlich unterstützen. So kann im Stehen bei jedem Ausatmen der Ärger ausgeschüttelt werden, durch eine Bewegung mit dem Oberkörper und den Händen nach vorne. Dabei wird vorgestellt, daß der Ärger durch die Hände ausströmt und im Boden versickert oder sich auflöst.

Meditativer Tanz

Tänze sprechen Kinder (und Erwachsene) gut an, die geordnete Bewegung kommt einerseits dem Bewegungsbedürfnis entgegen, andererseits fordert (und fördert) sie die Konzentration auf den eigenen Körper.

In der Bewegung verbinden sich Selbsterfahrung und die Erfahrung des anderen. Symbolhafte Darstellungen der Welt, des Lebens, seiner Gegensätze und der Aufhebung dieser Gegensätze in seinem zeitlichen Ganzen lassen sich gerade in der Bewegung besonders gut darstellen und selbst erleben. Schritte vorwärts – und Schritte zurück, Kreisdrehungen, Kreisbewegungen (Bewegungen vorwärts und damit zurück zum Ausgangspunkt), Bewegung nach unten – Bewegung nach oben, Ausatmen – Einatmen, langsam – und schnell, Bewegung zur Mitte – Bewegung nach außen, Konzentration auf die eigene Mitte – Verströmen hinaus in die Welt, eng miteinander zusammen – ins Weite hinaus, fort voneinander, Stehen im Gleichgewicht – das Ungleichgewicht der Bewegung: die Gegensätze verbinden sich im Tanz zum Ganzen, zeigen ihre Abhängigkeit voneinander, ihren Bezug aufeinander in der geordneten Bewegung. Im meditativen Tanz wird versucht, dies bewußt zu gestalten, als ein spielerisches Erkunden der Welt, ihrer Gegensätze und der eigenen kreisenden Bewegung in ihr.

Der meditative Tanz beginnt erst, sich zu einer eigenen Gattung zu entwickeln. Seine Wurzeln liegen einerseits in der Meditation, andererseits im sakralen Tanz. Viele meditative Tänze bestehen einfach aus neuen Anordnungen sakraler Tänze, manchmal nur aus deren meditativer Neuinterpretation.

Fast alle ruhigen Tänze lassen sich zur tänzerischen Meditation verwenden. Besonders gut sind Tänze, die die Verbundenheit der Menschen miteinander und mit der Natur betonen sowie Ruhe oder Schöpfen von Kraft zum Thema haben.

Das kann etwa so aussehen, daß die Teilnehmer sich zunächst im Kreis um eine Mitte bewegen – schön ist eine Schale mit Wasser, in der eine Kerze steht oder schwimmt und vielleicht noch ein Stein liegt, und um die ein Tuch liegt: dann sind alle Elemente symbolhaft vorhanden. Zunächst halten sich vielleicht alle an den Händen, dann gehen sie nach innen zur Mitte und schöpfen dort symbolisch Kraft oder Ruhe.

Am besten, man geht von einem einfach gebauten Musikstück (instrumental) aus und setzt sich aus einigen einfachen Elementen einen Tanz dazu zusammen. Elemente können zum Beispiel sein: (1) Schritte (je nach Takt drei oder vier) im Kreis gehen, (2) Vor- und Zurückwippen, (3) Schritte nach innen gehen (und wieder nach außen), (4) in den Kreis gehen, dabei an den Händen fassen und die Hände heben, (5) in den Kreis gehen, zur Mitte (Quelle) beugen und Kraft oder Ruhe schöpfen, (6) von der Mitte nach außen gehen, die Arme weit ausbreiten – oder einmal im Kreis drehen. Solche – und andere – Elemente können beliebig kombiniert werden, im Takt der Musik.

Wichtig ist die Wiederholung. Das Musikstück muß also regelmäßig und strophisch gebaut sein. So läßt sich beispielsweise ein Quellentanz zusammenstellen, über einem möglichst intrumentellen volksliedhaften Stück im Dreivierteltakt mit acht Versen pro Strophe und (möglichst) einer kleinen Pause zwischen den Strophen. Eine einfache Folge dazu wäre (1) Gehen im Kreis (in der Tanzrichtung, das ist gegen den Uhrzeigersinn), (2) Gehen nach innen (außer Takt), (3) innen alle Hände erst hoch, dann Sich-Niederbeugen zur Quelle, symbolisches Schöpfen von Wasser, (4) das symbolische Wasser am Herzen halten und damit nach außen gehen (außer Takt), (5) nach außen gewandt die Arme ausbreiten, das Wasser des Lebens verströmen, hinaus in die Welt. – Und dann beginnt die zweite Strophe.

Mandalas

Mandala ist ein Wort aus dem Sanskrit, der heiligen Sprache des alten Indien. Übersetzt bedeutet es *Kreis* oder *Ring*. Mandalas sind eigentlich eine Art Diagramm. Strikt geometrisch angeordnet, finden sich mehr oder weniger stark symbolhaft verkürzte oder ausgebildete Kreise, Quadrate und Figuren zur Darstellung des Kosmos, der Götter oder der Erleuchtungswesen in ihren verschiedenen Aspekten.

Mandalas werden vor allem im tantrischen Buddhismus (so im tibetischen Buddhismus) als Meditationshilfen verwendet. Der Meditierende geht dazu die einzelnen Stationen des Kreisbildes durch und vergegenwärtigt sich die (psychischen) Aspekte, für die diese stehen. Beispielsweise können im Mandala Buddhafiguren vorkommen, denen jeweils verschiedene Eigenschaften der Erleuchtung zugeordnet sind («Buddha» bedeutet einfach «der Erleuchtete»; ein Buddha steht also für die Erleuchtung, was immer darunter auch verstanden wird, verschiedene Buddhas für die verschiedenen Aspekte der Erleuchtung). Diese können zur weiteren Differenzierung noch mit anderen Kennzeichen wie unterschiedlichen Farben, Himmelsrichtungen und Tageszeiten verbunden werden.

Solche Mandalas können sehr einfach gehalten oder sehr differenziert und künstlerisch gestaltet sein. Sie können aus Gegenständen hergestellt werden oder gemalt sein. Die Darstellungsart ist unwichtig. Wichtig ist, was die Bilder symbolisieren. Und dieses wiederum ist nicht wichtig an sich, sondern nur eine Hilfe für das eigene meditative Erleben, es soll ihm eine Richtung weisen und die Aufmerksamkeit bei den (im buddhistischen Sinne) wesentlichen Punkten halten.

In den letzten Jahren sind Mandalas bei uns sehr populär geworden. Häufig werden inzwischen alle kreisförmig angelegten oder interpretierbaren Bilder als Mandalas bezeichnet. So gesehen finden sich Mandalas überall: in der Anlage alter Kultstätten, in christlichen Kirchenfenstern, in moslemischen Gebetsteppichen, im chinesischen Yin-Yang-Symbol, im jüdischen Davidstern, im indianischen Medizinrad, in der Struktur von Schneeflocken, Blumen und Bäumen. Vielleicht läßt sich durch eine solche Sichtweise etwas entdecken, das allem zugrunde liegt, eine Form der Natur (und der naturverbundenen Kunst), die alles durchdringt und sich in den verschiedenen Gestaltungen nur immer wieder neu offenbart.

Praktische Bedeutung finden Mandalas bei uns bisher vor allem in Form des Mandalamalens für Kinder. Dabei werden einfach vorgegebene geometrische Figuren ausgemalt. Mit Mandalas im eigentlichen Sinne hat das wenig zu tun. Die Figuren symbolisieren meist nichts, sie bieten allerdings in Verbindung mit dem Malen eine Aufmerksamkeitslenkung.

Sabine Friedrich erzählte mir, wie ihr Sohn neulich ein Mandala aus der Schule nach Hause brachte. Über der Figur stand etwa:

«Wenn du das ausmalst, wirst du schön ruhig.» Der Sohn las das vor und fragte dann: «Warum werde ich dann eigentlich ruhig?» Mutter und Sohn überlegten. Und sie kamen auf einiges.

Da ist einmal das Sitzen bei einer Beschäftigung: Wilde Bewegung regt an, Sitzen oder Liegen beruhigt in der Regel. Dann ist da eine Konzentration auf eine (stille) Tätigkeit: Die Aufmerksamkeit wird eingeengt und gerichtet. Die Tätigkeit verlangt motorische Koordination. Auch müssen Farben ausgewählt werden, die symmetrische Anordnung der Vorlage kann zu einer entsprechenden Farbenwahl anregen. Die Wahrnehmung wird gefordert: Regelmäßigkeiten des Mandalas müssen erkannt werden, wenn sie zum Ausmalen genutzt werden sollen, Farben müssen aufeinander abgestimmt werden. Da ist die gleichmäßige Strichführung: hin und her, hin und her ... Alles in allem: Mandalaausmalen beschäftigt. Ob die Art der Vorlage, ihre kreisförmige Anlage und Regelmäßigkeit dazu wichtig ist, läßt sich schwer beurteilen.

Kinder malen gern aus. Mandalamalen ist eine Tätigkeit, die sie gerne wahrnehmen und die insofern auch – zumindest im Moment – Konzentration und Beruhigung fördert. Die Beschränkung auf Ausmalbilder ist aus praktischen Gründen sicher oft notwendig, mit ihr wird aber viel Potential verschenkt. Die Symbolik tibetischer Mandalas liegt uns fern, eine stärkere Auseinandersetzung mit Sinninhalten wäre aber auch bei uns von Vorteil.

Mandalas lassen sich wie erwähnt nicht nur ausmalen (oder malen), sie lassen sich auch auf viele andere Arten gestalten, beispielsweise mit Naturmaterialien legen. Dazu können auf einem Spaziergang verschiedene Gegenstände gesammelt und dann zu Hause gemeinsam plaziert werden, beispielsweise auf einem weißen oder schwarzen Tuch. Die Zeichnung eines so gelegten einfachen Mandalas ist auf Seite 150 zu sehen.

Solch ein gelegtes Mandala steht am besten unter einem Thema. Das einfachste Thema ist der Ablauf des Spaziergangs. In der Reihenfolge, in der die Gegenstände gefunden wurden (beispielsweise eine Feder, ein Stein, ein Tannenzapfen, eine Blume), werden sie kreisförmig gelegt.

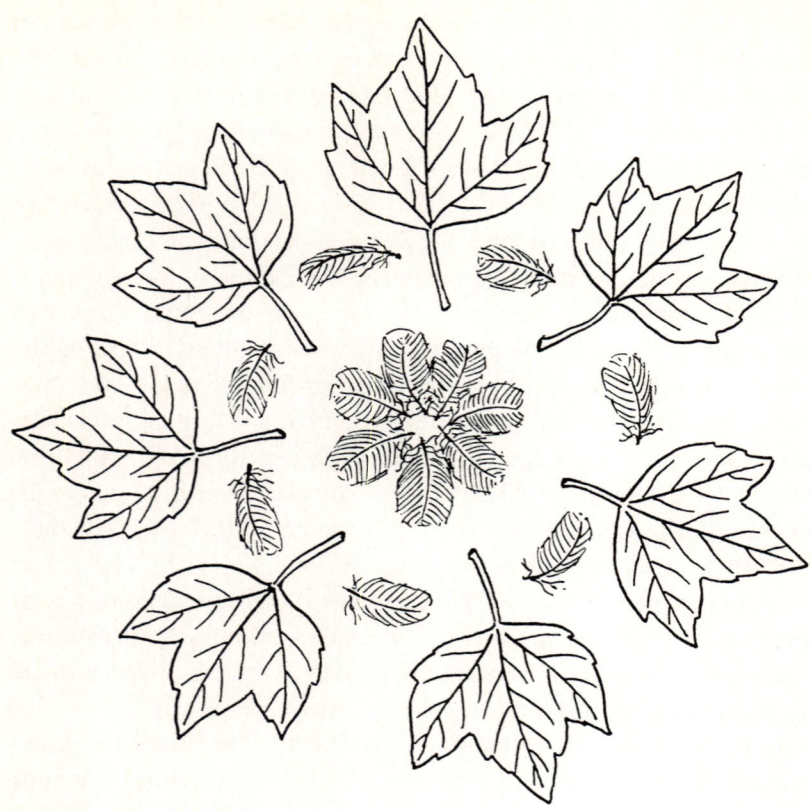

Anschließend kann etwa gesagt werden: «Jetzt haben wir alles besprochen und untergebracht. Jetzt setzen wir uns einmal ruhig hin und betrachten es – jeder für sich. Am besten, wir schließen dazu die Augen und denken bei jedem Gegenstand an den Ort, wo er herkommt und wie wir ihn gefunden haben. Von einem Gegenstand zum anderen wandern wir so und stellen uns das immer dabei vor.»

Andere Möglichkeiten, Mandalas zu legen, wären beispielsweise (je nach Jahreszeit verschieden): nur Blüten, nur Gräser, nur Früchte, nur Steine, alles mit einer bestimmten Farbe. Oder abstrakter: jeweils zu Himmel, Erde, Luft und Feuer ein Ding, mehrere Dinge zu Altem und Jungem.

Das Mandala kann liegenbleiben, vielleicht kann es in einem kleinen Ritual (beim Frühstück, bevor es in die Schule oder den Kindergarten geht) täglich vergegenwärtigt werden. Und wenn sich die Gelegenheit ergibt, nach einem neuen Spaziergang, wird ein neues Mandala gelegt oder das alte verändert.

Wodurch nun unterscheiden sich solche gelegten Mandalas von bloßen Dekorationen? Im einfachsten Fall sind sie nicht mehr. Aber bereits mit sehr jungen Kindern läßt sich Sinn in manchem gelegten Mandala erkennen oder beim Legen in die Anordnung hineingeben, der über ein bloßes Blumen- oder Blättermuster hinausreicht. Dazu ist es immer günstig, wenn unterschiedliche Komponenten vorhanden sind, wenn nicht etwa ausschließlich mit Blättern gearbeitet wird. Wasser (oder ein Symbol dafür) könnte dabeisein, Erde (Stein), ein Symbol für die Sonne: damit läßt sich schon einiges anfangen.

So kann versucht werden, die Beziehungen einer Frucht (einer Kastanie, eines Apfels, einer Beere, einer Nuß) im Mandala nachzuvollziehen. Vielleicht ist die Frucht in der Mitte angeordnet, mit einem Blätterkranz um sie herum und Symbolen für Wasser und Erde und Sonne am Rand.

Beziehung kann sogar eine Aufgabe für das Legen eines Mandalas sein: Was braucht die Nuß alles zum Leben? Wir überlegen es uns. Auf einem Spaziergang sammeln wir die Dinge. Und zu Hause legen wir daraus ein Mandala. Und dann vergegenwärtigen wir uns alles («meditieren» darüber), jeder für sich.

Bei älteren Kindern kann noch die Frage gestellt werden: «Was hat das nun mit uns zu tun? Gibt es auch bei uns etwas, das wie diese Nuß ist? Wie diese Blätter, die Sonne, die Erde, das Wasser? Was brauchen *wir* denn, um leben zu können?» Wir sprechen darüber. Wir «meditieren» darüber, jeder für sich.

Mandalas lassen sich fast beliebig ausführlich gestalten. Es geht ganz einfach: eine Frucht und ein paar Blätter drum herum. Und die Komponenten lassen sich beliebig vermehren. Und es gibt die Möglichkeit, Auslegemandalas mit Fantasiereisen, meditativen Tänzen usw. zu einer größeren Einheit zu verbinden (dazu Friebel

1998). Wichtig ist aber weniger die Großartigkeit der Gestaltung. Wichtig ist der subjektive Nutzen, den die Kinder daraus ziehen. Und der kann auch bei ganz einfachen Mandalas groß sein.

Meditation mit Kindern – in der Einführung wurde es gesagt – ist schwierig. Eine gewisse Hinführung ist allerdings möglich – mit solchen Arrangements, mit solchen Mandalas als gegenständlicher Meditationshilfe. Inwieweit sich über dies hinaus mehr einstellt, muß offengelassen werden.

Situationen

Entspannung zu Hause
Sabine Friedrich

Entspannungskurse gelten bei Erwachsenen schon lange als bewährtes Mittel, um Ruhe und Erholung zu fördern sowie Streß im Alltag abzubauen. Viele Erwachsene kommen auch in einen Kurs, weil sie sich von den täglichen Belastungen überfordert fühlen und bereits körperliche oder psychische Probleme entwickelt haben, die sie mit Hilfe von Entspannungsübungen lindern oder am besten völlig beseitigen möchten. Im Laufe dieser Kurse zeigt sich aber immer wieder, daß die Übungen vor allem dann sinnvoll sind, wenn bei den Teilnehmern ein Umdenken im Alltag stattfindet. Sich bewußt auf Entspannung einzulassen, heißt nicht nur, einmal wöchentlich im Kurs spezielle Übungen zu machen, ansonsten aber in genau derselben Weise weiterzuleben wie vorher, sondern Entspannung als einen wesentlichen Teil des Lebens anzunehmen und sie im Alltag bewußt als Gegenpol zur Anspannung einzusetzen.

Dies gelingt Erwachsenen oft sehr schwer, da sich über lange Jahre Alltagsgewohnheiten entwickelt haben, die nur mit großer Mühe zu durchbrechen sind. Entspannung sollte man wie die Pflege des Körpers als eine Art Psychohygiene ansehen. Dinge, die wir täglich tun, beispielsweise Zähneputzen, Waschen und Kämmen, sind uns zur Selbstverständlichkeit geworden und haben ihren festen Platz im Tagesablauf. Idealerweise müßten auch entspannende Phasen einen festen Platz im Alltag einnehmen und einen natürlichen Gegenpol zu aktiveren Phasen bilden. Für uns Erwachsene bedeutet es allerdings harte Arbeit, liebe Gewohnheiten aufzugeben und neue an ihre Stelle zu setzen. Oft wird dies nur unvollständig oder gar nicht gelingen.

Bei Kindern bietet sich dagegen eine sehr gute Möglichkeit, Entspannung von klein auf im Tagesablauf zu integrieren, so daß sich eine Gewohnheit ähnlich dem Zähneputzen oder Waschen einfach nebenher ausbilden kann.

Am einfachsten ist es für Eltern und Kinder zunächst, entspannende Phasen auf solche Zeiten im Tagesablauf zu legen, die sowieso mit Entspannung eng verbunden sind. An erster Stelle ist hier das abendliche Zubettbringen zu nennen.

Entspannung zur Bettgehzeit

Ein ruhig gestalteter Tag-Nacht-Übergang erleichtert es den Kindern, einzuschlafen und ruhig durchzuschlafen. Leider ist gerade die Zeit des Zubettbringens in vielen Familien eher mit vermehrtem Streß verbunden, zumal bei mehreren Kindern. Die Kinder werden immer wieder aufgefordert, sich auszuziehen, ins Bad zu gehen, die Zähne zu putzen und ins Bett zu gehen.

Zu bestimmten Zeiten nutzen die Kinder gerade die Zubettgehphase gern für Machtspiele mit den Eltern. Sie trödeln, fangen wieder an zu spielen, sie quengeln, um noch etwas fernsehen zu dürfen, und ziehen mit solchen Aktionen die Zubettgehphase in die Länge. Gerade in dieser Zeit kommt es auch gehäuft zu Geschwisterstreitigkeiten.

Die Eltern dagegen haben nach einem langen Arbeitstag das Bedürfnis nach Ruhe und Entspannung und werden mit fortschreitender Zeit immer ungeduldiger und nervöser, was die Kinder nun wiederum zu vermehrtem Trödeln anregt, ein Teufelskreis, der nicht selten in lautstarken Auseinandersetzungen endet.

Eine gute Möglichkeit, die Abendphase entspannender zu gestalten, ist die Einführung eines ruhigen Abendrituals. Dieses beginnt bereits mit dem Abendessen, das frühzeitig stattfinden sollte, damit für den Übergang bis zum Zubettgehen noch ausreichend Zeit bleibt. Fangen Sie bei Kleinkindern mit dem Ausziehen, Zähneputzen und Waschen ebenfalls frühzeitig an, dann hat das Kind danach noch die Möglichkeit, eine Weile bei den Eltern im Wohnzimmer zu spielen.

Bei größeren Kindern, die die Abendhygiene schon selbst erledigen, können Sie einen Küchenwecker zu Hilfe nehmen. Stellen Sie ihn mit den Kindern zusammen auf eine bestimmte Zeit, in der die Kinder mit allen geforderten Tätigkeiten im Bad fertig sein müssen. Die Zeit sollte allerdings auch hier großzügig berechnet sein (etwa 15 Minuten). Zur Belohnung stellen Sie den Kindern ein gemeinsames Spiel oder eine Gutenachtgeschichte in Aussicht.

Sind die Kinder bis zum Weckerklingeln fertig, dann freuen Sie sich mit ihnen und lassen die Belohnung in Kraft treten. Haben es die Kinder nicht geschafft, so entfällt die Belohnung, wird aber für den nächsten Tag in Aussicht gestellt, falls die Zeit dann eingehalten wird. Bei konsequentem Einhalten dieser Regel lernen die Kinder schnell, daß sich das zügige Fertigmachen fürs Bett bezahlt macht und daß auch diese Phase des Tages mit Spaß verbunden sein kann. Wichtig ist allerdings, daß die Zeit wirklich großzügig bemessen ist. Sonst würde Druck auf das Kind ausgeübt und Streß erzeugt.

Liegt das Kind dann beizeiten im Bett, sollte noch ein Schlafritual stattfinden, das inhaltlich vom Kind mitbestimmt werden kann. Wie lange das Ritual dauert, sollte jedoch vorher festgelegt werden, zur Kontrolle kann auch hier ein Küchenwecker dienen. Ein entspannendes Ritual kann beispielsweise eine Gutenachtgeschichte, ein Schlaflied, ein Gebet, ein Gespräch über den Tagesverlauf oder eine Massage beinhalten. In der Regel äußern die Kinder hier durchaus ihre Vorlieben.

Als Geschichten eignen sich besonders Entspannungsgeschichten oder aber ganz normale Geschichten, die Sie einfach zu einer Entspannungsgeschichte umarbeiten können (mehr darüber im Kapitel über Entspannungsgeschichten ab S. 85). Kindern gefällt es oft auch, wenn sie von einem Elternteil noch ein wenig massiert werden (s. ab S. 36). Dazu legt sich das Kind im Bett am besten auf den Bauch, während Vater oder Mutter (unter dem Schlafanzug) sanft von oben nach unten über den Rücken streicht. Eine andere Möglichkeit zur Massage bietet sich mit Hilfe eines Massageballs (Igelball mit Noppen) oder Tennisballs, mit dem man den ganzen Körper des Kindes abrollen kann.

Gespräche helfen dem Kind, Tagesereignisse zu verarbeiten und sich so ruhiger dem Schlaf hinzugeben. Es kann auch sinnvoll sein, mit dem Kind zusammen den ganzen Tag noch einmal Revue passieren zu lassen und auch den nächsten Tag innerlich vorzubereiten, beispielsweise so:

«... Heute bist du um halb acht aufgestanden, hast dich dann angezogen und dein Müsli gegessen und bist dann zur Schule gegangen. Um halb eins bist du zurückgekommen und dann haben wir zusammen zu Mittag gegessen, Möhren und Kartoffelbrei. Dann hast du ein wenig gespielt und anschließend deine Hausaufgaben gemacht. Danach hast du Frank angerufen und bist später mit ihm ins Schwimmbad gegangen. Als du zurückgekommen bist, haben wir zu Abend gegessen und noch ein bißchen ferngesehen, und jetzt liegst du hier im Bett und schläfst bald ein. Morgen wird wieder alles ähnlich wie heute, du wirst aufstehen und frühstücken, dann zur Schule gehen, und mittags müssen wir zum Zahnarzt. Was wir danach machen, weiß ich noch nicht, aber irgend etwas wird uns schon einfallen ...»

Bei diesem Erzählen des Tagesablaufs kommt es nicht darauf an, alles minutiös zu berichten, sondern dem Kind die Sicherheit zu vermitteln, daß es nach den Erlebnissen des Tages jetzt ruhig schlafen kann und auch am nächsten Tag voraussichtlich alles gutgehen wird. Schon die Monotonie des Erzählens wirkt schlaffördernd, aber sie schafft auch ein Gefühl des Vertrauens in den neuen Tag.

Entspannung zur Mittagszeit

Auch die Mittagszeit bietet sich für eine kurze Entspannung an. Nach dem Mittagessen sind Kinder wie auch Erwachsene meist etwas müde und wünschen sich Ruhe. Zum Leidwesen der Eltern haben viele Kinder keine große Lust auf einen Mittagsschlaf. Einfach nur hinlegen erscheint ihnen langweilig; man könnte ja interessante Ereignisse verpassen.

Legen sich dagegen die Eltern zu einem Nickerchen hin, so fangen die Kinder meist zu toben an oder stören auf andere Weise. Kleinere Kinder fühlen sich durch so einen elterlichen Mittagsschlaf ausgeschlossen und versuchen, die Aufmerksamkeit wieder auf sich zu lenken.

Deswegen müssen aber die Eltern trotzdem nicht gänzlich auf ihre Entspannung verzichten. Eine gute Möglichkeit besteht beispielsweise darin, die Kinder in die Entspannung mit einzubeziehen. Das geht durchaus schon mit ganz kleinen Kindern.

Sie können Ihr Kind beispielsweise zu einer Partnermassage einladen. Legen Sie sich dazu aufs Sofa oder auf den Boden (eventuell mit Decke darunter) und bitten Sie Ihr Kind, Sie mit dem Igel- oder Tennisball zu massieren. Danach wechseln Sie, so daß Sie jetzt das Kind massieren. Dabei können Sie eine leise, entspannende Musik von Kassette oder CD abspielen.

Gut ist es auch, wenn die Eltern dem Kind zurückmelden, an welchen Stellen die Berührungen besonders angenehm sind, kleinere Kinder können sich ja noch nicht so gut in eine andere Person hineinversetzen. Das Kind lernt bei dieser Übung, eine kleine Weile still zu liegen, sich (bei möglichst geschlossenen Augen) auf seinen Körper zu konzentrieren und dies als angenehm und entspannend zu erleben.

Eine andere, spielerische Möglichkeit besteht darin, daß sich das Kind auf den Boden legt und Sie es nun langsam mit Pappkärtchen, Papierzetteln, getrockneten Blättern oder auch Kuscheltieren bedecken. Das Kind soll dabei so ruhig liegen, daß keiner der Gegenstände herunterfällt. Danach dürfen Sie sich hinlegen, und das Kind legt die Gegenstände überall auf Ihren Körper. Auch hierbei lernt es, daß ruhiges Liegen und Ausruhen durchaus Spaß machen kann und nicht nur einfach langweilig ist.

Entspannung mit Übungen oder Spielen zu verbinden, bedeutet für die Eltern zweifellos eine größere Anstrengung als ein ruhiger, ungestörter Mittagsschlaf. Sie sind aber mit Sicherheit viel angenehmer als ein gestörter Mittagsschlaf. Indem wir die Kinder in unsere Entspannungsphase mit einbeziehen, zeigen wir ihnen, wie wichtig uns Entspannung im Alltag ist, und fördern bei den Kindern das Gefühl für diese notwendigen Ruhepausen. Sind solche gemeinsamen Entspannungszeiten erst einmal eingeführt, so finden die Kinder meiner Erfahrung nach schnell Freude daran und bestehen auch darauf, sie regelmäßig einzuhalten.

Eine weitere Möglichkeit der Mittagsentspannung besteht im Vorlesen oder Erzählen von entspannenden Geschichten. Möchten sich Eltern und Kinder zusammen entspannen, so können die Eltern auch einmal eine Kassette oder CD mit einer Entspannungsgeschichte oder Fantasiereise (s. S. 107) oder aber auch einfach einer Entspannungsmusik nutzen. Besonders gut gefällt es Kindern, wenn die Eltern zusammen mit ihnen ein wenig Atmosphäre im Raum schaffen, beispielsweise mit ein paar Kerzen, einem Duftlämpchen oder einfach, indem das Zimmer ein wenig abgedunkelt wird. Decken auf dem Boden oder Sofa schaffen zusätzlich Gemütlichkeit.

Alle bisher genannten Entspannungsmöglichkeiten lassen sich natürlich auch zu jeder anderen Tageszeit durchführen, günstig ist es aber, wenn sie zu einer festen täglichen Einrichtung werden, und dies ist besonders zur Abend- und Mittagszeit gegeben.

Entspannung am Morgen

Am frühen Morgen besteht bei den meisten Menschen noch kein großes Bedürfnis nach Entspannung und Erholung. Man hat gerade die größte Erholungsphase, den Nachtschlaf, hinter sich und möchte nun eigentlich zunächst einmal den Tag aktiv beginnen. Für eine Entspannungsphase, die ganz auf Erholung und Ruhe abzielt, ist daher der Morgen nicht der richtige Zeitpunkt. Meist steht auch nicht sehr viel Zeit zwischen dem Aufstehen und dem Verlassen des Hauses zur Verfügung, oft geht es in Familien morgens eher hektisch zu.

Gerade diese morgendliche Hektik kann aber bei manchen Kindern zu einer inneren Unruhe führen, die sie dann mit in Schule oder Kindergarten nehmen. Viele Schulkinder reagieren morgens mit Appetitlosigkeit, Übelkeit oder Bauchweh. Sie haben Sorge, was heute in der Schule auf sie zukommt, auch ganz konkret Angst vor einer Klassenarbeit, vor bestimmten Schulkameraden, vor dem Trubel in der großen Pause, vor einem bestimmten Schulfach oder auch vor dem Lehrer. Klagt das Kind dann über seine Beschwerden, so wissen die Eltern oft nicht, wie sie reagieren sollen. Lassen sie ihr Kind zu Hause bleiben, so fühlt es sich unter Umständen schon nach kurzer Zeit wieder wohl. Schicken sie es trotzdem in die Schule, haben sie ein schlechtes Gewissen, denn das Kind könnte ja auch eine Krankheit ausbrüten.

In solchen Fällen, aber auch bei «Morgenmuffeln», sollte ausreichend Zeit sein, um den Morgen ruhig anzugehen. Unter Umständen müssen also alle etwas früher aufstehen, um den Zeitdruck zu verringern. Am Frühstückstisch sollte wenigstens eine halbe Stunde Zeit zum Essen sein, aber auch zum gemeinsamen Gespräch beispielsweise über das, was das Kind am heutigen Tag in der Schule erwartet. Hat das Kind Angst vor einer bestimmten Situation, so können Sie es zu einer einfachen konzentrativen Entspannungsübung anleiten:

Das Kind soll sich ganz aufrecht auf seinen Stuhl setzen (Königshaltung, s. S. 27) und sich fühlen wie ein König auf dem Thron, der seine Krone würdevoll auf dem Kopf trägt. Dann soll es die Augen schließen und eine Weile seinen Atem beobachten. Es soll den Atem nicht verändern, sondern einfach einige Atemzüge lang beobachten, wie er ein- und ausströmt. Dies allein wirkt schon beruhigend, wenn es regelmäßig gemacht wird. Bauchweh-Kinder können zusätzlich noch eine Hand auf den Bauch legen und so spüren, wie sich der Bauch ruhig hebt und senkt.

Ergänzend dazu können Sie sich mit dem Kind zusammen einen Mach-Mut-Spruch ausdenken, der auf die Situation des Kindes paßt (s. S. 104), beispielsweise «Mit Mut geht's gut» oder «Konzentriert geht's wie geschmiert». Diesen Spruch soll sich das Kind am Ende der Atem-Beobachtung selbst einige Male innerlich vorsprechen. Damit stimmt es sich im Sinne eines Vorsatzes positiv auf das Bevorstehende ein und wirkt negativen Selbstprophezeihungen, beispielsweise «Ich habe solche Angst», «Ich mache sicher wieder alles falsch», «Ich bringe wieder nicht alles fertig», entgegen. Diese konzentrative Selbstentspannung dauert nur kurze Zeit, ist vom Kind nach kurzer Übung selbst anwendbar und gibt ihm auch für die Schulzeit ein gutes Bewältigungsinstrument an die Hand. Es kann sich seinen Spruch auch auf einen kleinen Zettel schreiben, den es sich ins Mäppchen legt, so daß es während der Schulzeit eine Hilfe parat hat.

Diese Art der Entspannung zielt also weniger auf Erholung oder gar Schlaf hin, sondern fördert eher die innere Sammlung und Konzentration auf ein Ziel hin, aber auch ganz allgemein ein Loslassen von Anspannung und Unruhe.

Entspannung und Hausaufgaben

Nicht wenige Kinder haben nach der Mittagszeit Probleme damit, ihre Hausaufgaben zu beginnen. Der Berg scheint vielleicht zu groß, und es fällt schwer, einen Anfang zu finden. Entspannungsübungen, die im Liegen oder in sehr bequemer Sitzhaltung durchgeführt werden und einige Minuten dauern, könnten das Kind unnötig müde machen, so daß es gar keine Lust mehr zum Arbeiten hat. Günstiger sind kurze Übungen, die in aufrechter Haltung auf dem Stuhl durchgeführt werden und die weniger der Entspannung und Erholung als vielmehr der Konzentrationsförderung bzw. inneren Sammlung dienen.

Vorher sollte das Kind sich einen Überblick über die zu erledigenden Aufgaben schaffen und entscheiden, ob es lieber mit der leichtesten oder der schwierigsten Aufgabe beginnen möchte. Die Materialien für dieses Fach werden bereitgelegt, anderes vom Tisch weggeräumt. Jetzt setzt sich das Kind aufrecht auf seinen Stuhl (beispielsweise Königshaltung, s. S. 27) und beobachtet eine Weile seinen Atem, wie er ein- und ausströmt. Es genügt hierbei, wenn das Kind drei Atemzüge beobachtet.

Kinder, die schon Erfahrung mit einem Entspannungsverfahren gemacht haben, können jetzt auch eine gelernte Entspannungsübung (möglichst eine Kurzübung, s. S. 125) einsetzen. Aber schon die Atembeobachtung bringt Konzentration und Sammlung mit sich. Auch ein Spruch, beispielsweise «Konzentriert geht's wie geschmiert», etwa dreimal wiederholt, kann an die Atembeobachtung oder die Entspannungsübung angehängt werden. Danach ist es wichtig, daß sich das Kind kräftig reckt und streckt, um richtig munter zu werden. Um die Aufgabe jetzt zügig zu erledigen, kann sich das Kind auch einen Küchenwecker zu Hilfe nehmen, mit dem es die von ihm geschätzte Zeit bis zur Fertigstellung der Aufgabe einstellen kann. Ist die Aufgabe fertig, kann das Kind ebenso mit der nächsten Aufgabe verfahren.

Eltern als Entspannungs-Vorbild

Ein wesentlicher Faktor bei der häuslichen Entspannung ist die Vorbildfunktion der Eltern. Kinder lernen einen großen Teil ihres Verhaltensrepertoires durch Nachahmung. Das heißt, wie Eltern und sonstige Bezugspersonen mit den täglichen Belastungen umgehen, hat einen großen Einfluß auf die Kinder. Wie konzentriert und ruhig die Erwachsenen ihre täglichen Arbeiten erledigen, beobachten und registrieren die Kinder genau und ahmen diese bei ihren eigenen Tätigkeiten, beispielsweise beim Spielen, nach.

So sind manche Mütter und Väter wahre Künstler darin, mehrere verschiedene Dinge gleichzeitig zu tun: Stricken, Fernsehen, Zeitung lesen und nebenher dem Kind bei seinem Puzzle helfen. Wer ein schnurloses Telefon besitzt, kann während des Telefonierens noch im Kochtopf rühren oder gar zur Toilette gehen. So darf man sich nicht wundern, wenn auch die Kinder sich nur schwer auf eine einzige Tätigkeit konzentrieren können. Eltern sagen dann von ihren Sprößlingen, sie können sich nicht konzentrieren, sie rennen von einem angefangenen Spiel zum nächsten, sie sind völlig ruhelos.

Auch der Zeitdruck der Eltern spielt im Alltag eine große Rolle und sorgt für Belastungen. Dieser Zeitdruck kommt auch in der Sprache deutlich zur Geltung: wir gehen schnell noch einkaufen und kurz bei der Bank vorbei, dann werfen wir rasch die Post ein und müssen uns beeilen, um rechtzeitig zu Christians Klavierstunde zu kommen.

Diesem Zeitdruck kann man sich nicht immer entziehen. Dennoch macht es Sinn herauszufinden, an welchen Stellen im Tagesablauf oft Zeitdruck entsteht. Hat man sich dies einmal klargemacht, so ist es oft nur ein kleiner Schritt zur Vermeidung von Streß und Anspannung und damit zur Förderung von Entspannung. Von der morgendlichen Hektik war oben schon die Rede. Auch davon, wie man ihr mit Zeitmanagement, aber auch mit konzentrativer Selbstentspannung und Mach-Mut-Sprüchen beikommen kann.

Bei der Anwendung solcher Sprüche ist es günstig, wenn die Eltern mit ihrem Beispiel vorangehen und in schwierigen oder sie ängstigenden Situationen positive Gedanken laut äußern. So kann man Kindern die eigenen Ängste transparent machen und ihnen Bewältigungsmöglichkeiten vorleben.

Ein Beispiel: Sie haben Angst vor einer Zahnbehandlung und sitzen zusammen mit Ihrem Kind im Wartezimmer oder auch zu Hause kurz vor dem Gang zum Zahnarzt. Sie könnten sagen: «Ich habe ganz schön Angst vor dem, was der Zahnarzt heute mit mir macht, ich weiß nicht mal recht, was da auf mich zukommt, ob es wohl weh tut oder ob ich eine Spritze bekomme. Das beste ist wohl, wenn ich jetzt versuche, mich etwas zu entspannen. Erst mal dreimal durchatmen … jetzt fühle ich mich schon ruhiger … und jetzt helfe ich mir noch mit einem Spruch … «Hab ich Mut, geht alles gut» (eventuell wiederholen) … jetzt habe ich schon viel weniger Angst.»

Erwachsene sollten den Kindern zeigen, daß sie sich selbst Ruhe- und Erholungspausen gönnen. Kinder nehmen es wahr, wenn beispielsweise die Mutter nach dem Mittagessen sagt: Der Morgen war für mich ganz schön anstrengend, ich ruhe mich jetzt eine halbe Stunde aus, damit ich nachher wieder frisch bin. Für Kinder (vor allem kleinere) ist es natürlich schöner, wenn sie zu einer solchen Ruhepause mit eingeladen werden. Ob man nun zur eigenen Entspannung in die Badewanne steigt, eine Tasse Tee trinkt, die Zeitung liest, Musik hört oder sich eine Weile hinlegt und die Augen schließt: Kinder registrieren dabei, daß es verschiedene Möglichkeiten gibt, sich zu erholen und zu entspannen, und werden diese Möglichkeiten später für sich nutzen.

Konzentration und Stille fördern

Stille- und Konzentrationsübungen (s. auch S. 74) werden in letzter Zeit im Kindergarten- und Schulbereich immer beliebter. Und das aus gutem Grund. Lehrer und Erzieherinnen beobachten bei den Kindern zunehmend Unruhe und mangelnde Konzentrationsfähigkeit. Gleichzeitig sehen sie aber auch, daß (die meisten) Kinder mit großer Freude Stilleübungen machen und nach diesen, wenn sie sie erst einmal kennengelernt haben, immer wieder verlangen. Weiterhin kann beobachtet werden, daß Kinder, die regelmäßig Stilleübungen durchführen, nach einiger Zeit wirklich ruhiger erscheinen.

Bei einer Stilleübung wird dem Kind eine Wahrnehmungsaufgabe vorgegeben, beispielsweise auf etwas genau zu hören oder etwas genau zu betrachten, was automatisch Ruhe und Stille beim Kind erzeugt. Man muß das Kind also nicht zur Ruhe ermahnen, sondern es ist von der Aufgabe so gefangen, daß es aus sich selbst heraus ruhig wird.

Um eine Stilleübung mit Kindern zusammen zu machen, braucht es kaum Vorbereitung und auch keine spezielle Vorbildung. Es ist dazu auch nicht nötig, daß man ein Entspannungsverfahren beherrscht. Stilleübungen machen auch schon sehr kleine Kinder problemlos mit und haben zudem noch Spaß dabei.

Im Alltag einer Familie gibt es auch ohne spezielle Übungen sehr viele Möglichkeiten, Konzentration und Stille zu fördern. Im folgenden nenne ich Ihnen einige Beispiele:

Bei einem Spaziergang oder zu Hause im Garten entdecken Sie eine Schnecke. Beobachten Sie nun zusammen mit Ihrem Kind, wie sich die Schnecke fortbewegt. Als kleines Spiel können Sie auch die Zeit stoppen, die die Schnecke benötigt, um zu einem bestimmten Punkt zu kriechen. Sie können auch untersuchen, wie sich die Hörner der Schnecke verhalten, wenn sie mit einem kleinen Zweig oder Stöckchen in Berührung kommen. Warten Sie dann zusammen mit dem Kind ruhig ab, bis die Hörner wieder ganz ausgefahren sind. Dies ist eine einfache Wahrnehmungsaufgabe, die bei beiden Beobachtern Ruhe erzeugt.

Beobachten Sie einmal zusammen mit dem Kind eine schlafende Katze. Sie können das Kind dabei etwas anleiten, indem Sie seine Aufmerksamkeit auf bestimmte Verhaltensweisen der Katze lenken, beispielsweise: «Schau mal, wie ruhig die Katze daliegt, die Pfötchen hängen ganz locker herunter; und schau mal, wie sich ihr Bauch ganz sachte hoch und runter bewegt, hoch … und runter … hoch … und runter. Sie läßt sich durch nichts stören, ganz friedlich liegt sie da …»

Nicht nur Tiere lassen sich auf diese Weise beobachten, sondern auch Blumen oder andere Pflanzen. Man kann ein einfaches Blatt beobachten, seine Farbe, die Rippen oder die Form, man kann es fühlen und riechen oder beobachten, wie es hinuntersegelt, wenn man es losläßt. Mit der Beobachtung eines Blattes können fast alle Sinne angesprochen werden: Einmal konzentriere ich mich auf das Sehen, dann auf das Fühlen und schließlich noch auf das Riechen. Andere Sinneseindrücke von außen werden durch die Konzentration auf meine Wahrnehmung des Blattes ausgeblendet, was wiederum Ruhe in mir hervorruft.

Auch Hören kann man bei Kindern durch einfache Wahrnehmungsspiele fördern. Im Frühling sind die Vögel morgens schon sehr aktiv. Öffnen Sie beim Frühstück das Fenster und lauschen Sie eine Weile dem Vogelgesang. Verschiedene Stimmen sind herauszuhören. Als kleine Aufgabe können Sie das Kind fragen, wie viele verschiedene Vögel es wohl hört. Um die Aufgabe zu erfüllen, muß das Kind sehr genau hinhören und andere Reize ausblenden. Dies bedeutet Konzentration und innere Sammlung.

Der Tastsinn wird alleine im Alltag seltener angesprochen als «Hören» und «Sehen». Kindern macht es aber besonderen Spaß, gerade diesen wenig genutzten Bereich spielerisch zu erfahren. So ist beispielsweise ein beliebtes Spiel beim Kindergeburtstag, daß man unter einem Tuch versteckte Gegenstände der Reihe nach erfühlt und nachher versucht, so viele wie möglich zu benennen. So kann man auch beispielsweise bei einem Spaziergang einen Gegenstand aufheben (beispielsweise eine Kastanie, ein Blatt, einen Tannenzapfen) und das Kind durch Fühlen raten lassen, was es ist.

Die Sinnesbereiche «Riechen» und «Schmecken» kann man genauso durch einfache Spiele fördern, die sich im Alltag ohne Mühe durchführen lassen. So kann das Kind bei geschlossenen Augen an Mamas Gewürzdosen oder an der Dose mit Kaffeepulver schnuppern und raten, was darin ist. Oder die Eltern legen dem Kind verschiedene Dinge auf die Zunge, und das Kind rät, was es ist. Das macht natürlich besonderen Spaß, wenn auch ein Leckerbissen, beispielsweise eine Kirsche oder Erdbeere, dabei ist. Gleichzeitig machen diese Übungen Kinder ruhiger, da sie die vielen Reize um sie herum ausblenden und ihre Konzentration nur auf einen Sinnesbereich lenken.

Entspannung im Kindergarten
Andrea Erkert

Ruhe- und Rückzugsmöglichkeiten haben einen festen Platz im Angebot der Kindergärten. Fast jede Einrichtung verfügt über eine Kuschelecke, in die sich das Kind vom Spielgeschehen zurückziehen kann. Manche Kindergärten stellen den Kindern einen Ruheraum mit Polstern und Kissen zur Verfügung.

Mit den wachsenden Anforderungen an die Kindergartenarbeit hat sich auch die Praxis der Entspannung im Kindergarten verändert. In vielen Einrichtungen sind mehr als 28 Kinder in einer Gruppe untergebracht, so daß zu wenige oder zu kleine Räumlichkeiten vorhanden sind, um die nötige Ruhe während des turbulenten Tagesablaufs zu finden. Eine steigende Zahl von verhaltensauffälligen Kindern stellt Erzieherinnen vor immer größere Probleme in ihrer täglichen Arbeit. Zudem befinden sich viele Kindergärten in Gebieten mit großer Verkehrsdichte. Hier finden die Kinder sehr wenig natürliche Freiräume für ein kreatives Miteinander.

Deshalb bieten immer mehr Erzieherinnen gezielt Entspannungsmöglichkeiten an, die auch mit einer großen Gruppe und wenig Platz umgesetzt werden können. Dabei sollte es in erster Linie um ein Ruheerlebnis gehen. Entspannungsverfahren gibt es verschiedene, das Ruheerlebnis ist in allen enthalten.

Welche Entspannungsmöglichkeit die günstigere ist, wann und wie lange sie eingesetzt werden sollte, hängt immer von den individuellen Rahmenbedingungen des Kindergartens und der jeweiligen Situation ab. Dabei hat der Kindergarten einen nicht zu unterschätzenden Vorteil gegenüber der Schule. Während die Angebote dort oftmals nur zu bestimmten Unterrichtszeiten möglich sind, kann die Erzieherin im Kindergarten die Zeiten weitgehend selbst einteilen.

Praktische Erfahrungen zeigen, daß für Kindergarten-Kinder *Stilleübungen* und *kurze Entspannungsgeschichten* besonders geeignet sind.

Stilleübungen

Als Einstieg in die Entspannung greifen Erzieherinnen zunächst gern auf einfache Stilleübungen zurück. Sie werden auch als Kimspiele zur Sinnesschulung angeboten. Nach Beendigung der Freispielzeit erhalten alle Kinder eine Möglichkeit, im Stuhlkreis zur Ruhe zu kommen. Dies gelingt am besten, wenn ihre Aufmerksamkeit spielerisch allmählich nach innen gelenkt wird. Besonders temperamentvolle Kinder können sich bei dieser Methode besser auf die Entspannung einstimmen. Dabei erleben sie Stille nicht als Einschränkung, sondern als neuen Erfahrungsraum.

Viele kurze Übungen können bereits mit den Jüngeren durchgeführt werden. An Stilleübungen kann sich die ganze Gruppe beteiligen. Zusätzlich wird das Zusammengehörigkeitsgefühl auch bei solchen Kindern gefördert, die sich nicht so gut ausdrücken können.

Stilleübungen werden auch gerne in der Natur oder mit Naturelementen durchgeführt. Dabei werden die einzelnen Sinne auf die kleinen und wesentlichen Dinge des Alltags gelenkt. So sammeln die Kinder direkte Erfahrungen mit sich und der Umwelt.

Stilleübungen sind ohne besondere Vorbereitungen möglich. Die Kinder brauchen auch keine bestimmte Sitzhaltung (wie beispielsweise die gelöste Sitzhaltung oder die Königshaltung aus dem autogenen Training) einzunehmen. Sie sollten nur bequem sitzen und eventuell die Augen schließen können. Stilleübungen sind auch eine gute Vorbereitung für spätere Entspannungsstunden im Kindergarten. Dabei werden sie gerne genutzt, um eine kürzere Entspannungsgeschichte einzuleiten oder ausklingen zu lassen.

Stilleübungen können:
– ein neuer Erfahrungsraum für Stille sein,
– jederzeit ohne großen Aufwand durchgeführt werden,
– mit allen Kindern gemacht werden,
– ein Erfolgserlebnis in der Gruppe bewirken,
– Sozialkontakte fördern,
– den Blick für die kleinen und wesentlichen Dinge schärfen,
– zur Sinnesschulung beitragen,
– Konzentration und Ausdauerbereitschaft fördern,
– Fantasie, Kreativität und Motorik entwickeln,
– zur Sprachentwicklung beitragen,
– als Vorbereitung für kürzere Entspannungsgeschichten genutzt werden.

Eltern können die Arbeit des Kindergartens unterstützen, indem sie dem Kind direkte Ruheerlebnisse in der Natur zukommen lassen. So können bei einem Waldspaziergang Naturmaterialien gesammelt, betrachtet oder mit geschlossenen Augen gefühlt werden (s. auch ausführlicher ab S. 165).

Kurze Entspannungsgeschichten

Kurze Entspannungsgeschichten mit integrierten Entspannungsformeln sollten im Kindergarten mit maximal zwölf Kindern im Alter von fünf bis sechs Jahren durchgeführt werden. Diese Kinder haben in der Regel bereits Vorerfahrungen mit Stilleübungen.

Die Kinder lernen in den Entspannungsgeschichten Schwere, Wärme und Atem als Entspannungsformeln kennen. Diese Begriffe stammen aus dem autogenen Training (s. ab S. 114), das ja soviel bedeutet wie «aus sich selbst heraus üben». Kindergarten-Kinder sind für das eigentliche autogene Training zu jung, deshalb sprechen wir hier allgemeiner von Entspannung mit Kindern.

Entspannungsgeschichten können auch ohne integrierte Entspannungsformeln vorgetragen werden. Entweder gibt es dann vor der Geschichte eine «reguläre» Entspannungsübung, oder an diese wird eine Entspannungsformel angehängt. Die Entspannungsgeschichte selbst wird die Erzieherin je nach Gruppensituation und eigenen Vorlieben auswählen.

Bei allen Entspannungsgeschichten legen sich die Kinder auf eine Decke oder Isomatte. Wer möchte, legt sich auch auf ein Kopfkissen und zieht die Schuhe aus.

Übungsort

Die Umgebung ist für eine erfolgreiche Entspannung von zentraler Bedeutung. Natürlich sollte der ruhigste Raum mit den wenigsten Störeinflüssen genutzt werden. Der Raum sollte Ruhe ausstrahlen. Vielleicht wählt die Erzieherin mit den Kindern gemeinsam Bastelprodukte aus, die mit ihren Farben und Formen die Sinne angenehm ansprechen und beruhigen. Günstig ist auch ein freies Fenster mit Blick auf Bäume. Und im Raum sollten Grünpflanzen stehen, die von den Kindern selbst versorgt werden. Vorhänge und Rolläden können tagsüber eine zusätzliche ansprechende Atmosphäre erzielen – die noch verstärkt wird durch Kerzenlicht. Die Kinder können sich leicht ihr eigenes Entspannungslicht herstellen, indem ein Teelicht in ein mit Transparentpapier überklebtes, leeres Babynahrungs- oder Marmeladenglas gestellt wird.

Bevor die Entspannung durchgeführt wird, sollte der Übungsraum gut gelüftet werden und wohlig temperiert sein.

Gruppengröße, Gruppenzusammensetzung

Für eine längere Entspannung von zehn bis fünfzehn Minuten sucht sich die Erzieherin in der Regel eine Kleingruppe von acht bis zwölf Kindern im Alter von fünf bis sechs Jahren aus. Bei der Auswahl muß bedacht werden, wie viele unruhige Kinder die Entspannungsgruppe verträgt. Die Entspannungsgeschichten haben in der Regel einen aktuellen Bezug zur Gruppensituation. Da die Erzieherin ihre Gruppe am besten kennt, wird sie entscheiden, welche Kinder teilnehmen dürfen. Allerdings sollte kein Kind zur Teilnahme gezwungen werden. Für diese Kinder wird dann eine Beschäftigung außerhalb der Gruppe organisiert.

Kinder im Vorschulalter sind zwar noch offen für Fantasie- und Kreativitätsangebote und können sich auch leicht und schnell entspannen. Sie haben aber eine geringere Aufmerksamkeitsspanne und Aufnahmebereitschaft als Schulkinder. Und sie lassen sich viel schneller und leichter ablenken. Aus diesem Grund hängt ein längeres Angebot zur Entspannung weitgehend von der jeweiligen Situation und Tageszeit ab.

Äußere Begebenheiten, wie Wetter, Familiensituation oder Wohlbefinden der Kinder werden im Angebot der Erzieherin berücksichtigt. So muß täglich von neuem entschieden werden, ob z. B. bei schönem Wetter nicht lieber der Garten für den Bewegungsdrang der Kinder genutzt werden sollte. Viele Erzieherinnen verlagern bei Sonnenschein die geplanten Aktivitäten nach draußen. Kindergärten mit dörflicher Idylle nutzen teilweise auch Naherholungsgebiete für die Entspannung mit Kindern.

Ganzheitliches Erleben der Entspannung

Im Kindergarten wird die Entspannung am besten nicht isoliert von den üblichen Aktivitäten vermittelt, sondern in den Tagesablauf eingebunden. So werden Stilleübungen und kurze Entspannungsgeschichten immer einen aktuellen Bezug zur jeweiligen Situation haben, in der sich die Kinder befinden.

In den Planungseinheiten der Kindergartenarbeit können Themenbereiche durch Stilleübungen und kurze Entspannungsgeschichten wieder aufgegriffen und vertieft werden. Zum Thema «Gesunde Ernährung» beispielsweise passen Stilleübungen zum Geruchs- und Geschmackssinn. Aber auch in Alltagssituationen können Stilleübungen oder Entspannungsgeschichten einen aktuellen Bezug herstellen. Beim Aufräumen beispielsweise sammelt die Erzieherin alle herumliegenden Gegenstände ein und steckt sie in einen großen Sack. Nacheinander versucht jedes Kind, einen Gegenstand zu ertasten und zu benennen. Dann wird nachgeschaut. Das Kind darf den Gegenstand aufräumen und kommt noch einmal an die Reihe, wenn es richtig geraten hat. Sonst ist das nächste Kind dran. Aufräumkönig bzw. Aufräumkönigin ist, wer die meisten Gegenstände richtig benennen konnte.

Auch kurze Entspannungsgeschichten werden gerne auf die Gruppensituation abgestimmt. So können Comic-Helden, die die Kinder gerade faszinieren, in eine Geschichte eingebaut werden. Oder ein Kind nimmt mit seinem Namen den Platz des Helden ein.

Auch der aktuelle Bezug zu den jeweiligen Jahreszeiten bietet sich an. Durch eine Fantasiereise in die Natur kann ein Waldspaziergang wieder in das Gedächtnis gerufen werden. Das Kind kann in Gedanken nachempfinden, wie sich der weiche Moosboden unter den Füßen anfühlt oder wie sich der Gesang der Vögel anhört.

Bei Entspannungsgeschichten mit integrierten Entspannungsformeln werden direkte Körpererfahrungen gemacht. Ein aktueller Bezug kann im Kindergarten mit dem Thema «Mein Körper» hergestellt werden. Das Kind lernt seine Körperteile nicht nur kennen, sondern durch die Entspannungsformeln (der Schwere, der Wärme, des Atems) auch spüren.

Zurücknehmen und Erfahrungsaustausch in der Gruppe

Nachdem die Kinder ihre Entspannungsgeschichte im Liegen genießen konnten, muß die Entspannung wieder zurückgenommen werden. Die Erzieherin bittet die Kinder, die Augen zu öffnen und den Oberkörper langsam aufzurichten. Die Kinder stehen nach Möglichkeit über die Seitenlage auf und ballen ihre Hände zu Fäusten. Die Arme werden fest zur Schulter hin angewinkelt, gereckt und gestreckt. Es kann ganz laut ein gemeinsamer Spruch wie «Ich bin frisch und munter!» folgen. Die Zurücknahme ist allerdings nur bei einer längeren Übung, wie z.B. einer Entspannungsgeschichte, notwendig. Anschließend findet ein Erfahrungsaustausch in der Gruppe statt.

Für den Erfahrungsaustausch können folgende Möglichkeiten angeboten werden:

– Gespräche,
– Rollenspiele,
– Malen, Zeichnen usw.,
– Tonen, Kneten usw.

Ihre Erfahrungen über Produkte mitzuteilen, ist für schüchterne Kinder eine gute Möglichkeit, sich an der Gruppe zu beteiligen. Auch Kinder mit Sprach- oder Sprechproblemen können sich mit gemalten oder gekneteten Werken einbringen. Gemeinschaftsarbeiten, bei denen auch unterschiedliche Techniken und Farben genutzt werden, bieten eine zusätzliche Abwechslung.

Im Rollenspiel kann eine Handpuppe eingesetzt werden, damit sich das Kind beim Sprechen weniger beobachtet fühlt. Die Erzieherin läßt die Handpuppe den Dialog mit dem Kind bestreiten.

Auch beim gemeinsamen Gespräch im Stuhlkreis können Hilfsmittel eingesetzt werden. Mit einer Erzählkugel in der Hand muß das Kind z.B. nicht ständig die Gruppe beim Sprechen ansehen. Handpuppe oder Erzählkugel nehmen den Druck, als Person im Mittelpunkt stehen zu müssen.

Im Kindergarten werden häufig die ersten grundlegenden Erfahrungen innerhalb einer Gruppe gemacht. Das Kind lernt Bedürfnisse und Wünsche zu äußern und zu formulieren, Probleme zu bewältigen, Freundschaften zu knüpfen, und es entwickelt fein- und grobmotorische Fähigkeiten. Dabei wird auch die Fantasie und Kreativität gefördert. Stilleübungen und Entspannungsgeschichten sind dabei ein wichtiges Element.

Zur Rolle der Erzieherin

Der Erfolg für die Durchführung einer Stilleübung oder kurzen Entspannungsgeschichte hängt zum größten Teil von der inneren Einstellung der Erzieherin ab. Nur wenn sie selbst innerlich ruhig ist, kann sie ihre Vorbildfunktion ausfüllen und Ruhe und Entspannung auf die Kinder übertragen. Deshalb sollte die Erzieherin sich zunächst selbst entspannen, bevor sie eine Entspannungsübung mit den Kindern durchführt. Erst wenn sie innerlich ruhig ist, kann die Stilleübung oder Entspannungsgeschichte mit einer nicht zu lauten, eher monotonen, aber nicht unnatürlich veränderten Stimme gesprochen werden. Die Kinder sollen das Gesagte innerlich mitsprechen und sich in Gedanken vorstellen.

Zusammenfassend kann gesagt werden, daß Entspannung mit Kindern im vorschulischen Alter zunehmend einen festen Platz in der

Kindergartenarbeit erhält. Dies ist vor allem darin begründet, daß sich heute bereits im Kindergarten eine steigende Tendenz zu verhaltensunsicheren und motorisch schwach entwickelten Kindern zeigt. Erzieherinnen, die Entspannung anbieten, leisten mit ihrer Arbeit einen wichtigen Beitrag dazu, daß sich solche Probleme nicht verfestigen und womöglich in der Schule als Verhaltensauffälligkeit oder Lernstörung auftreten. Damit dies gelingen kann, müssen Eltern und Erzieherinnen zusammenarbeiten.

Entspannung in der Schule
Erfahrungen mit einer dritten Klasse
Priska Scharer

Schule heute

Auf Elternabenden sind Mütter und Väter immer wieder erstaunt, auf welche Art und Weise heute mit Kindern in der Schule gearbeitet wird. Die aus der eigenen Kinderzeit bekannte Schule hat sich verändert. Eltern und Kinder haben nur noch wenige gemeinsame Schulerfahrungen. Wie kommt es dazu?

Die Kinder sind heute anders als früher. Diese Feststellung war der Auslöser dafür, in den letzten Jahren nach den veränderten Lebensbedingungen zu fragen, denen Kinder heute ausgesetzt sind. Dabei versucht man, die Auswirkungen des tiefgreifenden gesellschaftlichen Wandels auf das Leben der Kinder abzuschätzen. Gesellschaftliche Veränderungen zeigen sich auch im Verhalten der Kinder. Kinder sind so ein Spiegel der Zeit, an dem man nicht vorbeischauen kann. Durch ihre Lebendigkeit fordern sie heraus, in den Spiegel hineinzuschauen und sich der Realität mit ihren Aufgaben zu stellen.

Die veränderte Kindheit beeinflußt in erheblichem Maße den Schulalltag. Die veränderte Familie (Kleinfamilie – zunehmend mit nur einem Elternteil, und das manchmal nur «Teilzeit») läßt Kinder andere Zeit- und Raumstrukturen erleben. Unverarbeitete Eindrücke aus den Massenmedien werden mit in die Schule hineingebracht.

Schule heute hat die Aufgabe, sich den positiven und negativen Auswirkungen dieser Veränderung anzunehmen. Nur unter Berücksichtigung der Lebenswirklichkeit der Kinder können diese auf das Leben vorbereitet werden. Und dazu ist Schule doch eigentlich da.

Schule als Ort der Begegnung

Kindern fällt es immer schwerer, in der Gruppe miteinander auszukommen. Die Folge davon sind tägliche Streitigkeiten innerhalb der Klasse bis hin zu aggressiv ausgetragenen Konflikten. Um hier entgegenzuwirken und die geballte Aggressivität, die in vielen Kindern steckt, in vernünftige Bahnen zu lenken, müssen Schüler wieder lernen, aufeinander zu- und miteinander umzugehen. Eine große Hilfe dabei sind Regeln, die gemeinsam mit den Kindern erstellt werden, sowie vereinbarte Rituale. Deren konsequente Einhaltung bietet ihnen eine Form von Sicherheit und Verläßlichkeit, die sie sagen lassen kann: «Ich fühle mich wohl in der Schule.» Ist man sich erst einmal der Notwendigkeit bewußt, Begegnungen im Unterricht Raum zu gewähren, lassen sich leicht Möglichkeiten finden, diese Erkenntnis praktisch umzusetzen. Vor allem in Partner- und Gruppenarbeit sowie in verschiedenen Spiel- und Gesprächsformen (Rollenspiele, Lernspiele, Interaktionsspiele) lernen Kinder, miteinander auszukommen. Zwei Beispiele aus dem Unterricht in einer dritten Klasse sollen der Veranschaulichung dienen:

Der *Morgenkreis* ist ein festes Ritual im Schulalltag. Zu Unterrichtsbeginn versammelt sich die Lehrerin mit den Kindern im Stuhlkreis. Der Morgenkreis beginnt mit einer Erzählrunde. Ein Erzählball («Herr Freundlich») wird herumgereicht. Kinder, die etwas über sich berichten wollen, haben hier Gelegenheit dazu. Die Themen sind vielfältig: Anna erzählt, daß sie ein kleines Kätzchen bekommt, Marina zeigt allen ihre neue Spange, Manuel berichtet über Streitigkeiten im Bus, und Stefan klagt über Kopfweh. Gibt es in den Berichten der Kinder Ungereimtheiten, gilt die Regel, daß nachgefragt werden kann. Das Kind, das Bericht erstattet hat, darf nun Rückfragen der anderen Kinder entgegennehmen und beantworten. Danach gibt das Kind den Erzählball an ein anderes Kind weiter.

Mit Hilfe des Erzählkreises lernen die Schüler, sich vor der Klasse frei zu äußern, sich gegenseitig zuzuhören und mit anderen mitzuempfinden. So ist der Weg frei für ein gutes Klassenklima, in dem sich Kinder als Person ernstgenommen wissen und nicht nur nach erbrachten Leistungen beurteilt werden.

Der Morgenkreis endet damit, daß ich den Kindern den Verlauf des Vormittags vorstelle. Dabei achte ich auf ein vernünftiges Verhältnis von offenen und geschlossenen Arbeitsphasen. In offenen Unterrichtsformen, wie zum Beispiel in Lernzirkeln oder in der Freiarbeit, haben die Kinder die Möglichkeit, ihr Lernen selbst zu organisieren (Reihenfolge der Bearbeitung von Aufgaben, Zeit selbst einteilen, Selbstkontrolle usw.). In geschlossenen Unterrichtsformen werden Themen in der Großgruppe behandelt, so beispielsweise bei der Einführung neuer Themenbereiche.

Interaktionsspiele, in denen zwei oder mehrere Kinder miteinander in Kontakt (oft Körperkontakt) treten, haben einen ganz besonderen Stellenwert im Unterricht. Sie tragen zur Stärkung des Selbstwertgefühls jedes einzelnen Schülers bei und haben darüber hinaus günstige Auswirkungen auf das Klima in der Klasse. Eine der Lieblingsübungen der Kinder ist die gegenseitige Partnermassage. Zu Beginn ziehen die Jungen der Klasse einen Partner und die Mädchen eine Partnerin. Die Geschlechtertrennung ist ein einstimmiger Wunsch der Kinder. Im Alter von neun bis zehn Jahren befinden sie sich in einer Art Vorpubertät, in der man den Wunsch auf körperliche Distanz zum anderen Geschlecht akzeptieren sollte. Marlene hat beispielsweise Anika gezogen und muß ihr das nun mit Hilfe von Gestik und Mimik verständlich machen. Haben sich beide gefunden, suchen sie sich ein ruhiges Eckchen im Klassenzimmer, und die Rückenmassage mit dem Schaumstoffball kann beginnen. Anschließend erfolgt eine kurze Rücksprache der beiden Kinder untereinander, wie die Übung empfunden wurde.

Mit Kindern in die Stille zu gehen, ist ein sehr spannender Weg. Dabei ist Stille nicht als Mittel zu verstehen, Kinder zum Schweigen zu bringen. Vielmehr geht es darum, das verschüttete und doch in jedem Kind vorhandene Verlangen nach innerer Stille freizulegen. Das widerspricht dem heutigen Zeitgeist, der von Unruhe und Rastlosigkeit gekennzeichnet ist, und muß somit erlernt werden:

«Langsam werden, warten können, einer Sache nicht nur einen auf schnelle Erledigung erpichten Blick zuwenden können, sondern einen, der sich widerborstig gegen die geschwinde Einordnung hält.» (Rumpf, zitiert in Kozdon 1990, S. 49.)

Angesichts der veränderten Bedingungen benötigen Schüler heute mehr denn je Freiraum für eigene Empfindungen, Gedanken, Erinnerungen, Assoziationen und Träume. Der Unterricht muß offen sein, jedem einzelnen eigene innere Erfahrungen zuteil werden zu lassen.

Inwiefern dabei gleichzeitig eine Begegnung mit der Sache, sprich mit dem Lernstoff, stattfinden kann, möchte ich anhand von Beispielen näher erläutern.

Stille und Entspannung als tragende Bausteine einer veränderten Schule

Zielsetzungen

Mit Kindern den Weg der Stille zu beschreiten bedeutet, eine große Verantwortung zu übernehmen. Stille- und Entspannungsübungen sollten gut ausgewählt und auf die jeweiligen Kinder abgestimmt sein. Dies erfordert vom Lehrer, daß er mit der Thematik vertraut ist, beziehungsweise sich einen Überblick verschafft hat bezüglich Entspannungstechniken und diese auch selbst anwendet. Sonst verkommt das Ganze zu einer Modeerscheinung. Kinder sind diesbezüglich sehr sensibel und spüren, ob der Übungsleiter (in diesem Fall der Lehrer) hinter der Sache steht oder nicht.

An welcher Stelle im Unterricht die Stille- und Entspannungsübung ihren besten Platz hat, kann nicht allgemeingültig beantwortet werden. Das hängt ganz davon ab, welche Absicht der Lehrer damit in der jeweiligen Stunde verfolgt. Generell lassen sich nach Teml & Teml (1991) für den Unterricht drei große Zielbereiche fest-

halten, die als bestimmte Blickrichtungen zu verstehen sind, nämlich Übungen zur

– Entspannung,
– Lernförderung,
– Persönlichkeitsentwicklung.

Ein gelungener Unterricht zeichnet sich neben einer guten Planung
dadurch aus, daß der Lehrende spontan auf eine Situation reagieren und gegebenenfalls den Unterrichtsablauf abändern kann.
Diese Möglichkeit muß man sich unbedingt offenhalten, wenn mit
Kindern in dieser Richtung gearbeitet wird. So kann es sein, daß ein
entspannender Einstieg in die Unterrichtsstunde geplant ist, die
Klasse aber unvorhergesehen das vertraute Zimmer wechseln oder
mit der Parallelklasse zusammen weiter unterrichtet werden muß.
In diesem Falle ist es nötig, den Unterrichtsablauf umzustrukturie-
ren und sich Gedanken über Alternativen zu machen. Auch die Befindlichkeit des Lehrers spielt in diesem Zusammenhang eine große
Rolle, da er sich mit seiner Person ganz einbringt. Ist die Wahrnehmung der Kinder erst einmal geschult, spüren sie sehr schnell, ob
der Übungsleiter in sich selbst ruhig ist. Wenn die Gedanken einer
belastenden Situation, die sich möglicherweise in der Pause ereig-
net hat, zu sehr nachhängen, sollte man abwägen, ob man die ge-
plante Stille- oder Entspannungsübung mit den Kindern durchführt
oder nicht.

Der neue Bildungsplan unterstützt Lehrer mit der Forderung
nach einer ganzheitlichen Bildung und Erziehung, Kindern Erfah-
rungsräume der inneren Stille zu erschließen: «Die Lehrerinnen
und Lehrer haben deshalb die Aufgaben, die Ziele und Inhalte der
Lehrpläne im Sinne einer grundlegenden Bildung zu vermitteln
und dabei den Kindern Anregungen, Möglichkeiten und Hilfen zu
geben, zu sich selbst zu finden.» (Gegenwärtiger Bildungsplan für
BaWü 1994, S. 14.)

Ein Elternabend

Es bietet sich an, in Elternabenden Müttern und Vätern nicht nur mitzuteilen, wie viele Arbeiten in welchem Fach geschrieben werden, sondern sie mit dem pädagogischen Konzept vertraut zu machen, das dem Unterricht zugrunde liegt. Beispielsweise könnten Elternabende unter bestimmte Mottos gestellt werden, um gezieltere Informationen darüber zu geben, wie heute in der Schule mit Kindern gearbeitet wird. In Elterngesprächen stellt sich auch immer wieder heraus, daß Kinder nur sehr wenig zu Hause von der Schule erzählen. Aus diesem Grund müssen Kontaktstellen geschaffen werden, die verhindern, daß häusliche und schulische Lebenswelt noch weiter auseinanderklaffen.

Im folgenden möchte ich dazu meine Erfahrungen von einem Elternabend zum Thema «Stille- und Entspannungsübungen» in einer dritten Klasse darstellen.

In einem kurzen Vorgespräch informierte ich die beiden Elternvertreter über den Ablauf des Abends, woraufhin sie die Einladungen schrieben. Die Mütter und Väter zeigten reges Interesse an dem Thema und erschienen zahlreich. Ich stellte im voraus die Stühle in Kreisform im Klassenzimmer auf, um eine vertrauliche, dem Gespräch entgegenkommende Atmosphäre zu schaffen. Ein Vater fühlte sich in dieser Sitzform unwohl und rückte den Stuhl aus dem Kreis heraus.

Als Einstieg entschied ich mich dafür, in die Kreismitte Karteikarten zu legen, die puzzleförmig in runde, eckige und gerade Formen durchschnitten waren. Auf den Karten befanden sich Stichworte zu meinen Erfahrungen mit Stille- und Entspannungsübungen (im weitesten Sinne), die den Eltern als Gesprächsanlaß dienen sollten. Ich bat die Eltern, sich ein Puzzleteil zu nehmen und leise den Partner mit dem Gegenpuzzlestück zu suchen. Im Anschluß daran hatten sie Zeit, sich die folgenden Sätze durchzulesen und miteinander darüber zu sprechen:

Stille- und Entspannungsübungen helfen, daß

- Kinder besser mit Situationen umgehen lernen, in denen etwas von ihnen gefordert wird.
- Kindern unterrichtliche Themen ganzheitlicher vermittelt werden.
- Kinder aufnahmefähiger und konzentrierter am Unterricht teilnehmen.
- Kinder mit offeneren Augen durch die Welt gehen und ihre Umwelt bewußter wahrnehmen.
- Kinder ihre innere Welt entdecken lernen und dadurch selbstbewußter werden.
- Kinder sich gegenseitig in ihrem So-Sein akzeptieren lernen, weil jedes Kind eigene Erfahrungen einbringt und diese auch äußern darf.
- Kinder für sich selbst Verantwortung übernehmen lernen. Sie erhalten Übungen an die Hand, mit denen sie sich bei Bedarf selbst in einen Zustand der Ruhe und des inneren Gleichgewichts führen können.

Das Puzzlespiel zur Aufwärmung war begleitet von entspannender Musik. Wurde die Musik ausgedreht, bedeutete das, daß eine neue Karte aufgenommen und ein neuer Partner gefunden werden sollte.

Vielen Eltern fiel es nicht so leicht, sich über das Gelesene auszutauschen, da sie selbst kaum oder keine Vorerfahrungen zu dem Thema mitbrachten. Ein Vater wurde auch ganz deutlich und sagte: «Ich weiß ehrlich gesagt nicht, worüber ich mich unterhalten soll, weil ich gar nicht weiß, um was es hier eigentlich geht.» Im nachhinein denke ich, daß es sinnvoller gewesen wäre, den kommenden praktischen Teil, eine Fantasiereise mit den Eltern, voranzustellen.

Ich versuchte, dem ratlosen Vater entgegenzukommen, indem ich ihn mit den anderen Eltern zu einer Fantasiereise einlud. Ich entschied mich in Anbetracht der geringen Vorkenntnisse der Eltern dafür, die Fantasiereise stark zu lenken. Methodisch ging ich dabei genauso vor wie mit ihren Kindern. Wir hängten ein Schild vor die Tür mit der Bitte, die nächsten zehn Minuten nicht zu stören. Im Schulalltag hat das Schild die Funktion, unnötige Störungen wie: «Können wir einmal den Tageslichtprojektor haben?» zu vermeiden. An diesem Abend diente es als Hinweis für zu spät kommende Eltern. Nun sollte sich jeder bequem auf seinem Stuhl hinsetzen, die Beine möglichst nicht verschränken und gegebenenfalls die Augen schließen. (Mit Stille- und Entspannungsübungen sind die Drittkläßler mittlerweile so vertraut, daß ich sie guten Gewissens selbst entscheiden lassen kann, welche Haltung sie bei den Übungen einnehmen [Sitzen, Liegen auf dem Rücken].) Dann erfolgte die Fantasiereise. Drei Punkte stehen für eine Sprechpause.

Ich möchte Sie heute einladen zu einer Wanderung in das Land der Fantasie. (…) Wer möchte, kann gerne dazu die Augen schließen. (…)

Bevor die Wanderung losgeht, gilt es noch eine wichtige Vorbereitung zu treffen. Beginnen Sie damit, Ihren Rucksack zu leeren. Ja, Sie haben richtig gehört, zu leeren. (…) Werfen Sie alles aus Ihrem Rucksack hinaus, was Ihnen an störenden Gedanken und Sorgen durch den Kopf geht. (…) Sie fühlen sich nun erleichtert und frei. (…) Die Wanderung kann beginnen. (…)

Folgen Sie in ruhigen, gleichmäßigen Schritten einem Waldpfad. (…) Spüren Sie den weichen Waldboden unter sich, der Sie trägt. (…) Atmen Sie die Frische der Natur ein. Bleiben Sie gelegentlich stehen. (…) Genießen Sie die Stille der Natur. (…) Nehmen Sie alles wahr, was Sie umgibt. (…) Atmen Sie dabei tief aus und ein. (…) Aus der Stille heraus vermögen Sie nun das sanfte Sprudeln von Wasser zu hören. (…) Es wird immer stärker und lebendiger, je weiter Sie voranschreiten. (…) Der Waldweg endet nun, und vor Ihnen taucht ein herrlich funkelnder Wasserfall auf. (…) Während Sie noch über die Schönheit dieser Naturgestalt staunen, spüren Sie die ersten Wassertropfen auf Ihrer Haut, den ersten Wasserstrahl. (…) Und ohne es sich erklären zu können, treten Sie unter den Wasserfall. Was fühlen Sie? Genießen Sie die Erfrischung, spüren Sie die angenehme Kühle des Wassers auf der Haut und empfinden Sie die Kraft der Wasserstrahlen als wohltu-

ende Massage. (…) Auch die letzten belastenden Gedanken wer-
den weggespült. Danach treten Sie wieder auf den Waldboden.
Die warmen Sonnenstrahlen trocknen das Wasser auf Ihrer Haut.
(…) Saugen Sie das Bild des Wasserfalls noch einmal tief in sich
auf. Machen Sie in Gedanken ein Bild / eine Fotografie. (…)

Mit dem Wissen, daß Sie das schöne Bild des Wasserfalls jeder-
zeit in Gedanken hervorrufen können, verabschieden Sie sich in-
nerlich von dem herrlichen Ort. (…) Gehen Sie nun ruhig und ge-
mütlich den Waldweg zurück (…), atmen Sie noch einmal tief aus
und ein (…) und kommen Sie nun langsam an den Ausgangs-
punkt Ihres Ausflugs zurück.

Verweilen Sie noch eine kurze Zeit in der Stille. (…) Öffnen Sie
nun die Augen, bewegen Sie Ihre Finger und strecken Sie Ihre
Arme, Beine …

Ich ermutigte die Eltern, sich mit dem jeweiligen Nachbarn über die
Eindrücke der Fantasiereise zu unterhalten. Im Anschluß daran
ließ ich eine Tonbandkassette laufen, auf der sich ihre Kinder zu
der thematisch gleichen Fantasiereise äußerten. Die Übung hatte
ich dazu mit den Drittkläßlern am Tag zuvor im Unterricht durchgeführt, zum Abspielen vor den Eltern hatte ich sie um ihr Einverständnis gefragt.

Aufgrund der Tonbandaufnahme ergab sich ein sehr intensives
Gespräch mit den Eltern. Besonders interessant war für sie die Feststellung, daß Eindrücke, Wahrnehmungen und Empfindungen
nach der Fantasiereise sowohl für jedes Kind als auch für jeden Erwachsenen unterschiedlich waren. Gemeinsam war allen Anwe-
senden, daß die Fantasiereise als wohltuend empfunden wurde.
Nachdem ich die drei Zielsetzungen, die ich mit Stille- und Entspannungsübungen im Unterricht verfolge (siehe oben), erläutert
hatte, merkten manche Eltern, daß ihnen die Thematik gar nicht so
fremd war. Auch sie erzählten über Möglichkeiten zu Hause, Kindern Entspannung zuteil werden zu lassen, und tauschten nach und
nach ihre «Rezepte» aus. So erzählte ein Vater, daß er oft mit seinem Kind den Sternenhimmel betrachtet, wenn es wieder einmal

nicht schlafen will. Eine Mutter berichtete über die wohltuende Wirkung von Entspannungsgeschichten. Und ein Elternpaar hatte über Erfahrungen mit Kerzenlicht zu erzählen. Ich betonte, daß Stille- und Entspannungsübungen so, wie sie in der Schule gemacht werden, eine Möglichkeit neben anderen sind.

Rückblickend kann ich sagen, daß dieser Elternabend die Grundlage für eine gelungene Zusammenarbeit bildete. Noch öfters kamen Eltern auf mich zu und baten um Literaturtips, auch mit der Absicht, Übungen selbständig mit ihren Kindern zu Hause durchzuführen.

Anspannung, Spannung, Entspannung in der Schule

Ein Schulvormittag sollte in mehrere Phasen der Spannung und Entspannung gegliedert sein. Gerade weil Kinder sehr unterschiedlich sind und Dinge verschieden wahrnehmen, ist für manche von ihnen der Übergang von Spannung zur Anspannung fließend. In diesem Zusammenhang hört man auch schon Grundschüler über Streß klagen. Was aber streßt Schüler heute?

Man könnte an dieser Stelle komplexe Zusammenhänge erörtern. Ganz konkrete Unterrichtsmomente jedoch, die bei vielen Kindern zur Anspannung führen, sind z.B. folgende Punkte: Hausaufgaben vergessen, ein Gedicht vor der Klasse aufsagen, eine Arbeit schreiben, einen neuen Lernstoff nicht verstehen …

Bei Kindern kann man sehr stark an der Körpersprache ablesen, wie sie sich gerade fühlen. Viele schlagen sich in Phasen der Anspannung regelrecht auf den Kopf, beißen die Zähne aufeinander, ziehen die Schultern hoch und sitzen ganz zusammengekauert auf ihren Stühlen. Der Lehrer hat in diesen Fällen die Möglichkeit, andere methodische Vorgehensweisen in Betracht zu ziehen sowie Phasen der Entspannung spannungsgeladenen Situationen voranzustellen (beispielsweise vor einem Diktat). Dabei sollte man das Ziel vor Augen haben, Kindern das natürliche Gleichgewicht von Spannung und Entspannung erfahrbar zu machen.

Viel schwieriger wird es für den Lehrer, Kinder zu einer entspannten Lernhaltung zu führen, wenn die Anspannung nicht unmittelbar in Beziehung zum eigenen Unterricht auftritt, diesen aber sekundär stark beeinträchtigt. Beispielsweise hat ein Schüler in der Pause erhebliche Probleme mit älteren Kindern, zu Hause mit den Eltern oder mit sich selbst. Auch in diesem Falle müssen verschiedene Wege eingeschlagen werden, um bestmöglich auf das Kind eingehen zu können, beispielsweise in Elterngesprächen, Einzelgesprächen mit dem Kind und durch die Zusammenarbeit mit außerschulischen Institutionen (psychologische Beratungsstelle usw.). Zudem können in Stille- und Entspannungsübungen Kindern Methoden an die Hand gegeben werden, sich selbst in vielen Situationen eigens zu stärken.

Das kann dadurch geschehen, daß ein Schüler sich vor einer schwierigen Situation ein schönes Bild (aus einer Fantasiereise, aus dem Urlaub usw.) in Erinnerung ruft oder sich einen Mutspruch vorsagt («Mit Mut geht's gut» beispielsweise). Besonders schwierige Kinder haben die Möglichkeit, sich bei Bedarf zurückzuziehen. Ein verhaltensauffälliger Junge in meiner Klasse ist mittlerweile in der Lage, mir folgendes mitzuteilen: «Ich habe gerade wieder eine Krise, ich gehe mal für kurze Zeit in die Stilleecke.» Das ist ein erheblicher Fortschritt für den Jungen, der damit für sich selbst Verantwortung zu übernehmen lernt.

Bevor ich zum praktischen Teil übergehen möchte, erscheint es mir noch wichtig zu betonen, daß die Schule zwar Wege der Entspannung einschlagen kann, daß diese jedoch nicht im Sinne einer therapeutischen Behandlung verstanden werden dürfen. Ich wiederhole noch einmal, daß der Lehrer sich bewußt sein muß, welche Verantwortung er trägt, und seine Kompetenz nicht überschreiten darf.

Unterrichtspraktische Beispiele

Hat man als Lehrer erst einmal den Wert von Stille- und Entspannungsübungen erkannt, findet man viele Möglichkeiten, sie mit bestimmten Zielsetzungen in den Unterricht bzw. in die Unterrichtsthematik einzubeziehen. Dabei wäre es falsch verstanden, den Übungen disziplinierende Funktionen zuzuschreiben.

Ich möchte Ihnen nun ein paar Beispiele aus meiner Unterrichtspraxis in einer dritten Klasse vorstellen.

Thema «Indianer»

Der Klassenlehrer wählt zu Schuljahresbeginn ein Thema aus, das während eines Schuljahres über mehrere Wochen in den unterschiedlichsten Fächern und unter den verschiedensten Gesichtspunkten in einer Klasse behandelt wird. Als Thema für meine dritte Klasse wählte ich «Indianer». Zugrunde lag im Fach Deutsch die Lektüre «Fliegender Stern» von U. Wölfel, im Fach Musik Indianerlieder und in Mathematik unter anderem Indianertextaufgaben. Die Kollegen bastelten in Bildende Kunst und Textilem Werken mit den Kindern Indianerschmuck, in Sport standen Indianerspiele auf dem Lehrplan, und in Religion sprach der Pfarrer über den Glauben der Indianer.

Im Sinne eines ganzheitlichen Unterrichtens lassen sich Übungen durchführen, die ich im folgenden ausschnitthaft vorstellen möchte:

– Stilleübung «Indianerweisheiten»
Mit dem Verstummen des Triangeltones sollen die Kinder die Augen schließen. Kehrt vollständig Ruhe ein, spreche ich eine kurze Indianerweisheit in die Stille (Bydlinski/Recheis 1996, S. 90), beispielsweise:

Wir lieben die Stille;
es stört uns nicht,
wenn die Maus
bei uns spielt;
wenn der Wind im Wald
mit den Blättern raschelt
wir fürchten uns nicht.
     Aus der Rede eines Häuptlings

Einsatzmöglichkeit im Unterricht: Entspannender Schulbeginn, fächerunabhängig.

– Stilleübung «Weiche Feder»
Die Kinder dürfen sich im Klassenzimmer einen ruhigen Platz aussuchen, an dem sie sich hinsetzen oder hinlegen. Mit ruhiger Musik werden sie in die Stille geführt. Ein Kind wird vor Beginn ausgewählt, die Mitglieder des Indianerstammes nach einer entsprechenden Ruhephase wieder aufzuwecken. Dazu soll es einem Kind nach dem anderen mit einer Feder über die Wangen fahren. Nachdem alle Kinder des Indianerstammes der Klasse 3 b wach sind, singen wir das Indianerbegrüßungslied.
     Einsatzmöglichkeit im Unterricht: Als Einstieg in den Unterricht, denkbar auch als entspannendes Moment vor einer Arbeit, fächerunabhängig.

– Stillespiel «Innere Uhr»
Dieses Spiel zielt darauf ab, Kinder Zeit bewußter wahrnehmen zu lassen. Im Sitzkreis wird erarbeitet, daß Indianer früher keine Meßgeräte hatten, auch keine Uhren. Wie aber kamen sie mit der Zeit zurecht? Den Kindern fällt der Sonnen- und Mondstand ein. Wir überlegen uns, wie wir ohne Uhr zurechtkommen würden. Die Schüler mutmaßen. In einer Übung versuchen wir, eine Minute abzuschätzen und in Stille zu verweilen. Wenn ein Kind glaubt, daß eine Minute vorbei ist, darf es aufstehen. Das Spiel macht den Kindern sehr großen Spaß, erfordert aber viel Übung.

Einsatzmöglichkeit im Unterricht: Zur Lernförderung, denkbar im Fach Mathematik (beispielsweise bei der Einheit «Zeit»).

– Meditative Anstöße zum Thema Indianer
Der Kreis hat für die Indianer eine ganz besondere Bedeutung: «In allem, was ein Indianer tut, findet ihr die Form des Kreises wieder, denn die Kraft der Welt wirkt immer in Kreisen, und alles strebt danach, rund zu sein.» (Bydlinski / Recheis 1996, S. 24) Diese Aussage eines Indianers inspiriert mich dazu, mit den Kindern im Unterricht näher auf das Symbol des Kreises und dessen Bedeutung für die Menschen einzugehen. Dabei ist mir wichtig zu vermitteln, daß der Kreis in allen Kulturen Ausdruck des Göttlichen ist. Methodisch gehe ich so vor, daß ich mit den Kindern einen Sitzkreis bilde. In die Kreismitte lege ich ein Mandala (ein Kreisbild, das zur Meditation verwendet wird), das als stummer Impuls dienen soll. Die Kinder erzählen, an was sie das Muster erinnert. Anschließend lese ich passend zu dem Mandala eine meditativ gestaltete Geschichte vor (beides aus Maschwitz / Maschwitz 1996, S. 46):

Du umhüllst mich

Ein Indianermädchen saß auf dem Boden und schaute vor sich auf den Sand. Es war mit großen Gedanken beschäftigt und zog gerade krumme Linien.

Sie malte ein Kreuz in den Sand, und es zeigte zum Himmel und zur Erde und zeigte alle Geschöpfe; alles war miteinander verbunden. Dies gefiel ihr. Sie malte den Erdkreis um das Kreuz.

Dann umgab sie die Erde mit einem Viereck. Das war ihr Land, ihre Heimat, in der sie lebte.

Ihr Großvater fiel ihr ein, er hatte von den heiligen Winden des Ostens und Westens, des Nordens und des Südens erzählt. Sie malte für jeden Wind einen kleinen Kasten und schmückte ihn. In den Kasten malte sie ein Tipi, ein Indianerzelt, und über den Erdkreis, über die Spitze des Kreuzes malte sie ein großes Zelt für alle Völker der Menschen, die sie kannte. Darüber bildete sie den Horizont des Himmels ab, dort, wo sich Himmel und Erde berühren. Die vielen Hautfarben der Menschen zogen wie Bilder durch ihren Kopf. Da ihr immer wieder neue Menschen einfielen, malte sie noch weitere kleine Tipis in die Ecken des Vierecks. Sie wünschte sich, daß alle Menschen ein Zuhause hatten.

Und Gott, wußte sie, umgibt alles, was lebt, und zog einen großen Kreis um das Bild.

Sie stand auf und klopfte sich den Staub von den Händen. «Mein Bild sieht gut aus, nein, es ist gut», dachte sie und sah: «Gott umhüllt alles.» Und sie malte den Kreis noch einmal.

Aus: Maschwitz / Maschwitz: Aus der Mitte malen. © Kösel Verlag

Im Anmalen des Mandalas können die Kinder ihren Erfahrungen und Eindrücken mit Hilfe von Farben Ausdruck verleihen. Sie dürfen dazu das Mandala gestalten.

Eine weitere Möglichkeit, Kindern Kreiserfahrungen aus erster Hand zu vermitteln (wie beispielsweise: Halten, gehalten werden, sich gehenlassen, loslassen, getragen werden), sehe ich im meditativen Kreistanz. Als Tanzschritte wähle ich einfache, immer wiederkehrende Schritte, die die Kinder in eine bewegte Stille führen sollen. Im Hintergrund lasse ich getragene indianische Musik laufen.

Einsatzmöglichkeiten im Unterricht: Zur Persönlichkeitsentwicklung, denkbar in den Fächern Religion, Deutsch, Musik;

– Indianernamen zur Übung der Vorstellungsbildung
Alle Indianer haben einen eigenen Namen, den sie von dem Medizinmann ihres Stammes erhalten (Kleine Wolke, Fliegender Stern). Der Name gibt Aufschluß über eine wichtige Begebenheit oder eine bestimmte herausragende Eigenschaft des Trägers. Auch kann er Inhalte widerspiegeln, die der Person in Visionen zuteil wurden.

Schulisch gesehen bieten die Indianernamen die Möglichkeit, das Selbstbewußtsein der Kinder zu stärken. Ich erlebe immer wieder, daß Kindern viel einfällt, bei der Frage, was sie nicht können. Fordert man sie hingegen auf, ihre Fähigkeiten aufzuzählen, verstummen viele Kinder. Zur Vorbereitung der Fantasiereise treffe ich mich mit den Drittkläßlern im Sitzkreis. Dabei lege ich in die Kreismitte zwei verschiedene Kärtchen mit Namen- und Wiewörtern.

Beispiele für Wiewörter: schlau, witzig, stark, flink, hell, klug, groß, schön, bunt (…)

Beispiele für Namenwörter: Fuchs, Hase, Wolf, Adler, Stern, Wolke, Blume, Regenbogen (…)

Viele unsichere Kinder wissen gar nicht, worin sie eigentlich gut sind oder was sie können. Bei der Suche danach wurden sie bisher im Leben zuwenig unterstützt. Deshalb formuliere ich die Arbeitsanweisung so:

«*Lest die Kärtchen durch und sucht euch einen Namen aus, der euch gefällt. Dieser Name soll mit Eigenschaften geschmückt wer-*

den, die ihr gerne besitzen würdet, die ihr euch wünscht. In einer Fantasiereise sollt ihr eure selbstgewählten Namen in Bildern lebendig werden lassen.»

In der folgenden Übung soll sich das kraftschenkende Bild, das hinter jedem Namen steckt, ausbreiten und die Kinder stärken.

So wie deine Eltern für dich einen Namen ausgesucht haben, hast du dir soeben selbst einen Namen ausgesucht. (...) Du hast dabei überlegt, welches Bild dir gefällt, und dich für eines entschieden. (...) Überlege: Mit welchem Tier oder mit welcher Naturerscheinung hast du dich verglichen? (...) Wie wünschst du zu sein? (...) Welchen Namen hast du dir gegeben? (...) Stelle dir dazu ein Bild vor und male es in Gedanken aus. (...) Alles, was du Schönes in dem Bild siehst, liegt verborgen in dir. (...) Du hast alle diese Fähigkeiten in dir. (...) Bewahre das Bild tief in dir drinnen, (...) schaue es immer wieder an, (...) sauge es in dich auf (...) und traue dich, die Eigenschaften zu leben, die du dir so sehr wünschst.

Einsatzmöglichkeiten im Unterricht: Zur Persönlichkeitsentwicklung in den Fächern Religion, Deutsch oder Kunst.

– Ein Indianermärchen zum Entspannen und Träumen
Märchen und Märchengeschichten üben seit jeher eine große Anziehungskraft auf Kinder aus. Diese Feststellung nahm Else Müller zum Anlaß, neue Märchen und märchenhafte Geschichten zu erfinden und mit Elementen aus dem autogenen Training zu bestükken. Kinder lieben diese Art von Märchengeschichten, und ich kann aus Erfahrung sagen, daß sie sich dabei sehr entspannen und ausruhen können. Bei der Vorbereitung der Unterrichtseinheit *Indianer* kommt mir dabei ein wunderschönes altes Indianermärchen in die Hände: «Wenn Großmutter Silberkopf Geschichten erzählt», aufgeschrieben von Barbara Cratzius (Cratzius 1997, Seite 68–70). Ich entschließe mich dazu, das Indianermärchen teilweise umzuschreiben und therapeutische Impulse aus dem autogenen Training hinzuzufügen. Ich möchte dies an einem Beispiel konkretisieren:

Es gibt eine Stelle im Märchen, an der die Sonne ihre leuchtenden Strahlen in die Regenwolke hineinzaubert und einen wunderbaren Regenbogen entstehen läßt. Jeder Vogel darf anschließend durch seine Lieblingsfarbe im Regenbogen hindurchfliegen, um ein schönes Gefieder zu erhalten.

Folgende Impulse aus dem autogenen Training füge ich an dieser Stelle der Geschichte hinzu: *Die Vögel tauchen voller Freude in ihre Lieblingsfarbe ein. (…) Die Farbe durchströmt ihren Körper. (…) Sie verweilen in ihr und spüren die Wärme, die von der Farbe ausgeht. (…) Sanft wiegen sie sich in der Regenbogenfarbe. (…) Sie sind glücklich, nicht mehr grau zu sein, und fühlen sich ruhig und entspannt. (…)*

Einsatzmöglichkeiten: Zur Persönlichkeitsentwicklung, fächerunabhängig.

Darstellung einer Unterrichtsstunde

Das fächerverbindende Thema «Indianer» sollte Ihnen einen kleinen Überblick verschaffen, welche Wege der Stille und Entspannung in der Schule heute beschritten werden können. Zuletzt möchte ich Ihnen eine Unterrichtsstunde im Fach Deutsch darstellen. Es soll dabei konkret aufgezeigt werden, wie mit einer Fantasiereise im Zusammenhang mit einer Gedichteinführung gearbeitet werden kann.

Frühling
(von C. Nöstlinger)

Eines Morgens ist der Frühling da.
Die Mutter sagt, sie *riecht* ihn in der Luft.

Pit *sieht* den Frühling.
An den Sträuchern im Garten
sind hellgrüne Tupfen.

Anja *hört* den Frühling.
Neben ihr, auf dem Dach,
singen die Vögel.

Unten vor dem Haus
steigt Vater in sein Auto.
Er *fühlt* den Frühling.
Die Sonne scheint warm
auf sein Gesicht.

Aber *schmecken*
kann man den Frühling noch nicht.
Bis die Erdbeeren reif sind,
dauert es noch lange.

aus: Der Frühling kommt. Hannover (Schrödel Verlag) 1972

Das Gedicht von C. Nöstlinger ist voll von Sinneseindrücken. Ein
erster Zugang könnte also dadurch geschaffen werden, daß man die
Sinneseindrücke für Kinder erfahrbar macht. Ich entscheide mich
deshalb dafür, zunächst mit den Kindern eine Fantasiereise zu machen, die Vorstellungsübungen beinhaltet. Wie bei anderen Lern-
prozessen auch ist es besonders wirksam, mehrere Lernkanäle anzusprechen. Ich werde deshalb den Kindern Vorstellungsübungen
aus allen Sinnesbereichen anbieten, um jedem Lerntyp gerecht zu
werden. Die Kinder sollen das Angebot erhalten, den Frühling zu
fühlen, zu hören, zu riechen, zu sehen und eventuell auch zu
schmecken. Diese ganzheitliche, individuelle Betrachtungsweise
des Frühlings ebnet den Weg für alle weiteren Lernprozesse dieser
Stunde.

Unterwegs mit dem Sonnenstrahl
Stelle dir vor, du sitzt in der Schule und die ersten Sonnenstrah-
len scheinen zum Fenster herein. (...) Plötzlich lädt dich ein lan-
ger Sonnenstrahl, der dir gerade warm ins Gesicht scheint, ein,
mit ihm einen Spaziergang zu machen, hinaus in die freie Natur,

*um dem Frühling auf die Spur zu kommen. (…) Du stimmst zu,
denn du fühlst dich in der Nähe des Sonnenstrahls warm, wohlig
und ruhig. (…) Du läßt dich durch das Fenster des Klassenzim-
mers tragen, hinaus in die Natur, vorbei an Gärten, über Wiesen
und durch Wälder. (…) Schon nach kurzer Zeit merkst du, daß
dein Sonnenstrahl auf dich eine Zauberwirkung hat. Mit seiner
Wärme hat er es geschafft, dir Augen, Ohren, Nase und deinen
ganzen Körper zu öffnen für die Schönheit der Blumen, Tiere und
Dinge im Frühling. (…) Du kannst jetzt alles um dich herum viel
stärker wahrnehmen und spüren als sonst. Die Kraft des Sonnenstrahls läßt dich
den Frühling riechen,
den Frühling sehen,
den Frühling hören,
den Frühling fühlen.
Kannst du den Frühling auch schmecken? (…)*

*Du bist voll von schönen Erlebnissen. … Langsam wird es
Abend. Der Sonnenstrahl verliert an Kraft und Wärme. (…) Noch
schafft er es, dich durch das Fenster ins Klassenzimmer zurückzu-
tragen. Das Abschiednehmen muß schnell gehen, denn die Sonne
ist schon am Untergehen. (…) Kaum ist dein Sonnenstrahl verschwunden, wird dir klar, was für einen geschenkten, herrlichen
Tag du verbringen durftest. Mit Hilfe der Zauberwirkung des Sonnenstrahls hast du den Frühling mit allen Sinnen erfahren dürfen: mit deinen Augen, deinen Ohren, deiner Nase, deinem ganzen Körper (…).*

*Mit schönen Bildern und Gefühlen kommst du jetzt wieder zu-
rück in diese Stunde, (…) spürst den Boden unter dir, (…) machst
deine Hände zu Fäusten, (…) bewegst deine Beine, (…) öffnest
deine Augen (…) und bist wieder da.*

In der anschließenden Gesprächsrunde tauschen sich die Kinder
über das Erlebte aus. Sind Gesprächsregeln gemeinsam erarbeitet
worden, kann sich der Lehrer aus dem Nachgespräch nahezu vollständig zurückziehen. Die Kinder rufen sich gegenseitig auf und

fragen nach, wenn etwas unklar ist. Jeder Schüler weiß, daß über Erlebnisse eines Mitschülers nicht gelacht werden darf, sondern der andere in seiner Ganzheit akzeptiert wird.

Nach der Gesprächsrunde wird es Zeit, die Kinder mit dem Gedicht zu konfrontieren. Aufgrund ihrer Sinneserfahrungen in der Fantasiereise fällt es ihnen leicht, das Gedicht inhaltlich zu verstehen. Besonders schwächere Kinder profitieren davon und erhalten die nötige Motivation, am Unterrichtsgeschehen dranzubleiben. Die Schüler vergleichen ihre Vorstellungsbilder mit denen der Autorin und stellen viele Gemeinsamkeiten fest. Dadurch ist der Weg zur Textanalyse vorbereitet. Mit den Schülern wird gemeinsam ein Tafelbild entwickelt, das die zentralen Tunwörter hören, sehen, riechen und schmecken nochmals hervorhebt. Das in der Fantasiereise freigelegte kreative Moment kann im handlungs- und produktionsorientierten Arbeiten mit dem Gedicht weiter entfaltet werden. Die Kinder erhalten in Gruppen die Aufgaben,

– das Gedicht zu verklanglichen,
– das Gedicht in Bilder umzusetzen,
– das Gedicht umzuschreiben in eine andere Jahreszeit,
– ein neues Frühlingsgedicht zu erfinden und daraus ein Schmuckblatt zu erstellen.

Abschließend werden die Ergebnisse der Gruppenarbeit vorgestellt und somit gewürdigt. Die Kinder geben sich dabei gegenseitig Rückmeldung.

Im Sinne des fächerübergreifenden Unterrichts bietet sich an, parallel dazu im Heimat- und Sachunterricht Frühblüher zu behandeln, einen Lerngang in die freie Natur zu machen, einen Frühlingslernzirkel vorzubereiten, in dem die Kinder den Frühling tatsächlich hören, schmecken, sehen, riechen und fühlen können usw.

Entspannungsübungen
zu besonderen Situationen

Ziel meines Unterrichts ist entspanntes Lernen. Das versuche ich
unter anderem über entspannende Momente zu erreichen, die ich
bewußt vor, zwischen und nach Leistungssituationen einplane. Es
muß den Kindern immer wieder die Möglichkeit gegeben werden,
aufzuatmen und neue Energie zu schöpfen. Besonders bewußt
wurde mir das nach dem ersten Aufsatz, den ich mit Kindern
schrieb. Da gab es Schüler, die mir sagten, daß ihnen nichts einfällt.
Andere schrieben zwei Schulstunden durch und saßen danach völlig erledigt auf ihrem Stuhl. Wieder andere baten mich, frische Luft
schnappen zu dürfen oder einmal kurz aufzustehen. So versuche
ich heute, den Bedürfnissen der Kinder in gezielten Übungen entgegenzukommen.

Vor einer Arbeit: Schriftliches Abprüfen von Wissen ist für Kinder
sehr nervenaufreibend und mit vielen Ängsten verbunden. Je nach
Fach, Art der Arbeit und Verfassung der Kinder wähle ich aus einem Sortiment an Übungen aus.

So kann es sein, daß ich mit ihnen vor Diktaten Übungen aus der
Muskelentspannung nach Jacobson durchführe (s. ab S. 131), die
Kinder also bewußt von der Körperanspannung zur Körperent-
spannung führe. Auch lerngymnastische Übungen, die zum Ziel haben, rechte und linke Gehirnhälfte in ein ausgewogenes Verhältnis
zu bringen, stelle ich Arbeiten voran. Besondere Freude kommt auf,
wenn ich den Regenstab mit in die Klasse bringe. Das ist ein gefüll-
ter Bambusstab, der, wenn er gewendet wird, ein wunderschönes
Geräusch (sanftes Rieseln) erzeugt. Diese und andere Formen der
Stilleübungen (s. ab S. 74) wirken sehr beruhigend. Bei fantasievol-
len Aufsatzthemen mache ich mit Schülern gerne eine Fantasiereise
(s. ab S. 107). Dabei versuche ich, die Kinder mit Worten in das
Land der Fantasie zu führen, ihnen sozusagen mit der Fantasiereise

eine Eintrittskarte ins Fantasieland zu überreichen. Nach Beendigung des Aufsatzes (vor der Selbstkorrektur) muß die Rückkehr aus dem Fantasieland ins Klassenzimmer erfolgen.

Nach einer Arbeit (vor der Selbstkontrolle): Kinder sind nach dem Schreiben einer Arbeit oft so ausgebrannt, daß sie überhaupt nicht mehr in der Lage sind, sich anschließend zu kontrollieren. Genaues Überarbeiten hilft jedoch, viele Fehler zu vermeiden. Die Kinder müssen demnach wieder fit gemacht werden. Eine Möglichkeit sehe ich in Atemübungen (s. dazu auch ab S. 143), die man mit Schülern auch draußen an der frischen Luft machen kann (je nach Arbeit bzw. der Gefahr, daß sich die Schüler austauschen). Für die Kinder meiner Klasse ist es zudem selbstverständlich, daß sie während einer Arbeit aufstehen dürfen, um am Fenster frische Luft zu holen oder etwas zu trinken.

Eine Kollegin zeigte mir vor kurzem, wie sie nach einer Mathematikarbeit die Kinder mit einer Stilleübung auf die Selbstkontrolle vorbereitet. In ihrem Klassenzimmer hat sie ein großes weißes Leintuch hängen, das sie sehr schnell zuziehen kann und das ihr als Leinwand dient. Hinter dem Tuch zauberte sie mit Hilfe einer durchsichtigen Schüssel, die sie auf einen Overheadprojektor stellte, wunderschöne Muster. Die auf der Leinwand abgebildeten Muster erzeugte sie, indem sie mit einem Röhrchen Luft in das Wasser blies, Öl hineingoß oder rote und blaue Tinte hinzuschüttete. Die Auf- und Abbewegung des Wassers, verbunden mit verschiedenen Formen, Farben und meditativer Musik wirkten äußerst ansprechend und beruhigend.

Zwischendurch: Auch während des normalen Unterrichtsalltags gibt es Arbeitsphasen, in denen Kinder sehr konzentriert bei der Sache sein müssen und danach eine kleine Pause brauchen. Häufig merkt man das als Lehrer, wenn der Geräuschpegel plötzlich enorm ansteigt. In solchen Phasen suche ich Übungen aus, die Entspannung über Bewegung ermöglichen. Dabei geht die Spannbreite der Angebote in der Fachliteratur von Bewegungsliedern über Interaktionsspiele und Kreistänze bis hin zu Yoga für Kinder (s. ab S. 145 und S. 59). Als Lehrer kann man das Passende für sich und die Klasse aussuchen.

Bei Lerngängen und Ausflügen: Viele Kinder nehmen die Schönheit der Natur gar nicht mehr richtig wahr. Es fehlt ihnen an Erfahrungen aus erster Hand, wie zum Beispiel eine Blume betrachten, an ihr riechen, sie erfühlen … Aus diesem Grund ist es mir ein besonderes Anliegen, einerseits die Natur in Form von Grünpflanzen ins Klassenzimmer zu holen. Andererseits versuche ich den Kindern über Stilleübungen und Fantasiereisen draußen im Freien Naturerfahrungen pur zu ermöglichen. So legten wir uns auf der Rast bei einer Wanderung auf die Wiese und schauten in den Himmel, der übersät war von Schäfchenwolken – und schon waren wir inmitten einer Fantasiereise.

Ein andermal sollten die Kinder bei einem Lerngang zum Thema Wald einen Baum aussuchen, mit dem sie Freundschaft schließen wollten. In der Stille durften sie sich langsam dem Baum nähern, die Rinde befühlen, den Duft des Harzes riechen, den Baum umarmen … Die Kinder machten dabei ganz unterschiedliche Erfahrungen, was sich aus einem Nachgespräch ergab.

Nach und nach wurden die Kinder immer offener und sensibler für die Schönheit der Natur. Gegen Ende des Schuljahres brachte ein Kind Steine mit, die es im Bach fand, und zeigte sie den anderen. Ein anderer Schüler pflückte einen schönen Wiesenstrauß, den wir trockneten und im Klassenzimmer aufstellten. Ausgehend von solchen Naturerfahrungen wird es Kindern leichter fallen, sich für die Achtung und den Erhalt der Tier- und Pflanzenwelt einzusetzen.

Entspanntes Lernen erreicht man außer mit besagten Entspannungsübungen auch dadurch, daß man den Kindern klar und verständlich mitteilt, welche Lerninhalte bei Arbeiten abgefragt werden. Auch müssen stets individuelle Leistungsfortschritte der Schüler anerkannt werden. Lob ist dabei eine wichtige Komponente.

Entspannungsübungen dürfen auch nicht überhandnehmen. Sonst verlieren sie an Wirkung und werden den Kindern überdrüssig. Die oben genannten Beispiele sollen als Möglichkeiten verstanden werden, aus denen man auswählen kann.

Grenzen von Entspannungsübungen sind bei solchen Kindern erreicht, die unter mehreren lernhemmenden Faktoren leiden und diesbezüglich in ärztlicher Behandlung sind (körperliche oder hirnphysiologische Schäden).

Abschließende Gedanken

Zum Schluß möchte ich noch einmal als Frage formulieren: Sind Stille- und Entspannungsübungen Bausteine einer veränderten Schule?

Die Freude und die Nachfrage nach Stille- und Entspannungsübungen bei den Kindern meiner Klasse (als auch bei Hauptschülern nach Aussage von Kollegen) lassen die oben gestellte Frage mit einem klaren *Ja!* beantworten. Schüler gehen gern in die Stille und zeigen sich sehr dankbar, wenn man mit ihnen als Lehrer diesen Weg geht oder sie dazu anleitet. Automatisch verbessert sich das Verhältnis zwischen Lehrer und Schüler sowie zwischen den Schülern untereinander. Stille- und Entspannungsübungen bedeuten für Kinder neben individuellen Erlebnissen auch Gemeinschaftserfahrungen, die das Miteinander-Umgehen erleichtern (symbolisch dafür: Sitzkreis, Kreisgespräche). Die dort geschaffene vertraute Atmosphäre muß sich allerdings über den ganzen Schultag hinweg bewähren. Dies führte bei allen schwierigeren Kindern zu einer positiven Verhaltensänderung.

Man hat als Lehrer mit Hilfe der Übungen auch die Möglichkeit, die Kinder besser kennenzulernen, um in angemessener Weise auf sie einzugehen. Stille- und Entspannungsübungen greifen dadurch vielen Schulproblemen vor. So merkt man an den Erlebnisberichten von Kindern schnell, was sie momentan beschäftigt. Wollen Kinder nicht über ihre Erfahrungen berichten, muß das auch respektiert werden. Oberstes Motto ist: Den Kindern Zeit lassen. So kommt es auch immer wieder vor, daß Schüler bei den ersten Vorstellungsübungen sagen: «Ich kann nichts sehen. Ich sehe nur schwarz.» Hier gilt es, die Kinder in ihren Äußerungen ernst zu nehmen, sie zu ermutigen und ihnen verständlich zu machen, daß es sich dabei um einen Lernprozeß handelt.

Erfolge werden sich eher langfristig einstellen. Wenn man sich dessen bewußt ist, geht man auch nicht so verkrampft mit Störungen um. Beispielsweise lieben es Kinder, zum Spaß vor einer Stilleübung die Gebetshaltung eines tibetischen Mönches einzunehmen. Damit wollen sie zunächst auf sich aufmerksam machen. Statt die Kinder zu bitten, den «Quatsch zu lassen», kann man ihnen erklären, wozu diese Haltung (auch bei den Entspannungsübungen in der Schule) gut sein kann.

Eine andere Anfangsschwierigkeit ist Gekicher in der Klasse. Hier helfen meist schon kleine organisatorische Veränderungen. Ich bestimme bei gewissen Kindern, neben wem sie im Kreis sitzen sollen.

Hat ein Schüler sehr große Schwierigkeiten, ruhig zu werden, lasse ich ihn neben mich setzen (oder stelle mich hinter ihn). Eine Steigerung ist, ihm über Körperkontakt zu innerer Ruhe zu verhelfen. Ich lege beispielsweise meine Hand auf seine Schulter oder seinen Kopf.

Besonders wirkungsvoll ist es, Kinder nach Entspannungsübungen kräftig zu loben, sowohl in Einzelgesprächen als auch vor der Klasse. Worte wie: «Toll, Florian, wie ruhig du heute bei der Übung warst. Du machst sehr gute Fortschritte. Prima!» motivieren ungemein.

Wenn die Störungen allerdings so massiv sind, daß die oben genannten Maßnahmen nichts nützen, was bei Stadtschulen durchaus vorstellbar ist, fände ich es sinnvoll, die Übung für diesen Tag abzubrechen. Im Gespräch sollte man dann den Schülern klarmachen, warum man unter diesen Umständen nicht bereit ist, mit ihnen zu arbeiten. Sie lernen dabei, daß jeder einzelne für das Gelingen einer schönen Sache mitverantwortlich ist. Der Erziehungsprozeß zur gegenseitigen Rücksichtnahme (sich leise verhalten, auch wenn man selbst gerade nicht so Lust auf Entspannungsübungen hat) ist mir dabei besonders wichtig.

Von den meisten Schülern jedoch werden die Übungen rasch erlernt, denn sie merken schnell, daß sie sich etwas Gutes damit tun. Stille- und Entspannungsübungen sind somit nicht nur eine Hilfe kurz vor Leistungssituationen, sondern wirken präventiv auf die Schüler und den Lehrer. Denn auch mir geben sie neue Kraft, den täglichen Anforderungen in der Schule gerecht zu werden. Ich spreche für mich und meine Klasse, wenn ich abschließend sage, daß Stille- und Entspannungsübungen aus dem Unterricht nicht mehr wegzudenken sind.

Therapeutische Anwendung
Sabine Friedrich und Volker Friebel

Aus der therapeutischen Anwendung stammen die ersten Entspannungsverfahren, therapeutisch werden sie heute nach wie vor verwendet. Um Entspannung therapeutisch verantwortungsvoll einsetzen zu können, genügt die Kenntnis der Methode und ihrer Grundlagen allerdings nicht. Dazu sind Kenntnisse über Therapie insgesamt, über den therapeutischen Prozeß sowie andere Therapiemöglichkeiten erforderlich. Wir meinen, daß hierfür eine Therapieausbildung erforderlich ist, mit der Voraussetzung eines entsprechenden Studiums (Psychologie, gegebenenfalls Medizin oder Pädagogik). Entspannung läßt sich auch von anderen Berufsgruppen oder von Eltern hervorragend zur Vorsorge der psychischen und physischen Gesundheit einsetzen. Das sollte aber nicht dazu verführen, sich durch eine therapeutische Nutzbarmachung in eine Position zu begeben oder drängen zu lassen, in der die Kenntnis der speziellen Methode allein nicht mehr ausreicht.

Für alle aber, die mit Entspannung für Kinder zu tun haben, Fachleute und Nichtfachleute, ist es wichtig zu wissen, bei welchen Problemen Entspannung hilfreich sein kann und bei welchen nicht oder nur in geringerem Ausmaß. Hier deshalb eine kurze Übersicht über die Ergebnisse von Therapiestudien zur Entspannung für Kinder. Wissenschaftliche Studien gibt es fast ausschließlich über das autogene Training und die progressive Muskelentspannung. Diese Verfahren sind am ältesten und können am leichtesten kontrolliert dargeboten und untersucht werden. Aus vergleichenden Studien ist bekannt, daß sich die Wirkung der verschiedenen Entspannungsverfahren nicht bedeutsam voneinander unterscheidet. Wir gehen in diesem Überblick deshalb nicht auf spezielle Verfahren ein, sondern werfen alle Verfahren zusammen. Unter den Übersichten steht eine Auswahl von Studien zur näheren Beschäftigung mit dem Thema.

Angst: Angst in verschiedenen Zusammenhängen, von der Schule über Phobien bis zur Operationsvorbereitung, kann durch Entspannung gebessert werden, manchmal gut, manchmal nur mäßig. Sicher sind bei Angst außer Entspannung auch andere Maßnahmen wichtig, vor allem Kompetenzerhöhung und die Wahrnehmung der eigenen Kompetenz. Entspannung sollte vor allem im Vorfeld von Angstsituationen eingesetzt werden. Ist die Angst erst einmal stark, läßt es sich schwer entspannen.

Studien: Khan 1978, Kröner & Steinacker 1980, Winter 1989, Platania-Solazzo und Mitarbeiter 1992, Heard und Mitarbeiter 1992, Pfaff und Mitarbeiter 1989, Singer und Mitarbeiter 1992, Lizasoain & Polaino 1995, Robb und Mitarbeiter 1995, Roome & Romney 1985.

Konzentration: Entspannungstraining verbessert die Konzentrationsfähigkeit und fördert aufgabenbezogenes Verhalten. Kindern sollte aber klar gesagt werden, daß es mit Entspannung allein nicht getan ist, sondern daß Entspannung nur helfen kann, beispielsweise das Gelernte zu erinnern und gut darbieten zu können.

Studien: Kröner & Langenbruch 1982, Wahn & Dahlhoff 1980, Kaltwasser & Breitenbach 1986, Elle & Vagt 1975, Oldfield & Petosa 1986, Freudenthaler 1994.

Schule: Schule kann vieles umfassen, Konzentrationsfähigkeit und Angst werden immer dabeisein (s. o.). In Studien zur Schulleistung von Kindern finden sich fast durchweg gute bis sehr gute Erfolge der Auswirkungen von Entspannung. Auch hinsichtlich Disziplinproblemen und in der außerschulischen Lernförderung erbrachte der Einsatz von Entspannung gute Ergebnisse.

Studien: Diesing 1959, Denkowski und Mitarbeiter 1983, Frey 1978, Harlem 1976, Kiphard 1982, Krampen 1992, Matthews 1986, Taucher 1983.

Geistig behinderte Kinder: Nicht die geistige Behinderung selbst, aber eine Vielzahl ihrer Auswirkungen (Konzentration, psychomotorische Leistung, Lernbehinderung, Angst, Reden, Sprechen) können durch Entspannung gebessert werden. Entspannung wird dabei immer in die allgemeine Beschäftigung mit den Kindern eingebettet sein.

Studien: Bobretzky & Plesser 1984, Polender 1982 b, Tönnies & Overbeck 1985, Carter & Russell 1985.

Hyperaktivität: Auch hyperaktive Kinder können grundsätzlich lernen, sich zu entspannen. Erfolgreiche Entspannung führt dann zu Verhaltensverbesserungen. Ob das an der Entspannung liegt oder an der vermehrten Aufmerksamkeit, ist unklar. Hyperaktive Kinder sind sehr schwierig. Entspannung scheint etwas zu bringen, sollte aber nicht allein, sondern in Kombination mit anderen Möglichkeiten (Lernen prosozialen Verhaltens usw.) eingesetzt werden.

Studien: Flemmings 1979, Omizo und Mitarbeiter 1986, Hampstead 1979, Dunn & Howell 1982, Menking 1980.

Tics: Ob Schielen, Blinzeln, Zwinkern oder zwanghaftes Schimpfen: Tics können Kinder sehr belasten. Entspannung kann bei der Beseitigung sehr gut helfen. Verhaltensbezogene Maßnahmen (beispielsweise Selbstbeobachtung, willentliches Zwinkern usw.) sollten aber immer dabeisein. Im Einzelvergleich sind sie Entspannung sogar überlegen.

Studien: Kohen & Botts 1987, Kohen 1995, Azrin & Peterson 1989, Peterson & Azrin 1992.

Psychosomatische Probleme: Bauchweh vor Klassenarbeiten ist Kindern und Eltern hinlänglich bekannt. Solche und andere psychosomatische Probleme reagieren gut auf Entspannung. Immer wird es günstig sein, sich auch mit den Einstellungen der Kinder beispielsweise zur Schule zu beschäftigen und auf diese einzugehen.

Studien: Törne & Hermann 1977, Katschnig und Mitarbeiter 1979.

Asthma: Entspannungstraining verbessert die Lungenfunktionswerte, die Anzahl der Asthmaanfälle nimmt ab. Der Erfolg ist bedeutsam besser als die Behandlung nur mit Medikamenten. Besonders gut sind die Erfolge von Entspannung bei Kindern, deren Anfälle emotional ausgelöst werden. Entspannung sollte nicht allein, sondern zusammen mit Verhaltensmaßnahmen gelehrt werden.
Studien: Michel 1984, Gröller 1991, Vazques & Buceta 1993.

Kopfschmerzen: Sowohl bei Spannungskopfschmerz als auch bei Migräne können im Durchschnitt Verbesserungen erreicht werden. Die Erfolge sind zwar manchmal erstaunlich gut, Wunder sollte man aber nicht erwarten, Kopfschmerzen gelten allgemein als schwer behandelbar. Interessanterweise fanden sich in einer Studie beim Selbsteinsatz von Entspannung gleich gute Ergebnisse wie bei der Entspannungsbehandlung durch einen Therapeuten (jeweils etwa die Hälfte Besserung). Eine Übersicht bei Erwachsenen (Holroyd & Penzien 1990) fand gleich gute Ergebnisse von Entspannung und Medikamenten, was vor allem bei Kindern sehr für die Entspannung spricht.
Studien: Labbe & Williamson 1984, Engel und Mitarbeiter 1992, McGrath und Mitarbeiter 1992, Mehta 1992, Labbe 1995.
Übersichten: Duckro & Cantwell-Simmons 1989, Plump und Mitarbeiter 1990, Kröner-Herwig 1992, Holroyd & Penzien 1990.

Andere Schmerzen: Auch bei anderen Schmerzzuständen fanden sich gute Ergebnisse von Entspannung.
Studien: Walco & Ilowite 1992, Walco und Mitarbeiter 1992, Sokel und Mitarbeiter 1991.

Persönlichkeit: Neurotizismus läßt sich wohl als allgemeines Persönlichkeitsmaß verstehen. Eine Reduzierung von Neurotizismus durch Entspannungstraining ist möglich.
Studie: Kröner & Steinacker 1980.

Zu vielen sehr speziellen Bereichen gibt es einzelne Studien, die hier nicht alle aufgeführt werden können. Ausdrücklich schlechte Erfahrungen mit Entspannung liegen nirgendwo vor. Belege für Kontraindikationen der Entspannung gibt es keine. Einige früher vermutungsweise genannte Probleme haben sich nicht bestätigen lassen. Vorsicht scheint bei Epilepsie geboten zu sein, zu Entspannung bei Herzproblemen gibt es offenbar keine Erfahrungen.

Auch in vielen der oben aufgeführten Bereiche besteht eine offenbar zunehmende Tendenz, Entspannung nicht als alleiniges Mittel, sondern als Komponente zu verwenden, sie in ein Programm einzubinden, das außerdem auch noch kognitive und verhaltensbezogene Elemente enthält. Das ist sicher eine gute Einstellung. Bei manchen Problemen liegen nur Erfahrungen mit Entspannung in solchen Programmen vor, so bei *Aggressivität* (Junglas 1986, Petermann & Petermann 1988), *Stottern* (Iwert 1992, Wagaman und Mitarbeiter 1993, Mielke & Mielke 1993), *Streß* (Dirks und Mitarbeiter 1994), *Einnässen* (Koldewey & Wegschneider 1963).

Über alle Indikationen hinweg würden wir die Erfolgsquote von Entspannung bei Kindern mit etwa zwei Drittel veranschlagen (siehe dazu Biermann & Müller 1981 sowie Kohen und Mitarbeiter 1990). Das ist nicht mehr und nicht weniger erfolgreich als andere psychotherapeutische Verfahren, bei geringerem Aufwand und der Möglichkeit späterer selbständiger Anwendung der Methode durch den Betroffenen.

Entspannung läßt sich Kindern und Eltern relativ leicht nahebringen, es besteht eine deutlich niedrigere Hürde als bei den meisten anderen Verfahren. Entspannung läßt sich so auch als Einstieg in eine ausführlichere und problembezogene Psychotherapie nutzen.

Die Wirkkomponenten von Entspannung sind wenig bekannt. Man wird nicht nur von der Entspannungsreaktion bzw. von einem Spannungsabbau ausgehen. Nicht weniger wichtig dürfte sein, daß das Kind mit der Entspannungstechnik in die Lage versetzt wird, selbst etwas gegen sein Problem zu unternehmen: Die eigene Kompetenz und – vor allem – die Selbsteinschätzung dieser Kompetenz wird gestärkt. Entspannung hilft dem Kind wahrzunehmen, daß es selbst einiges tun kann, daß es den Problemen (und der Hilfe bei Problemen) nicht nur ausgeliefert ist. Das dürfte sehr wichtig bei einer Reihe von sozialen und psychosomatischen Problemen sein, bei denen sich manchmal eine günstige und überdauernde Besserung findet, obwohl die Entspannung gar nicht mehr durchgeführt wird. «Entspannung» ist also nicht nur eine Möglichkeit zu entspannen, sondern auch ein Verfahren zur Stärkung der Selbstkompetenz.

Entspannung wird meist in Gruppen vermittelt. Wir haben den Eindruck, daß das problembezogene soziale Lernen in der Gruppe einen ebenfalls nicht gering zu veranschlagenden Beitrag zu den für ihre Einfachheit doch erstaunlich hohen Erfolgen der Entspannungstherapie liefert. Insofern glauben wir, daß Entspannung nicht nur bei aktuellen Problemen hilfreich ist, sondern darüber hinaus noch eine Veränderung der allgemeinen Entwicklung des Kindes zu mehr Selbstkontrolle und der Ermutigung zu eigenem aktiven Handeln sein kann. Und das läßt sich mit keiner Pille erreichen.

Im folgenden zwei Fallberichte zum Einsatz von Entspannung bei Kindern in einer Erziehungsberatungsstelle (behandelnde Psychologin ist Sabine Friedrich). Beide Berichte sollen auch zeigen, daß therapeutisch die Entspannung gerade in der Kombination mit anderen Behandlungsansätzen bedeutsam ist.

Nadine hat Schlafstörungen

Die 9jährige Nadine wird von ihren Eltern wegen massiver Einschlafprobleme bei der psychologischen Beratungsstelle angemeldet. Zum ersten Gespräch kommen die Eltern, Nadine und deren drei Jahre ältere Schwester.

Die Einschlafprobleme begannen vor etwa einem Jahr, als Nadine erhebliche Leistungsprobleme in der Grundschule bekam. Die Anforderungen der 3. Klasse waren für Nadine deutlich zu hoch, die Noten wurden immer schlechter, so daß schließlich eine Sonderschulüberprüfung notwendig wurde. Aufgrund des Testergebnisses wurde den Eltern dringend geraten, Nadine auf die Sonderschule umzuschulen. Dies war für die Eltern ein sehr schwerer Schritt. Sie berichten im Gespräch, daß es ihnen sehr schwerfällt, anderen gegenüber zu erwähnen, daß Nadine seit einiger Zeit die Sonderschule besucht. Außerdem beobachten sie mit Sorge, daß Nadine seither im Dorf von anderen Kindern wegen der Umschulung gehänselt wird. Auch die große Schwester, die auf die Hauptschule geht, muß seither unter Hänseleien anderer Kinder leiden.

In den zunächst stattfindenden Familiengesprächen geht es nun darum, daß jedes Familienmitglied über seine Ängste und Befürchtungen hinsichtlich der Schullaufbahn Nadines sprechen kann. Dies wirkt auf alle erleichternd, vor allem auf Nadines Schwester, die einerseits durch die Hänseleien anderer Kinder belastet ist, dies aber andererseits nicht äußern möchte, um die Eltern und Nadine nicht noch mehr zu belasten.

Nadine berichtet im Gespräch voll Freude von ihrer neuen Schule, in der sie jetzt oft gute Noten schreibt, aber auch Freunde und verständnisvolle Lehrer kennengelernt hat. Eltern und Schwester erfahren, wie wohl sich Nadine jetzt fühlt und wie froh sie über den Schulwechsel ist. Sie hören aber auch, daß sich Nadine oft abends im Bett noch Gedanken macht, weil sie spürt, daß vor allem die Eltern unter der Situation leiden. Im Laufe der Gespräche lernen die Eltern zunehmend, Nadine mit ihrer Lernbehinderung anzunehmen. Beide Eltern beginnen, sich in Nadines Schule zu engagieren und beispielsweise Feste und Veranstaltungen mitzuorganisieren. Sie bekommen langsam guten Kontakt zu den Lehrern und bauen auch Kontakte zu Eltern von Nadines Mitschülern auf.

Obwohl sich die häusliche Situation im Laufe der Beratung zunehmend entspannt und sich Nadine auch abends keine Sorgen mehr macht, bleiben die Einschlafprobleme hartnäckig bestehen. Nadine liegt oft bis zu drei Stunden wach, wälzt sich im Bett herum und denkt mit Schrecken an das frühe Aufstehen am nächsten Morgen. Oft geht sie nach einiger Zeit des Wachliegens zu ihren Eltern ins Wohnzimmer, die ihr aber meist auch nicht weiterhelfen können und sie wieder ins Bett schicken.

Aufgrund dieser Situation erscheint es sinnvoll, Nadine selbst ein Hilfsmittel an die Hand zu geben, mit dem sie auf die Schlafprobleme einwirken kann. Sie ist damit einverstanden, zu sechs Sitzungen alleine in die Beratungsstelle zu kommen und hier ein Entspannungsverfahren zu lernen.

In der ersten Sitzung sprechen wir darüber, was Entspannung ist, und Nadine lernt, sich auf den Unterschied zwischen Anspannung und Entspannung zu konzentrieren, indem sie immer abwechselnd die Hände und Arme anspannt und losläßt. In der zweiten Sitzung lernt Nadine in Liegehaltung auf einem Entspannungsstuhl die Ruheübung aus dem autogenen Training und hört anschließend eine Entspannungsgeschichte. In der dritten Sitzung erarbeiten wir die Schwereübung aus dem autogenen Training, im Anschluß daran wieder eine Entspannungsgeschichte. Nadine hat an den Übungen Spaß und kann ein Ruhe- und Schweregefühl erleben. Vor allem aber gefallen ihr die Entspannungsgeschichten. Am Ende der Geschichte schläft Nadine sogar kurz ein.

In der vierten Sitzung lernt Nadine die Wärmeübung aus dem autogenen Training. Nadine berichtet in dieser Stunde, daß sie jetzt abends besser einschlafen kann. Nach ihrer kurzen Übung (Ruhe und Schwere) denkt sie meist an die Entspannungsgeschichten, die sie in den Sitzungen gehört hat, oder denkt sich ähnliche Geschichten aus. Dabei schlafe sie dann meist ein. Es erscheint deshalb sinnvoll, mit Nadine nicht alle Übungen des autogenen Trainings zu erarbeiten, sondern es bei den drei Grundübungen zu belassen, dafür mit ihr aber in den verbleibenden zwei Stunden noch Fantasiereisen zu üben und sie verstärkt anzuleiten, sich selbst Geschichten auszudenken. Daneben werden jetzt wieder die Eltern einbezogen, die Nadine nun ab und zu abends eine Entspannungsgeschichte vorlesen. Dieses neue abendliche Ritual genießt Nadine sehr und kann danach oder manchmal schon währenddessen gut einschlafen.

Beim Katamnese-Termin nach einem Vierteljahr zeigt sich, daß Nadine weiterhin problemlos ein- und durchschläft.

Ein Mädchen mit Hundeangst

Andrea, acht Jahre alt, wird von ihren Eltern wegen extremer Angst vor Hunden in der Beratungsstelle vorgestellt. Zum ersten Gespräch kommen die Eltern, Andrea und der jüngere Bruder Tobias.

Von den Eltern ist zunächst zu erfahren, daß Andrea schon von klein auf in vielen Situationen sehr ängstlich war. Allem Neuen gegenüber war und ist sie sehr vorsichtig, wagt kaum etwas und versteckt sich bei neuen Anforderungen gern hinter der Mutter bzw. beginnt dann meist zu weinen. Auch in dieser ersten Sitzung weint Andrea, wenn ich sie anspreche. In letzter Zeit ist für die Familie vor allem Andreas Angst vor Hunden zu einer Belastung geworden. Sie geht beispielsweise nicht mehr alleine aus dem Haus, weil sie befürchtet, daß der (sehr kleine) Hund einer Nachbarin plötzlich aus deren Wohnungstür kommen könnte. In die Schule geht Andrea nur noch in Begleitung ihrer Mutter, da sie auf dem Schulweg an mehreren Läden vorbeikommt, vor denen oft Hunde angeleint sind. Auch im Beisein ihrer Mutter kann sie dann nicht an den Hunden vorbeigehen, sondern wird völlig steif, schreit und besteht darauf, einen Umweg zu gehen, worauf die Mutter auch eingeht.

In einigen Familiengesprächen zeigt sich, daß auch die Mutter massive Ängste hat, vor allem vor Hunden, und daß sie die Kinder immer wieder vor deren potentieller Gefährlichkeit warnt. Sie hat zudem so starke Angst vor dem Straßenverkehr, daß sie es noch nicht gewagt hat, den Führerschein zu machen. Der Vater ist zwar insgesamt weniger ängstlich, scheut aber vor allem soziale Situationen, in denen er im Mittelpunkt steht, was seine berufliche Entwicklung eingeschränkt hat.

In den Familiengesprächen wird den Eltern langsam klar, wie sehr sie die Kinder oft darin blockieren, neue positive Erfahrungen mit ihrer Umwelt zu machen. Vor allem die Mutter beginnt, sich mit ihren eigenen Ängsten auseinanderzusetzen und sie aktiv zu überwinden. So meldet sie sich beispielsweise bei einer Fahrschule an. Der Vater beginnt damit, Andrea darin zu unterstützen, ängstigende Situationen durchzustehen. So übt er beispielsweise mit ihr das

selbständige Einkaufen im Dorfbäckerladen und zeigt ihr den ange-
messenen Umgang mit Hunden.

Begleitend zu den Familiengesprächen lernt Andrea in Einzelsitzungen zunächst die Grundübungen des autogenen Trainings
(Ruhe, Schwere, Wärme). Die Übungen werden nicht nur im Liegen, sondern in einer Kurzform auch im Sitzen und Stehen durchgeführt, so daß der Transfer in den Alltag verbessert wird. Zusätzlich wird Andrea auch der Einsatz von Mutsprüchen nahegebracht
und eingeübt.

Nach acht Stunden beherrscht Andrea die Kurzübung, so daß
nun die Anwendung in konkreten Angstsituationen geübt werden
kann. Dazu erstellt Andrea eine Liste von für sie besonders ängstigenden Situationen. Diese Situationen bringt sie in eine Reihenfolge nach dem Grad der Angst, die sie auslösen. An höchster Stelle
steht dabei die Hundeangst, gefolgt von verschiedenen sozialen
Ängsten (Vorlesen in der Schule, etwas auswendig aufsagen, fremde
Erwachsene ansprechen, mit anderen Kindern telefonieren, andere
Kinder nach etwas fragen). Danach soll sich Andrea zunächst die
für sie einfachste Situation (ein anderes Kind fragen, ob es mit ihr
spielen will) vorstellen und gedanklich ausschmücken. Dann setzt
Andrea bewußt ihre Entspannungsübung und den Mutspruch ein,
bis sie sich ruhig und angstfreier fühlt.

Nach einigen Durchgängen in der Vorstellung soll Andrea die
Anwendung der Entspannung in einem kleinen Rollenspiel üben.
Dabei führt sie zunächst ihre Kurzentspannung durch, sagt sich zusätzlich einen Mutspruch vor und spricht dann das andere Kind
(die Beraterin) direkt an.

Nachdem sich Andrea auch in dieser Situation sicherer fühlt,
folgt die Übertragung in den Alltag. Andrea bekommt nun als Haus-
aufgabe, eine Mitschülerin anzusprechen und sie zu fragen, ob sie
nachmittags mit ihr spielen möchte. Nach einigen Wochen gelingt
Andrea diese Aufgabe schon häufig, und das Angstgefühl in dieser
Situation wird deutlich geringer.

In derselben Weise wird auch mit den anderen Angstsituationen
verfahren bis hin zur schwierigsten, der Hundeangst. Hierbei ist

eine sehr lange Rollenspielphase mit verschiedenen Stoffhunden nötig, bis Andrea die Sicherheit für eine direkte Konfrontation mit einem Hund erlangt. Sie schafft es am Ende der Behandlung, sich bekannten Hunden ruhig zu nähern, diese zunächst an ihrer Hand schnüffeln zu lassen und sie dann zu streicheln. Fremden Hunden gegenüber bewahrt sie angemessene Distanz.

Andrea wird im Laufe der Behandlung zunehmend selbstsicherer, was auch die Eltern dazu anregt, Andrea mehr als bisher zu fordern.

Im Anschluß an die Einzelsitzungen mit Andrea finden noch einige Einzelsitzungen mit der Mutter statt, in denen sie sich mit ihren eigenen Ängsten weiter auseinandersetzt und sich auch mit deren Entstehungsgeschichte beschäftigt.

Modellprojekt Gesundheitsförderung
Rotraut Reinhardt-Bertsch

Gesundheitsbildung

Die Gesundheitsforschung hat sich bisher wenig mit Kindern und Jugendlichen befaßt, wohl auch weil der Mythos «gesunde Jugend» vermuten läßt, daß es sich um eine sorgenfreie Altersgruppe handelt. Aktuelle Befunde zeigen aber, daß die gesundheitliche Situation von Kindern und Jugendlichen längst nicht so unbedenklich ist, wie weithin angenommen wird. Ehemals typische Infektionskrankheiten, wie beispielsweise Tuberkulose und typische Kinderkrankheiten, spielen zwar eine untergeordnete Rolle. Hierzu tragen verbesserte hygienische Bedingungen und Impfprogramme bei. Dafür haben chronische Erkrankungen deutlich zugenommen, insbesondere allergische Erkrankungen, und hier vor allem Asthma bronchiale und Neurodermitis.

In den letzten Jahren ist eine deutliche Zunahme von psychosomatischen Erkrankungen zu verzeichnen. In einer für das Bundesland Nordrhein-Westfalen durchgeführten repräsentativen Studie klagen über ein Drittel der Jugendlichen über Kopfschmerzen, Nervosität, Unruhe, Konzentrationsschwierigkeiten, Schwindelgefühl, Kreuz- und Rückenschmerzen, Magenbeschwerden und Schlafstörungen (Engel und Hurrelmann 1990). Dabei zeigen die Untersuchungen, daß Mädchen von allen streßartigen Belastungen in Schule, Familie und Freizeit häufiger betroffen sind.

Nach vorsichtigen Schätzungen kann bei etwa 10 bis 12 % der Kinder im Grundschulalter und bei etwa 15 % der Jugendlichen mit verschiedenartigen psychischen Störungen in den Bereichen der Wahrnehmung, Leistung, Emotion und Sozialverhalten gerechnet werden. Darunter ist eine Kleingruppe von 5 %, die im engsten Sinn unbedingt behandlungsbedürftig ist.

Die einzelnen Menschen werden in verschiedenen kulturellen Zusammenhängen sehr unterschiedliche Kriterien für Gesundheit anführen. In internationalen Vergleichsstudien mit Jugendlichen (Schäfer 1988) kam heraus, daß mit Gesundheit in den Philippinen und Jordanien positiv getönte Assoziationen wie «Körper», «stark», «gut», «Schlaf», «Freude» verbunden werden, während in der BRD negativ getönte Assoziationen wie «Krankenhaus», «Arzt», «Medizin» dominieren. Beispielsweise lautet eine Aussage eines neun Jahre alten Schülers: «Gesundheit ist, wenn ich nur abends – und nicht auch tagsüber – ins Bett muß.»

Nur wenn deutsche Jugendliche nach der ursprünglichen Bedeutung von Gesundheit, nach «Lebenskraft», gefragt werden, kommen positive Phänomene (Lebensfreude, Vitalität, Energie, Glück).

Kinder und Jugendliche reagieren aktiv auf ihre Umwelt – und damit auch auf Belastungsfaktoren. Unser heutiges Gesellschaftssystem ist stark geprägt durch Wettbewerb im schulischen und außerschulischen Sektor. Auch psychosoziale Einflußfaktoren, und hier besonders ein instabiles Verhalten der Eltern, können sich auf die Gesundheit im Kindesalter auswirken. Gesundheit ist also kein konstanter Zustand, sondern unterliegt der Wechselwirkung von psychosozialen und biologischen Faktoren.

Die meisten der sozial, psychisch und physiologisch abweichenden Verhaltensweisen bei Kindern und Jugendlichen müssen wir als Symptom für Streß werten, das heißt für einen subjektiv als überfordernd empfundenen unangenehmen Spannungszustand. Ein weiteres Symptom der Verhaltensstörungen ist Angst, hervorgerufen durch das Zusammenspiel von schulischen und außerschulischen Problemen. Trotz mancher Reformbemühung empfinden viele Schulkinder weiterhin Schulstreß und Schulangst, vor allem die älteren Jahrgänge (Hurrelmann 1991).

Nach Lempp, Kinder- und Jugendpsychiater, ist speziell Schulangst dann vorhanden, wenn die gesamte Schulsituation für ein Kind so angstbesetzt ist, daß es diese selbst nicht überwinden kann und mit schweren psychischen oder psychosomatischen Reaktionen antwortet. In Untersuchungen konnte nachgewiesen werden, daß Kinder mit Schulangst häufig ein schlechtes Selbstbild haben, daß sie sich unsicher, minderwertig, unzufrieden fühlen. Solche Selbstbilder sind meist sehr stabil. Höchste Angstwerte finden sich bei Schülern, die sich sowohl von den Eltern überfordert fühlen als auch in der Schule auf ein schlechtes Klima und ungünstige Bedingungen treffen.

Die Probleme des Umgangs mit dem eigenen Körper sowie der sozialen und natürlichen Umwelt drücken sich unter anderem in gesundheitlicher Beeinträchtigung aus. Solche Probleme sind auch ein Signal dafür, daß Heranwachsende weder die Kompetenz erwerben noch das Ausmaß von Achtung erfahren, das sie für ihre gesunde Entwicklung benötigen.

Gesundheitsvorsorge, Gesundheitsförderung

Zu den Aufgaben der Gesundheitsförderung wie der Krankheitsbewältigung gehört es, spezifische gesundheitliche Risiken zu bestimmen und daraus angemessene Interventionsstrategien zu entwickeln.

Schon Rudolf Virchow wies Lehrer, Ärzte und Landesgeistliche darauf hin, gemeinsam in der Schule zur Gesundheitserziehung mitzuwirken. Nach Formulierung der Ottawa-Charta der Weltgesundheitsorganisation von 1986 geht es dabei nicht nur um die Vermittlung von medizinischem Wissen und Bewußtmachen von Krankheitsgefahr, sondern vor allem darum, den heranwachsenden Kindern den eigenen Körper und damit verknüpft die psychischen, geistigen und sozialen Zusammenhänge begreifbar zu machen. Erst so kann Gesundheitsbewußtsein entstehen. Alle Menschen sollen zu einem höheren Maß an Selbstbestimmung über ihre Gesundheit befähigt werden.

Ein Stadtteilprojekt im Nordbahnhofsviertel der Stadt Stuttgart zeigt die Wichtigkeit der gemeinsamen Aufgabe aller in der Erziehung und im Gesundheitswesen Tätigen. Im Projekt soll Gesundheitsförderung in der Schule integraler Bestandteil des laufenden Unterrichts werden. Auch von den sozialen Einrichtungen im Viertel wird eine erhebliche Bereitschaft zur Kommunikation gefordert. In der jetzt fünfjährigen Arbeit haben wir die Erfahrung gemacht, daß die enge Verknüpfung von Maßnahmen zur individuellen Verhaltensänderung führt.

In dem Kooperationsprojekt sind beteiligt: das Gesundheitsamt, das Institut für Sportwissenschaft der Universität Stuttgart, das Jugendamt, das Staatliche Schulamt und themenbezogen das Stadtplanungsamt und das Gartenbauamt, außerdem die verschiedenen Institutionen im Viertel mit Schwerpunkt in einer Grundschule und in einer Grund- und Hauptschule.

Die Ziele dieses Projektes liegen in der Herstellung und Erhaltung eines allgemeinen Wohlbefindens und der Fähigkeit zur gesunden Lebensführung. Auf der personalen Ebene, auf die ich hier nur kurz eingehen möchte, sind dies vor allem ein hohes Selbstwertgefühl, aktive Bewältigung von Problemen und Vertrauen in die eigene Belastbarkeit. Dadurch entsteht auch eine Förderung von sozialen Kompetenzen bei der Alltagsbewältigung. Diese Faktoren haben sich in vielen Untersuchungen als wesentliche Risikofaktoren für gesundheitsgefährdendes Verhalten erwiesen.

Umsetzung der Projektkonzeption

Durch Veränderung von Strukturen ist das gesundheitsriskante Verhalten effizient zu beeinflussen. Verbesserung der Lern- und Lebensbedingungen (sozial-ökonomisch) ist für einen gesunden Lebensstil notwendig. Sonst kommt es nur zu einer Symptomverschiebung (beispielsweise zu einer ungesunden Ernährungsweise zur Abreaktion von Streß). Hurrelmann (1991) hebt hervor: «Gesundheitsförderung in der Schule müsse also von der Grundkenntnis ausgehen, daß sowohl eine Stärkung des individuellen Selbstbewußtseins der Schülerinnen und Schüler als auch eine Verbesserung der Arbeits- und Lernbedingungen und damit der ‹Unterstützungsqualität› der Institution Schule angezeigt ist.»

Nur einige Schwerpunkte unseres Programms, die zur individuellen Verhaltensänderung führen können, sollen erwähnt werden: Theaterpädagogik im Unterricht, Bewegungsangebote, Mädchensprechstunde. Durchgeführt wurden die Maßnahmen integriert in den Unterricht zusammen mit Lehrern. Die Steigerung eines gesundheitsbezogenen Problembewußtseins und die Entwicklung personenbezogener und sozialer Kompetenzen wird bei Kindern und Jugendlichen durch unterrichtsübergreifende Maßnahmen erfolgreich.

In der Schule sind alle Kinder und Jugendlichen während der entscheidenden Phase ihrer Persönlichkeitsentwicklung erreichbar. In unserer Risikogesellschaft benötigen Kinder Strategien zum selbständigen Umgang mit belastenden Situationen. Eine unserer wichtigsten Erkenntnisse der bisherigen Arbeit ist, möglichst früh mit altersangemessener Konzeption zu starten. Solange die entsprechende Verhaltensweise noch nicht in der Lebensbewältigung gefestigt ist, kann sie noch geformt werden, kann beispielsweise das Selbstwertgefühl stabilisiert werden.

Gesundheitsförderung mit vegetativ und psychisch stabilisierender Wirkung in Form von autogenem Training, das sich auch auf Veränderungen des Verhaltens von Kindern und Jugendlichen bezieht, kann ein integraler Bestandteil des laufenden Unterrichts sein. Ganz besonders im Grenzbereich zwischen Gesundheit und Krankheit, zum Beispiel im Sinne von Streß und Angst, bietet das autogene Training brauchbare Ansatzpunkte – ebenso wie bei der Gestaltung zwischenmenschlicher Beziehungen. Das autogene Training fördert die Selbständigkeit des Kindes, den Drang nach Freiheit und Unabhängigkeit.

Voraussetzung bei unserer Projektarbeit ist die Teilnahme aller

Schüler einer Klasse. Sie sollten die Methode kennenlernen, und nach Einüben in kleinen Gruppen von etwa zehn Schülern mit Fachkräften soll das autogene Training von kompetenten Lehrern unterrichtsintegrierend eingesetzt werden.

Teilziele des autogenen Trainings sind dabei:
– Konstruktive Bewältigung von Problemsituationen, dadurch weniger Aggressivität
– Seelisches Gleichgewicht
– Konzentrationssteigerung, dadurch mitbedingt eine Steigerung der Lernleistung
– Angstabbau
– Stärkung des Selbstvertrauens

Bisherige Erfahrungen haben gezeigt, daß Kinder die Grundstufe des autogenen Trainings schneller erlernen und besser beherrschen als Erwachsene, da Kinder bildhafte Vorstellungen besser verwerten, eine bessere Lernfähigkeit und weniger Vorurteile mitbringen als Erwachsene. Voraussetzung ist eine gewisse Selbständigkeit für regelmäßiges Üben zu Hause, da das autogene Training eine «übende» Methode darstellt. Die positive Einstellung und Unterstützung durch die Eltern ist bei unserem Ansatz in der gesamten Klasse nicht immer vorhanden.

Im Unterricht kann das autogene Training mit unterschiedlichen Absichten verwendet werden:
1. Zur motorischen Beruhigung am Stundenbeginn; nach umfangreicher körperlicher Betätigung, beispielsweise nach der großen Pause, nach dem Sportunterricht; nach dem Wechsel einer Sozialform im Unterricht, zum Beispiel nach einer Gruppenarbeitsphase als Übergang zu konzentrierter Einzelarbeit.
2. Zur emotionalen Beruhigung, beispielsweise vor Tests.
3. Zur geistigen Entspannung nach anstrengenden Unterrichtsabschnitten.
4. Zur Vorbereitung auf kreative Unterrichtsphasen, beispielsweise Schreiben eines Aufsatzes, künstlerisches Gestalten usw.

Aufgrund des sehr unterschiedlichen Erfolgs der in der Regel über zehn Unterrichtseinheiten konzipierten Maßnahme in den Klassen 5 und 6 der Hauptschule wurde für die Grundschule (Klasse 2 bis 4) ein modifiziertes kindgerechtes Programm entwickelt. Die Vermittlungstechniken des autogenen Trainings wurden dabei an die Fähigkeiten und Bedürfnisse der Kinder angepaßt.

Auf Wunsch einer Lehrerin, die selbst autogenes Training beherrscht, wurde getrennt nach Jungen und Mädchen ein Kurs in Klasse 5 mit gutem Erfolg durchgeführt.

In einigen Klassen wurde mit Fragebögen versucht, etwas über die Wirkung des autogenen Trainings zu erfahren. Dabei zeigte sich, daß die Schüler unmittelbar nach der jeweiligen Übung deutliche Befindlichkeitsveränderungen und Körperreaktionen wahrnehmen, daß Entspannung und Wohlbefinden erfahren werden. In Wiederholungsstunden in den darauffolgenden Klassen zeigten sich auch weiterhin Auswirkungen des autogenen Trainings.

Die Einzelgespräche nach jeder praktischen Übung fördern die genaue Beobachtung der eigenen Befindlichkeit und die kommunikative Fähigkeit des freien Sprechens. Das Mitmachen der Klassenlehrer an den Übungen und die anschließende Beteiligung an den Gesprächen bewirkt eine sehr gute Motivation.

Die Ergebnisse zeigen, daß sich die Kinder wohl gefühlt haben. Die Gruppengröße mit sieben bis zwölf Kindern ist wichtig, damit für jeden einzelnen genügend Zeit bleibt. Im Kursverlauf geben die Kinder an, daß sie die Entspannungsübungen beherrschen (zum Beispiel zu Hause den Eltern und Geschwistern vermitteln oder Freunden, beispielsweise im Tagheim).

Auf Wunsch der Lehrer und begleitet durch Mitarbeiter des Gesundheitsamtes werden diese Schülergruppen in den nächsten Schuljahren unterstützt, um das Ziel der alleinigen regelmäßigen Fortführung der Übungen zu erreichen.

Neuere Untersuchungen zeigen, daß die Zahl der Eltern steigt, die sich für ihre Kinder einen Platz in einer Ganztagesschule oder einem Hort wünschen. Dabei sind vor allem offene flexible Angebote gefragt. So hat die soziale Netzwerkförderung in bezug auf Gesundheitsförderung in den letzten Jahren in der Familien- und Jugendarbeit deutliche Akzente gesetzt. Auch im Rahmen der Projektarbeit wird im Jugendhaus autogenes Training angeboten. In zwei sozialpädagogischen Einrichtungen findet ebenfalls autogenes Training statt.

Bereits 1970 entwickelte Anna Polender eine pädagogische Konzeption, wie Entspannungsübungen mit viereinhalb- bis fünfjährigen Kindern gemacht werden können. Damit war sie besonders erfolgreich. Zahlreiche Eindrücke, die auf das Kind einwirken, rufen Spannungen hervor, vor allem wenn diese aus sozialen Konflikten stammen. Da das Kind erst lernen muß, den Rhythmus von Spannung und Entspannung zu steuern, kann seine Persönlichkeitsentwicklung gestört werden. Da sich Verhaltensauffälligkeiten zunehmend bereits im Kindergartenalter zeigen, wurde eine entwicklungsgemäße Modifikation des autogenen Trainings bei einzelnen Kindern erprobt, die durch Hypermobilität bzw. ihr Störverhalten in der Gruppe aufgefallen waren. Die Methode wurde an die spezifischen kindlichen Eigenschaften und Bedürfnisse angepaßt. Ab dem fünften Lebensjahr entsteht beim Kind die Fähigkeit, sich der Wortinstruktion unterzuordnen und Außenreize auszuschalten. Allerdings muß es sich für das Objekt interessieren. Das Kind lebt gefühlsmäßig ganz in seinem Spiel. Das Kind identifiziert sich mit Erwachsenen wie mit Tieren und geht ganz in seiner Rolle auf. Es führt alle Tätigkeiten aus und ahmt Gestalten nach. Dank dieser Fähigkeiten erwirbt das Kind neue Erfahrungen, es kann aber auch über diese Vorstellungen Wut abreagieren. Im Rollenspiel engagiert sich das Kind «mit seinem ganzen Wesen, mit allen Muskeln seines Körpers». (Bühler, 1930)

Im modifizierten Programm werden daher die Entspannungsübungen mit Märchengeschichten verbunden. Sie beziehen sich auf die ersten zwei Übungen des autogenen Trainings.

Eine Möglichkeit der Begegnung und Fortbildung mit Lehrern besteht in der Durchführung eines pädagogischen Tages. Dabei können auch im Arzt-Lehrer-Gespräch gezielt Aspekte des Themas herausgearbeitet werden, die einer entsprechenden Altersstufe zu-

zuordnen sind. Durch diese Kooperationsarbeit wird das autogene Training zunehmend ein Teil einer Unterrichtsstunde im Schulalltag. Der Erfolg des autogenen Trainings wird durch regelmäßige sich wiederholende Rituale gestärkt.

Geschichten

Andrea F. Cremer

Das Sandkorn

Du bist an diesem Strand, diesem einen, mit dem schneeweißen Sand, an dem du schon immer sein wolltest.

Es ist warm und du bist warm; du bist so müde vom Herumrennen den ganzen Tag; du willst nur liegen, liegen und lauschen.

Es gibt so viel, dem du lauschen kannst an diesem Strand.

Keine Menschen. Du brauchst jetzt niemanden. Niemand ruft dich, niemand will etwas von dir.

Die Wellen glucksen, kichern beinahe. Sogar die Wolken kannst du hören: Ein Säuseln, ein Flüstern fast.

Und oben das Blau des Himmels ...

Nur der Sand ist still. Dein Körper hinterläßt einen schweren Abdruck im Sand.

Du fühlst deinen Hinterkopf aufliegen, deinen Rücken, die Fersen und die Handrücken.

Deine Lider sind so schwer, daß du tatsächlich beinahe eingeschlafen wärst an deinem Strand.

Wenn da nicht der Wind gewesen wäre, der Wind, der zu dir spricht und dabei Sandkörner unter dir aufwirbelt.

Komm mit, ich kann mit dir über das Meer fliegen, über Korallenriffe und durch herrliche Bananenwälder ... Du mußt dich nur treiben lassen, so wie die Sandkörner um dich herum.

Tatsächlich, um dich herum sind Hunderte von Sandkörnern, du mußt deine Augen nur noch fester schließen.

Das ist ja wie Sandmännchen, nur viel schöner, denkst du plötzlich und läßt dich treiben.

Es ist ganz einfach, flüstert der Wind.

Und es ist tatsächlich einfach. Im Nu bist du den ganzen langen Strand entlanggeweht, über die Gischt des Meeres hinweg, mühelos und ohne auch nur eine Spur von Müdigkeit zu zeigen.

Du bist in den Wolken … Du gelangst in alle Häuser, weil du ein Sandkorn bist.

Du selbst hast dabei die Augen geschlossen. So kannst du über Länder und Meere reisen und sogar kleine Kinder zum Einschlafen bringen. Als Sandkorn reist du mit dem Wind um die Welt …

Der Apfelbaum

Du bist wieder unter deinem Baum.

Es ist *dein* Baum, denn er hat ganz besondere Äste, dunkelbraun und knorrig; und dabei so sanfte rosafarbene Blüten.

Immer mittags liegst du darunter; das Gras ist noch ein wenig feucht vom Tau am Morgen, aber egal, egal … Du bist jetzt hier und niemand kann dir sagen, daß das Gras vielleicht zu naß für dich ist.

Du bist auf dem Nachhauseweg abgebogen, und der Platz hier kommt dir sehr still vor, im Gegensatz zu dem Lärm auf dem Schulhof und in den Klassenräumen.

Du spürst deine Arme und Beine ganz schwer, noch erhitzt vom Rennen, dein Atem geht schnell, doch er wird immer ruhiger, langsamer.

Über dir ist jetzt alles:

Ein Falter, der sich auf einer Blüte niedergelassen hat, eine Amsel, die sich singend auf dem schwarzen Zweig wiegt, und die Hummel, die ein eintöniges Summen verbreitet.

Du möchtest sie zählen: 1 … 2 … 3 … Aber sie sind so unruhig, daß du sie immer wieder aus den Augen verlierst.

Also vielleicht die Wolken, die weiß am Himmel stehen.

Doch plötzlich haben sie sich verzogen, und du gibst das Zählen auf.

Auch egal.

Bis auf eine einzige graue, dunkle Wolke, die direkt über dir steht.

Das gibt's doch nicht: Gerade aus der fallen ein paar Regentropfen, genau auf deine Nase.

Das ist kühl. Du weißt nicht genau, ob du es als angenehm empfinden sollst, oder ob es dich stört.

Die Regentropfen rinnen deine Nase entlang, in deine Mundwinkel ... und sprechen: *Schulaufgaben, Mathetest, Diktat abschreiben ... zweimal, dreimal, viermal ... noch nichts gemacht ... morgen muß das alles erledigt sein ... beeil dich, beeil dich!*

So tropfen sie unermüdlich. Tatsächlich, du hast das alles vergessen.

Aber es stört dich nicht. Jetzt nicht. Du wirst noch genug Zeit haben. Neben dir die Butterblume lächelt:

Du wirst die graue Wolke jetzt so lange anstarren, bis sie von selbst verschwindet; und du wirst so lange warten, bis die Regentropfen auf deinem Gesicht verdunstet sind; nur warten, das geht ganz von alleine ... Und dann wirst du aufstehen, nach Hause gehen und deine Aufgaben erledigen.

Du schaust die Butterblume ganz verdutzt an; aber du machst genau das, was sie gesagt hat, und deine Aufgaben an diesem Tag sind schnell erledigt, sogar ein ganz klein wenig schneller als an den übrigen Tagen.

Der Sterngucker

Du bist ganz nahe an deinem Fenster, fast sitzt du auf dem Fensterbrett.

Du hast die Scheibe weit geöffnet und schaust in die Nacht.

Diese Nacht ist eine Mainacht, spät und sehr dunkel, ganz samtig.

Tausende von Sternen blinken zu dir herab.

Und warm, ganz warm fühlst du die Luft auf deiner Haut.

Außer einem dünnen Schlafanzug hast du nichts an. Außerdem bist du barfuß. Du liebst es, barfuß zu sein. Da spürt man den Boden, das Gras, die Kiesel, den Sand …

Heute nacht hast du geträumt. Diese Nacht ist viel zu schön, um zu schlafen. Es ist eine *Traumnacht*.

Schon der Mond hat es dir beim Zubettgehen zugeflüstert. So bist du ganz einfach aufgestanden und hast dich ans Fenster gesetzt.

In deine Nase steigt der Duft der ersten Rosen, die unter deinem Fenster wachsen. Schneeweiß schimmern sie und ähneln den Sternen über dir.

Kein Lufthauch rührt sich in den Zweigen, und es ist still.

Du fühlst das Blut in deinen Adern strömen, ganz lebendig, regelmäßig.

Du fühlst dich ruhig und kraftvoll zugleich. Wäre jetzt Sportunterricht, du würdest lässig beim Weitsprung die Fünf-Meter-Schwelle schaffen und beim Wettschwimmen wärst du sicher unter den ersten.

Aber du bist jetzt hier, und je länger du die Sterne betrachtest, desto mehr zieht es dich hinauf. Wie ein Magnet ziehen sie dich an, und jetzt, jetzt, wo du ganz nahe an einem von ihnen bist, kannst du ihn sogar summen hören, den Stern.

Komm mit uns … Wenn wir uns ganz nahe zusammendrängen, dann ergeben wir die Milchstraße, und auf der wolltest du doch schon immer einmal spazierengehen.

Das hört sich gut an, und du folgst dem kleinen Stern und spürst plötzlich unter deinen Füßen ein Prickeln, denn du bist ja noch immer barfuß.

Unter dir haben sich all die unzähligen Sterne zusammengedrängt und bilden eine Brücke; du gehst darüber und siehst herrliche Farben, helles gleißendes Licht liegt über alledem; dazwischen tauchen auch einmal riesige Eistorten auf, die du in den Konditoreien immer nur von weitem gesehen hast …

Du beißt ein Stück davon ab, und dann noch eines.

Das schmeckt herrlich.

Du leckst dir die Lippen.

Nun werden die Sterne unter dir immer größer und größer …

Du reibst dir die Augen:

Unter dir stehen die schneeweißen Rosen im silbergrauen Morgenlicht. *Guten Morgen*, lächeln sie.

Du springst gut gelaunt vom Fensterbrett. Selten hast du so gut geschlafen.

Der Flieder-Wald

Du lehnst dich ganz fest an die Mauer.

Die Mauer ist gegen Süden ausgerichtet, es ist Mittag, und dies ist die wärmste Stelle in der ganzen Straße.

Heute hast du dich auf die Rückseite der Mauer gesetzt.

Sie begrenzt einen Innenhof, auf dem du sonst mit deinen Schulkameraden spielst.

Doch heute hörst du den Lärm nur von weitem. Vor dir die Leere tut gut.

Es ist eigentlich kein Garten, nur ein wildes Stück Wiese; da und dort ein wenig Unrat verteilt: alte Blechdosen, Autoreifen …

Dahinter die Bahngleise, die längst nicht mehr benutzt werden. Grasbüschel wachsen dazwischen. Nur ein einziger kleiner, recht zerzupft aussehender Fliederbusch streckt seine bescheidenen Äste nach dir aus.

Du preßt deinen Rücken ganz fest an die Mauer.

Warm prickelt es, vom Scheitel über deinen Nacken, die ganze Wirbelsäule entlang … Es strömt durch dich hindurch, und du fühlst dich plötzlich sehr stark. Die Müdigkeit von vorhin ist weggeblasen.

Du nimmst einen herrlichen Duft wahr. Er kommt von dem kleinen Fliederbusch.

Das ist betäubend, das macht geradezu schwindelig.

Seine violetten Blüten sind gerade aufgeblüht …

Du gehst auf ihn zu, berührst diese Blüten …

Es ist ganz still, und du hörst leises Geflüster.

Rette mich! Ich verdurste. Schon seit Wochen regnet es nicht,
und alle meine Kameraden in den gepflegten schönen Gärten
werden gegossen, nur ich nicht!

Du denkst einen Augenblick nach.

Du warst ja auch niemals so schön wie die anderen Sträucher,
denkst du.

Doch das Geflüster ist so eindringlich, daß du eine der herumliegenden alten Blechgießkannen nimmst und sie mit Wasser füllst.

Langsam, Schluck für Schluck, flößt du dem Fliederbusch Wasser ein.

Sein Duft wird stärker und stärker, der Busch immer größer.

Du fühlst dich wunderbar eingehüllt, leicht … Du schwebst mitten durch einen Fliederwald … die Zweige streicheln sanft deine
Arme und Schultern.

Soviel Wald hast du niemals gesehen: Grün, Violett, Weiß.

Du atmest alles ein, den Duft, die Farben; du atmest tief und du
fliegst, ja, du fliegst über den Wald hinweg.

Du bist frei wie ein Vogel. Du fliegst einen ganzen Tag lang, und
der Hinterhof liegt weit unter dir.

Der See

Du läßt dich treiben.

Die Luftmatratze, auf der du liegst, wird ganz leicht von den Wellen geschaukelt.

Heute wolltest du nicht, wie die anderen, mit ins Freibad, heute
bist du an deinem See.

Du kennst ihn gut.

Er ist ganz still heute, kaum eine Welle kräuselt die Oberfläche, und die leichten Paddelbewegungen, die du mit den Händen machst, zeichnen sich noch lange auf der Wasserfläche ab.

Du kommst nur langsam voran, eigentlich überhaupt nicht, manchmal drehst du dich auch im Kreis.

Du beobachtest den Himmel: Er ist taubenblau. Hinten am Horizont glitzert das Wasser.

Fast gefährlich sieht es aus, denn darüber steht eine schwarze Wand mit Gewitterwolken.

Doch du hast keine Angst, du kennst den See.

Das Gewitter wird vorüberziehen und deinen Strand nur streifen.

Du kannst ganz ruhig auf deiner Matratze liegenbleiben.

Die Sonne brennt warm auf deinem Rücken.

Du rührst dich nicht, um das Prickeln auf deiner Haut besser zu spüren.

Die Möwen kreisen nahe dem Ufer.

Touristen und andere Strandspaziergänger sind an diesem Spätnachmittag längst fort.

Du läßt die Arme und Beine baumeln und spürst unvermittelt eine sanfte Berührung von unten, aus dem Wasser.

Du bist hellwach und starrst in das grüne Wasser.

Ein lächelndes Gesicht blickt dir entgegen. Eine Seejungfrau.

So etwas gibt es also doch.

Mit grünen Augen und grünem Haar, das du kaum vom Wasser unterscheiden kannst. Sie sieht aus wie in den Bilderbüchern, die du früher so gern gelesen hast.

Ihr Mund gleicht ein wenig einem Fischmaul. Nur ist er dunkelrot und formt Worte:

Hab keine Angst, du kannst ruhig auf dem Wasser bleiben, wenn du nur ganz fest an mich glaubst. Der Sturm und das Gewitter werden diese Stelle des Sees verschonen.

Du siehst der Seejungfrau ganz tief in die Augen.

Sie kann unmöglich lügen.

Du verhältst dich ganz still. Du folgst ihrem hellgrünen Blick, und hinter der dunklen Wand aus Wolken taucht ein heller Streifen auf.

Ein Stück Sonne, das sich mehr und mehr auf deinem Körper verteilt.

Die Sonnenstrahlen treffen das Wasser, und im Nu ist die Meerjungfrau verschwunden.

Jetzt erst kehrst du ans Ufer zurück. Das Gewitter hat sich nun ganz verzogen. Du schlenderst noch ein Weilchen am Strand.

Das Kettenkarussell

Du bist auf dem Sommerfest.

Das ganze Jahr schon hast du dich darauf gefreut.

Von all den Ständen, Buden, Automaten, Bahnen liebst du das Kettenkarussell am meisten.

Du sitzt ganz außen, wo der Schwung am stärksten ist.

Der Rummelplatz mit seinem ganzen Lärm und buntem Treiben liegt tief unter dir und ist plötzlich weit weg.

Du siehst, es sitzen nicht sehr viele Kinder auf dem Karussell.

Es ist ja auch ein wenig altmodisch, aber das stört dich nicht.

Herrlich ist dieses Prickeln in der Magengegend, das Sausen im Kopf. Die Geräusche sind gedämpft, die Farben so leuchtend. Du spürst, wie mit jeder Runde dein Atem ruhiger geht und du dich frischer fühlst, unheimlich wach und dennoch so leicht.

Noch schöner ist es, wenn du die Augen schließt.

Ich bin eine Schwalbe, eine Sommerschwalbe, die über den Festplatz fliegt, denkst du plötzlich, und eine Schwalbe wolltest du immer schon sein.

Und plötzlich bist du wie diese Schwalbe.

Schwerelos und frei schwebst du über schreienden Kindern, drängelnden Erwachsenen, Schaustellern, die ihre Besonderheiten anpreisen.

Ab und zu steigt ein verlorengegangener Luftballon zu dir hoch.

Du bist heute guter Laune, auch als Schwalbe, und gibst den Ballons einen Schubs, so daß sie den weinenden Kindern wieder in die Arme fliegen.

Du siehst das heitere Lächeln auf den Gesichtern, die zornigen, mürrischen siehst du nicht.

Du bist eine Schwalbe.

Alles ist möglich.

Du mußt nie wieder nach Hause, nie wieder in die Schule, es gibt nie wieder Hausaufgaben oder Zeugnisse!

Am liebsten würdest du für immer eine Schwalbe bleiben.

Weit oben am Himmel begegnest du anderen Schwalben. Ein ganzer Schwarm ist hoch unterwegs.

Beeil dich, beeil dich, der Sommer ist bald zu Ende! Wir fliegen alle gemeinsam nach Süden. Kommst du mit?

Und die Leute da unten, der Zirkus, mein Karussell, ich soll das alles verlassen?

Natürlich, Schwalben haben keine Heimat.

Du fühlst plötzlich deine Flügel schwer werden, etwas umfassen, festhalten. Du spürst deinen Körper auf etwas lasten.

Das Kettenkarussell hält an.

Bitte aussteigen, es ist schon Abend.

Du bist eine Runde nach der anderen gefahren, ohne zu bemerken, wie die Zeit vergeht.

Du springst aus dem Sitz und fühlst deine Beine irgendwie leichter und doch lebendiger als sonst.

Beinahe schwebst du von dem nun schon halbleeren Sommerfestplatz.

Die Buden werden gerade zusammengeklappt.

Du schaust dich noch einmal um.

Die Kettenschaukeln bewegen sich ganz sanft im Abendwind.

Das Baumhaus

Das Baumhaus ist tatsächlich das beste Versteck.

Ihr habt es zusammen erbaut, nur ihr drei Freunde, die Unzertrennlichen.

Ihr habt diese Stelle entdeckt, eine Lichtung, ganz unvermutet in dem großen, dunklen Wald.

Mitten auf der Lichtung steht eine alte Ulme. Dort habt ihr das Baumhaus gebaut.

In das Baumhaus dringt heute mittag sehr viel Licht.

Du bist sonst nicht um diese Zeit hier.

Sanft streicheln die Blätter und Zweige die Holzbalken.

Du spürst das Rascheln des Windes und siehst vor dir das strahlende Rund der Lichtung, von der Mittagssonne ausgeleuchtet.

Die Wiese ist voll mit seltenen Blumen.

Du liebst ihren Duft, der durch die kleine Luke im Baumhaus hereinströmt.

Hier kann dich keiner finden. Nur die Eingeweihten kennen den Platz.

Dein Herz schlägt heftig, dein Kopf brummt noch.

Die Mathearbeit heute morgen ... die Aufgaben spuken noch immer in deinem Kopf herum und flüstern und drängen.

Aber langsam werden sie leiser. Im Baumhaus ist es ganz ruhig.

Hier gibt es keine Geräusche, auch die anderen Kinder sind weg. Endlich.

Du fühlst, wie dich die schützenden Äste des Baumes allmählich ganz einhüllen.

Von ferne tönt der Ruf eines Käuzchens.

Die Nacht ist nicht mehr weit, und du bist so müde.

Dir ist plötzlich alles egal.

Du bist wie der Baum, in dem du dich versteckst.

Gleich welche Jahreszeit, gleich welche Tageszeit, er steht ruhig.

Du spürst, wie aus deinen Armen Äste wachsen, starke, herrliche, die sich leicht im Wind wiegen.

Heute morgen noch haben dir die Knie gezittert, und jetzt spürst du, wie du fest in der Erde stehst, mit großen Wurzeln in der Erde dieser Lichtung. Das ist warm, und du fühlst dich geborgen.

Es ist schön, gleichzeitig so fest und dennoch beweglich zu sein. Deine Haut fühlt sich an wie Rinde, und deine Haare sind grün.

Ruhig und gelassen kannst du allen Stürmen entgegensehen, denn die Stürme werden vorübergehen, du aber wirst bleiben.

Du bist alt, sehr alt, und bist doch wunderschön, so als Baum, zeitlos.

Die Wanderer, die hier vorbeikommen, setzen sich in deinen Schatten, genießen die Kühle im Sommer und die Windstille im Herbst und Frühling. Im Winter spähen sie in deinen Ästen schon nach den ersten Knospen.

Und weglaufen?

Einfach davonrennen, vielleicht einem Drachen hinterher oder zum Badesee bei 30 Grad Hitze, oder Schlittschuh laufen im Winter? Es gibt so viel, was du machen möchtest. Im Baumhaus kommt alles zur Ruhe. Du fühlst dich wohl und geborgen.

Mit beiden Händen hast du die Strickleiter umklammert und läßt dich auf die Wiese hinab. Es ist dunkel, und nur weil Vollmond ist, erkennst du den Pfad am Ende der Lichtung. Er führt nach Hause.

Du nickst dem Baum noch einmal zu. In seinem Gezweig ist ein Versteck wirklich nicht zu erkennen.

Danke, Baum, jetzt ist alles wieder gut, sagst du leise, aber gut hörbar.

Der Fährmann

Du liegst auf dem Bauch und beobachtest ihn. Er kann dich nicht sehen, das Schilf und die dichten Wiesengräser verbergen dich völlig.

Jede Stunde rudert er sein Boot hin und her, von einem Ufer des

Flusses zum anderen. Nur selten hat er einen Passagier; es gibt sogar Fahrten, die er ganz alleine macht.

Der Fährmann war immer schon da. Die Häuser drängen sich heute dichter ans Ufer als früher, einige Hochspannungsleitungen gibt es mehr, und die Geräusche der Autos sind näher gerückt. Die Fahrten des Fährmanns sind immer die gleichen geblieben.

Auch sein Gesicht.

Du siehst gerne in sein Gesicht. Jetzt tauchst du aus deinem Versteck auf und winkst ihm zu. Manchmal fährt er dich öfter hin und her, auch wenn du ihm dafür nicht mehr Geld zusteckst.

Du hast ja nur dein Taschengeld, und das ausgeben für Bootsfahrten, was sagen die in der Klasse dazu?

Aber egal, es ist dein Fährmann, und du sitzt jetzt in seinem Boot, und er rudert. Langsam und stetig. Du findest das schön, einfach schön, und als du klein, noch so richtig klein warst, da wolltest du sogar werden wie er.

Er spricht selten.

Dort hinten, die Fischreiher, es gibt bald Regen … die Flußmöwen kreisen ganz nahe am Ufer … wir bekommen Sturm …

Ab und zu spricht er über die Menschen, die er über den Fluß rudert. Natürlich nur, nachdem du vorher versprochen hattest, mit niemandem darüber zu reden. Er duzt dich, schließlich seid ihr ja Freunde.

Gestern, weißt du, der mit dem verzerrten Gesicht, ich glaube, er hat die Seerosen, an denen wir vorbeigerudert sind, überhaupt nicht bemerkt. Die alte Frau, von heute morgen, sie hat immer mit dem Kopf gewackelt und wollte unbedingt schnell in die Kirche, ich ruder ihr immer viel zu langsam … Und der junge Mann, der immer stark mit den Augenbrauen zuckt: Als ich ihm das Märchen von den Wassernymphen erzählen wollte, beschimpfte er mich …

Du legst dem Fährmann die Hand auf den Arm … nur zu dir spricht er so viel an einem Stück. Meist hört er dir zu.

Du erzählst von deinen Deutschaufsätzen, der vermasselten Biologiearbeit, dem Streit zwischen deinen Eltern … Du fühlst, wie dein Körper sich entspannt, wie der Druck auch von deinen Schläfen weggenommen ist. Niemand sonst hätte dir *so* zugehört, unverändert und stetig … Ob das Zucken um seine Mundwinkel ein Lächeln ist?

Egal. Du spürst, wie beim Reden Luft in dich einströmt, wohltuend, reinigend, und sich wie Sonnenstrahlen in dir ausbreitet.

Hin und her geht das Boot. Zeit gibt es schon lange nicht mehr.

Irgendwann muß es wohl dunkel geworden sein. Du weißt, daß du hierher immer wiederkommen kannst. Zu jeder Tageszeit. Bei jedem Wetter.

Wenn es regnet, setzt der Fährmann einfach eine Kappe auf, an der links und rechts die Tropfen herabrinnen. Dieselbe Kappe trägt er, wenn die Sonne auf seine Stirn scheint. Wenn du geschwitzt hast, wird dir kühl, wenn du gefroren hast, ist dir plötzlich warm. Auf dem Boot gibt es keine Fragen.

Es ist spät.

Du steigst aus, gehst in Richtung der Wohnsiedlung.

An keinem Tag fragst du den Fährmann, ob er morgen noch da sein wird. Du kommst einfach, und er ist da. Du kommst nicht, und er ist ebenfalls da. Du weißt nicht, wo und wann der Fährmann schläft.

Heute nacht läßt du dein Fenster weit offen. Von ferne hörst du Geräusche im Wasser. Es können Frösche sein, oder Enten.

Du schläfst ein und hast einen Traum: Der Fährmann ist fort; sie sagen, er sei tot, schließlich ist er schon alt. Sie sagen es wieder und wieder, aber du glaubst ihnen nicht.

Am Morgen gehst du zum Fluß.

Schon von weitem kannst du das Boot erkennen.

Eine schemenhafte, graue Gestalt rudert es von einem Ufer zum anderen.

Du bist nicht überrascht.

Spiel der Fische

Vor dir ist das Aquarium.

Es war irgendwie immer da, seit du denken kannst. Nein, eigentlich noch früher. Diese orangefarbenen Wunder, diese leuchtenden Edelsteine mit Augen darauf, sie wedeln mit den Schwänzen, sie sind Tag für Tag dieselben, obwohl sie sich doch ständig bewegen.

Du versuchst manchmal mit den Händen in das Wasser zu greifen, um sie zu spüren. Fein, glatt, glitschig fühlt sich das an. Du kannst sie nicht greifen, die Fische. Stundenlang kannst du ihnen zusehen.

Jetzt berühren sie sich gerade. Sie liebkosen sich. Im nächsten Moment sind sie dann wieder voneinander entfernt. Vor allen Dingen sind sie still.

Nur ab und zu hörst du ein leichtes Blubbern an der Wasseroberfläche. Das tut gut. Die Geräusche draußen werden gedämpft. Der Raum, in dem du sitzt, das Aquariumzimmer, ist immer etwas dunkler als die anderen Zimmer. So siehst du die Farben der Fische deutlicher, und das smaragdgleiche Grün schimmert wie wirklicher Meeresgrund.

Du kannst deine Augen nicht mehr abwenden. Du verfolgst jede Bewegung der Fische. Du wirst mit einemmal schwer. Schwer, als hätten deine Kleider sich mit Wasser getränkt. Du sinkst tiefer und tiefer. Deine Kleider haben sich in einen Taucheranzug verwandelt. Luftblasen steigen durch deinen Schnorchel nach oben. Es ist ein herrliches Gefühl, schwerelos und weich. Und warm, wunderbar warmes Wasser. Überall ist nur leichtes Blubbern, Gurgeln, Rauschen zu hören, die Geräusche des Wassers.

Du kommst vorbei an bunten Korallenriffen, Meeressternen, Muscheln in allen Farbtönen. Da ist sogar ein Seepferdchen, etwas, das du immer nur im Meeresmuseum gesehen hast. Es ist ein sehr großes Seepferdchen, ja riesig, und es nickt dir zu. Es bedeutet dir, dich auf es zu setzen. Im Unterwasserritt geht die Reise weiter. Und immer wieder die Fische: blaue, rote, gestreifte, solche mit Punkten darauf, schillernde, alle mit diesen anmutigen Bewegungen. Nur diesmal sprechen sie, sie, die ewig Stummen.

Immer, wenn du Sorgen oder Kummer hast, kannst du zu uns kommen, sagt ein Weißer mit großem Maul.

Du kannst uns jedes Geheimnis anvertrauen, wir sagen es bestimmt nicht weiter, wispern ein paar Kleine, Flinke mit gelben Schwänzen dir zu.

Du fühlst dich sehr wohl hier, im Wasser.

Du könntest noch lange so bleiben, auf dem Seepferdchen reiten, mit den Fischen sprechen.

Du hättest sie gerne gefragt, wie alt sie sind, wie lange sie schon hier leben und ob sie auch eine Familie haben.

Aber du weißt irgendwie, daß Fische darauf wahrscheinlich keine Antwort geben … Überhaupt sind sie wohl Wesen, die nicht gerne gefragt werden.

Du möchtest sie nur einmal berühren, nur ein einziges Mal, wie sich das anfühlt.

Glatt, weich. Deine Finger sind naß. Du merkst plötzlich, du bist klatschnaß, und langsam kriecht auch die Kälte an dir hoch.

Du fröstelst.

Du holst tief Luft.

Du siehst zwischen deine Finger. Nein, Schwimmhäute sind dir noch keine gewachsen. Du legst deine Hand auf das Glas des Aquariums, mit gespreizten Fingern. Einer der Fische sieht dich mit großen erstaunten Augen an. Du bist nicht ganz sicher, ob er dich nicht angelächelt hat.

Die Melodie

Du hörst sie nicht das erste Mal. Immer wenn in deinem Leben etwas Wichtiges war, hast du sie schon gehört, erinnerst du dich. Sie ist einfach da, leise, dann lauter, zart und eindringlich.

Du sitzt in der ratternden U-Bahn und hörst sie doch. Dein Hund, den alle «Promenadenmischung» nennen, er spitzt jedesmal die Ohren. Niemandem sonst ist sie bisher aufgefallen. Die Melodie. Das ist nicht das Klingeln an den Haltestellen. Auch nicht der Lautsprecher, der bei jeder Station monoton zu hören ist. Nein, das kommt vom Bahnsteig.

Du hättest längst aussteigen müssen, aber du bist ganz diese Melodie.

Du schließt die Augen. Du hältst die Hände auf die Stirn, um sie noch stärker zu hören. So schön ist das. Harfen vielleicht oder Glocken, dazwischen das Gurgeln eines Baches.

Ein Bach. Schon lange hast du keinen Bach mehr gesehen, hier in der Stadt. Du nimmst kaum wahr, daß Leute aus- und einsteigen. Du fährst bis zur Endstation der Linie.

Du warst noch nie hier.

Du folgst der Melodie. Jetzt kommt sie aus dem Seitentunnel des U-Bahnschachts. Kein Ausgang möglich, eigentlich. Aber warm, sanft, irgendwie süß kommt es aus dem Schacht. Aus einem U-Bahnschacht aufzutauchen, ist immer eine Überraschung. Doch diesmal ist es etwas Unglaubliches:

Ein riesiges Theater aus Stein, so wie du es von Abbildungen aus deinem Geschichtsbuch kennst. Aus den Steinen wächst Moos und bedeckt die Bühne und die Zuschauersitze. Du setzt dich ganz oben in die letzte Reihe – die Melodie spielt weiter. Es klingt von der Bühne her, ohne daß jemand dort zu sehen ist.

Dann treten sie auf. Die Melodie wird lauter; Pauken, Trommeln, Trompeten kommen dazu, hohe, schrille Frauenstimmen mischen sich darunter.

Menschen wie Engel, ohne Flügel natürlich, gold und silbern schimmernd, mit bodenlangen Haaren und Bärten, Kinderreigen, die im Kreis mit lauter Blumen verbunden sind. Elfen in durchsichtigen Gewändern, nixengleiche Geschöpfe, die mit ihren schuppigen Schwänzen im Takt schlagen: Sie alle wiegen sich im Rhythmus dieser Melodie, verzückt, ohne dich wahrzunehmen …

Du winkst ihnen zu, so etwas hast du noch nie gesehen. Jetzt erst bemerkst du, daß sie alle die Augen geschlossen haben. Sie tanzen und träumen gleichzeitig. Manche Gesichter kennst du: Der Indianerjunge, der so unvergleichlich gut schnitzen konnte; die Prinzessin, deren goldenes Haar bis zum Bauch reichte; der Sheriff aus den Vorstädten, der jeden Ganoven packte; sogar der *Neue* aus der Klasse ist zu sehen. Als einziger hat er dich neulich abschreiben lassen, als du nicht für die Erdkundearbeit lernen konntest ... Sie alle tanzen hier auf der Bühne – zu deiner Melodie.

Jetzt traust du dich. Du stürmst auf die Bretter und mischst dich unter die Leute. Mal ein Tanz mit der Prinzessin ... ja, da ist doch Onkel Hans, der immer will, daß du stillsitzt. Jetzt pfeifst du ein Lied, und auch er dreht sich dazu im Kreis – er tanzt tatsächlich nach deiner Pfeife ... Du spürst deine Füße nicht mehr, und auch Hunger oder Durst hast du keinen, obwohl du schon ziemlich lange hier bist ... Das ist so fantastisch! Würde doch diese Melodie niemals enden ...

Das geht wirklich nicht, du mußt jetzt aussteigen, wo willst du denn hin, wo ist denn dein Zuhause?

Zuhause?

Du zögerst einen Augenblick. Du bist noch immer in dieser U-Bahn. Du schaust zum Fenster hinaus und auf dem Schild steht der Name der Straße, in der du wohnst.

Zuhause.

Du steigst aus, und noch auf dem gesamten Heimweg pfeifst du leise deine Melodie vor dich hin.

Du tust das von nun an immer, wenn es irgendwie brenzlig wird oder schwierig, und dann ist zuerst einmal alles gut.

Pustefix

Es hat gerade noch gereicht. Dein Taschengeld nämlich. Du hattest die Wahl zwischen einer Kugel Eis, einem Comic und einer Röhre für Seifenblasen.

Da schweben sie also schon, direkt vor dir.

Wenn du ganz sachte bläst, gibt es große, schwere, die langsam davonschweben wie verlorene Luftballons. Bläst du stärker, so kommen viele kleine, lustige. Manchmal tanzen sie sogar auf den Nasen der Leute, die mit dir im Bus sitzen. Du kicherst, denn der Mann mit der Halbglatze vor dir schielt tatsächlich, als er der schillernden Blase nachschaut. Schnell versteckst du dein Röhrchen.

Oder die junge Blonde mit dem T-Shirt, der ist die grüne Blase direkt im Ausschnitt zerplatzt.

Und dem dünnen Mann auf dem Vordersitz zerplatzt sie auf seinem Hut. Dein Kichern bemerkt keiner. Herrlich, diese Position auf der Rückbank. Hier kannst du alles beobachten ... Und dann wieder und wieder deine Seifenblasen, die überall schweben ...

Die nächste ist so groß, daß dein Gesicht beinahe darin verschwindet ... Du siehst alles schillernd, regenbogenfarben, die Umrisse verschwimmen. Traurige, lächelnde, rote, weiße Gesichter sind plötzlich eins ... Selbst der Bus, in dem du bisher so fest gesessen bist, löst sich auf – in eine riesige schimmernde Seifenblase. Das ist dir noch niemals passiert.

Die Seifenblase fliegt davon. Du fliegst mit ihr. Ganz fein und glatt, ja zart fühlt sie sich an, fast wie die Haut eines Schmetterlings in dieser Hülle. Unter dir ist der Bus. Unter dir ist die Straße. Unter dir ist die Stadt. All die Dächer, auf denen du so gerne herumkletterst. Die meisten von ihnen hast du noch niemals von oben gesehen.

Du siehst die Tauben, die wunderschönen Blumengärten mit den Margeriten, Geranien, Rosen. Du siehst die vielen Katzen, die sich an den Sonnenplätzen zusammenrollen. Leicht und unsichtbar sitzt du in deiner Seifenblase.

Der Flug ist langsam. So langsam, daß du alles genau erkennen kannst, was du bisher immer übersehen hast. Auch dich selbst kannst du fühlen: Warm, ruhig und ganz fest sitzt du in deiner Seifenblase. Wie in einem Nest, so geborgen und sicher fühlst du dich.

Da ist eine Stimme.

Pustefix heiße ich, ja, das bin ich, siehst du mich nicht!

Vor dir kauert ein Kobold; eine ballrunde Gestalt mit großem rundem Mund und aufgeblähten Backen ...

Ich will dich warnen, du treibst mit deiner Seifenblase auf die Antennen der Häuser zu, auf die Schornsteine; die sind spitz und hart, die Blase wird augenblicklich zerplatzen.

Was soll ich tun? fragst du nur ein ganz klein wenig erschrocken, denn seit langem hast du dich so wenig gefürchtet.

Mach dich ganz schwer, dann wirst du weich landen – direkt im Garten deines Hauses. Deine Mutter oder dein Vater werden da sein, und es gibt ein leckeres Abendbrot!

Du konzentrierst dich, machst Arme und Beine, Rücken, Kopf ganz, ganz schwer; du drückst dich richtig auf den Boden der Seifenblase. Du stellst dir das weiche, grüne Gras eures Gartens vor ... da kitzelt dich etwas: Gras, Gras, das durch die dünne Haut der Seifenblase gedrungen ist ...

Sie selbst ist verschwunden, neben dir liegt das Röhrchen im Gras ...

Die Sonne scheint warm auf deinen Bauch, und vom Kiesweg her kommt deine Mutter gelaufen. Sie fragt dich, wo du so lange gewesen bist, fragt freundlich, eher besorgt und erleichtert, kein bißchen böse.

Du sagst ganz verträumt: *Ich habe eine wunderschöne Reise gemacht.*

Die Seilbahn

Ein leichtes Ruckeln, schon schwebst du über der Erde.

Lautlos geht es höher und höher. Die Seilbahnstation, von der du losgefahren bist, verschwindet bald hinter den Hügeln.

Du bist allein in der Gondel. Doch du bist schon so oft damit gefahren, daß du keine Angst hast. Du kennst diese grünen Hügel, diese Bergkämme mit den großen, verstreut blühenden Blumen.

Später besteht die Landschaft aus Felsen, ganz weiß … kleine erikafarbene Sträucher blühen am Rand … schließlich nur noch niedrige Kiefern und Tannen. Und natürlich die kleinen Hütten. Bemalt wie ein Bilderbuch. Ganze Geschichten sind das: geflügelte Gestalten, die große, gräßlich aussehende Drachen töten, Hirten, Kinder und Kühe.

Und alles selbst gemalt. Du machst mit deinem Finger Kringel an die schmutzigen Scheiben der Gondel.

Die Gondel bleibt stehen. Pendelt noch ein wenig aus. Dann ist es ganz still.

Du wartest, aber nichts rührt sich. Hier bist du noch niemals stehengeblieben.

Unter dir rauscht der Wildbach herunter, mit weißer Gischt und vollkommen klar. Darüber führt ein Steg in den Wald. Seltsam, von der Gondel aus kannst du diesen Steg erreichen.

Du zögerst.

Über dir kreisen sanft und kraftvoll die Steinadler. Die Luft ist klar und wolkenlos. Alles ist friedlich.

Du bist auf dem Steg.

Du fühlst dich ganz leicht, ja schwerelos, als wärest du noch in der Gondel. Du bist barfuß. Du gehst auf weichem warmem Moosboden. Das Moos streichelt dich leicht. Links und rechts vom Pfad erscheinen Eichhörnchen, schwarze, rotbraune, solche mit weißer Brust. Und Vögel … große, grüne, alle kommen ganz zutraulich auf dich zu.

Lange gehst du.

Alles andere ist weit weg. Du wolltest am Nachmittag zurück sein. Im Tal. Doch hier oben scheint noch immer die Sonne ganz hell, und es ist früher Tag.

Du hast unendlich viel Zeit.

Auf diesem Baum sitzt ein Uhu. Ein wunderschöner weißer Uhu, der sich sonst nur nachts zeigt. Er nickt dir zu, brummt etwas, du kicherst. Er erinnert dich an deinen Deutschlehrer, den ältesten eurer Schule, aber auch der einzige, den du magst: Der Uhu blinzelt ein wenig, schließt die Augen, du wanderst weiter. Von ferne hörst du ein Tosen. Es hüllt dich ein, während du gehst. Alles ist so weit weg. Die Radpanne, die du hattest, der Schlüssel, der verlorenging, die abfälligen Blicke deiner Schulkameraden, weil du noch immer nicht den neuesten Computer besitzt.

Du stehst auf einem Vorsprung. Unten rauscht ein blausilberner Wasserfall. An den Rändern wachsen Farne. Der Stein, auf den das Wasser plätschert, hat einen perlmuttfarbenen Schimmer und glänzt in allen Regenbogenfarben. Nachtblau ist der See, in den der Strahl stürzt. Du kannst den Blick nicht abwenden. Du bewegst dich keinen Schritt vorwärts oder rückwärts, schaust nur in das Blitzen. Sonnenlicht spiegelt sich darin, Wolken, aber auch Schmetterlinge, Vögel und schließlich sogar Gesichter; Menschengesichter, mit glatter grüner Haut, langen strohblonden Haaren, solche mit wurzelgeformten Hüten und solche, die aussehen wie ein Zuckerhut … das müssen Waldwesen sein, Gestalten, die direkt aus den Bergen geschnitzt sind … sie lächeln dir zu, mit großen erstaunten Augen … doch du störst sie nicht, ganz ruhig stehst du auf deinem Vorsprung. Ein herrlich warmer Sommerregen ergießt sich über dich, und es duftet nach würzigen Kräutern. Über dem Wasserfall hat sich ein breiter Regenbogen gebildet.

Ganz breit und sicher. Sachte setzt du einen Fuß darauf, als führte dich eine unsichtbare Zauberhand. Das fühlt sich warm an, prickelt leicht wie von der Mittagssonne erwärmter Sand, gerade noch nicht zu heiß.

Du bist angelangt. Die Gesichter in dem nachtblauen See nicken dir zu. Auf der anderen Seite wartet deine Gondel. Du steigst ein und gleitest sanft und langsam ins Tal hinunter. Über dir hörst du nur das leise Sirren des Seiles in seiner Verankerung.

Im Mohnfeld

Bis hierher kommt die Maschine bestimmt nicht. Die Ähren sind schon mannshoch und strohgelb. Du tauchst noch ein wenig tiefer in das Feld. So kann dich keiner sehen. In diesem Sommer kommt alles früher, auch die Mähmaschine.

Soviel Mohn wie hier gibt es selten. Du liebst dieses Feld, in dieser herrlichen roten Farbe. Du liegst mitten unter den Blumen, über dir ist nur der Himmel, es gibt nur sein Blau und dieses Rot. Und ein paar Falter dazwischen, und das Summen der Maschine, von der du weißt, daß sie ganz sicher nicht näher kommt. Dieses Stück Feld wird verschont, weil der Boden hier keinen Nutzen bringt.

Ein warmer Regen am Mittag hat die Erde feucht gemacht, doch in der heißen Sonne beginnt sie zu dampfen. Sie bebt beinahe, ja, sie bewegt sich.

Über dir zieht ein Schwalbenschwarm seine Kreise. Das Geräusch der Maschine entfernt sich langsam. Das ist wie eine Reise. Du gehst hinein in dich selbst. Wie in einer Höhle ist das. Vor dir ist plötzlich ein riesiger roter Kristall, wie ein Rubin, rund und schillernd. Er dreht sich leicht, scheint zu atmen. Er ist übersät mit Tausenden von kleinen Öffnungen. Du streichst mit der Hand darüber ... Da ist eine Stimme:

Das mag ich. Streichle mich, das ist schön, sagt die Stimme. *Ich will das alles ganz genau fühlen, ich bin abwechselnd aufgeregt, traurig, verliebt, zornig, zufrieden, einsam ... ich habe immer Gefühle ... ich stehe niemals still, und ich zeige dir, daß du lebst ... ich bin dein Herz.*

Du lächelst, dein Herz ist so schön, die Stimme so warm und liebevoll. Nur schwer trennst du dich von deinem Herzen und gehst langsam weiter durch die Gänge deines Körpers ...

In der Nähe des Herzens triffst du auf ein wunderbares Gespinst aus goldenen Fäden, wie von der Seidenraupe gesponnen, fein, schillernd und hauchzart. Undurchdringlich ist es. Dabei zittert es, wie von einem Windhauch erschüttert, von dem du nicht weißt, woher er kommt, in regelmäßigen Abständen. Fast ist es eine Art Rhythmus. Etwas flüstert ohne Worte. Kühl und erfrischend ist das auf den Wangen, du spürst es vor allem auf Nase und Mund. Das ist der Atem, der regelmäßig kommt und geht, ohne Ende. Du stehst mitten in ihm und schließt die Augen. Du fühlst dich ruhig und entspannt.

Jetzt stehst du unter einem großen Bogen. Fest wirkt er über dir und doch glänzend, wie flüssiges bronzefarbenes Metall. Hoch wölbt er sich. Fast wie bei Frau Holle. Irgend etwas muß passieren, wenn man direkt unter diesem Bogen steht. Man muß sich nur konzentrieren. Fest nachdenken. Du fühlst ein Ziehen und Kitzeln, ein Prickeln auf deinen Schenkeln. Entweder es regnet jetzt Gold oder Pech. Bei jeder kleinsten Bewegung, die du machst, blitzt es über dir auf. Du versuchst es mit einem Lächeln. Ja, jetzt gibt es Signale, Leuchten, Blinken. Fast wie in einer Disco. Dazwischen hörst du Wispern, schnelles Sprechen, so schnell hast du noch niemanden sprechen hören und dennoch kannst du einige Worte verstehen:

Wir sind die Zentrale. Wir denken für dich, wir lenken deinen Willen, wenn du einen hast, dein Handeln. Du kannst nichts ohne uns tun. Wir geben die Befehle, und du führst sie aus, deine Arme, Beine, alle Muskeln … Du lachst und weinst nur, wenn wir es wollen.

Das klingt ziemlich hochnäsig, findest du.

Das ist also dein Gehirn, dieser große glitzernde Bogen.

Das Gespräch ist ziemlich anstrengend, und du erinnerst dich an Rätsel oder Logikaufgaben, die der Mathelehrer immer aus den Ferien in die Klasse mitbringt. Das soll dann Spaß machen. Du hast jetzt keine Lust. Du willst weg von deinem Gehirn.

Laß mich in Ruhe. Später vielleicht möchte ich mich mit dir unterhalten. Ich will mich jetzt ausruhen.

Du drehst dich um. Vor dir ist ein herrlicher tiefblauer Teich, er wirkt frisch und einladend. Dir ist so heiß. Du springst hinein, kopfüber. Und da liegst du wieder im Mohnfeld, wie zuvor. Du merkst plötzlich, daß sich in den vielen roten Mohn blaue Kornblumen gemischt haben.

Du mußt ein wenig blinzeln. Das ganze Feld schimmert nun lilafarben. Über dir ist ein Summen. Du denkst an die Mähmaschine. Doch als du die Augen ganz weit öffnest, siehst du nur eine große schwarze Hummel, die um die roten Blüten herumschwirrt.

Der Balkon

Du wohnst ganz oben. Genauer gesagt im 13. Stock. Eure Familie hat nur eine sehr kleine Wohnung und ein winziges kleines Viereck, das sich Balkon nennt. Heute nachmittag bist du allein zu Hause. Du wartest auf ein paar Freunde, die zu einem Becher Kakao kommen wollen. Es ist ein sehr heißer Nachmittag. Einige Meter weiter ist die Siedlung mit den vielen grünen Gärten. Dort spielen die Kinder, zwischen Holunderbüschen, kleinen Teichen und viel, viel Rasen ... da ist es grün und kühl. In den Stockwerken unter dir ist niemand zu Hause.

Du wartest noch immer. Niemand erscheint. Ob sie es alle vergessen haben? Oder ist das Wetter heute einfach zu schön?

Du faltest Papierflieger aus den Servietten, die deine Mutter auf dem kleinen Tisch ausgebreitet hat. Du lehnst dich noch weiter nach vorne über die Balkonbrüstung und siehst den Fliegern nach ...

Unten auf dem Weg, der zu den Aufzügen führt, steht ein Junge. Du hast ihn noch nie gesehen. Er hält einen großen viereckigen Korb in beiden Händen.

Er verschwindet unten im Hochhaus. Nach einer kleinen Weile klingelt es an eurer Haustür. Du bist plötzlich sehr aufgeregt. Du spürst Herzklopfen, und dein Atem geht schneller als sonst. Irgend etwas Besonderes wird geschehen, wenn du jetzt die Tür öffnest. Du spürst deine Nerven als winzige Feuerfünkchen im Körper. Wie Antennen strecken sie sich aus. Du siehst nur noch eure Tür und wartest auf ein abermaliges Klingeln.

Da ist es wieder. Diesmal öffnest du beinahe sofort. Der Junge da draußen lächelt; er ist groß und hat ganz helles Haar und grüne Augen wie Flaschenscherben.

Ich verspreche dir, der Nachmittag wird nicht langweilig für dich werden.

Du antwortest sofort.

Die anderen sind nicht gekommen. Ich bin so enttäuscht. Hier ist es so eng, und ich habe keinen Garten.

Der Junge nickt und lächelt wieder.

Plötzlich ist dieser dumpfe Schmerz im Kopf weg. Du fühlst dich leicht und beschwingt. Sogar die Möbel wirken heller, und du hast vergessen, daß deine Eltern erst spät am Abend kommen werden. All die Langeweile ist weg. Der Junge stellt seinen Korb direkt vor dich hin:

Leg alles hinein, was du finden kannst, fange mit den unwichtigen Dingen an.

Das ist toll. So vieles in der Wohnung ist überflüssig und häßlich. Du wirfst in den Korb alles hinein, was dich hier immer geärgert und gestört hat:

Das Porzellan.

Die breiten Ledersessel, auf denen du keine Marmelade verteilen durftest, eine besonders häßliche Vase mit vergoldeten Henkeln, die ganzen Fernsehzeitschriften, die du niemals aufblättern durftest, die aber immer herumlagen, ein paar Sträuße mit getrockneten Blumen, Pantoffeln, den Vogelkäfig von eurem Kanarienvogel, der immer noch herumsteht … Das nimmt kein Ende.

Immer wilder und lustvoller wirfst du die Dinge in hohem Bogen in den Korb. Das fühlt sich toll an. Unglaublich, was alles in so einem Korb verschwinden kann. Und vor allem, wie lautlos.

Jetzt ist viel Platz in der Wohnung. Der fremde Junge nimmt dich an den Händen, und ihr tanzt durch die Räume, auf den Balkon hinaus.

Und jetzt alles ausschütten!

Dein Herz schlägt bis zum Hals. Endlich frei! Mit einem Schwung kippst du den ganzen Müll über das Geländer. Deine Füße sind auf einmal leicht und beweglich.

Und jetzt setzen wir uns hinein und steigen auf.

Der Junge sitzt schon im Korb.

Jetzt, wo du all den Ballast los bist, geht das ganz leicht.

Du setzt dich dazu. Angst hast du keine, du bist nur furchtbar gespannt. Gespannt auf dieses Gefühl, ein Vogel zu sein.

Halt dich fest.

Mit beiden Händen umfaßt du den Rand des Korbes. Ihr laßt euch von der Balkonbrüstung treiben. Ganz schnell verschwindet das flache Hochhausdach; weit unter euch die blühenden Gärten der Nachbarsiedlung. Hier oben ist die Luft wunderbar frisch und klar, ohne Staub und Abgase. Ihr fliegt und fliegt und habt plötzlich Lust auf ein Lied. Pfeifend sitzt ihr in dem großen Ballonkorb. Neue Hochhäuser tauchen auf, so hoch wie deines. *Wir müssen noch weitere Kinder aufladen, die auch in engen Wohnungen leben.*

Du siehst an einigen Balkonbrüstungen Kinder stehen, die sehnsüchtig in den Himmel schauen. Du winkst ihnen zu.

Aber zuerst den Ballast abwerfen, sonst fallen wir alle zusammen in die Tiefe, meint der Junge. Und da fliegen die Möbelstücke, Kleider, Vasen, alten Bilder nur so von den Balkonen. Juhu, das ist herrlich anzuschauen. Ihr seid nun eine ganze Gruppe von Kindern. Es ist ziemlich eng im Korb geworden.

Wir könnten viel höher fliegen und länger, wenn wir nicht so viele wären … sagt eine kleine Dünne mit Fuchsaugen. Ihr schaut euch an.

Ein paar sollten aussteigen, am besten die Großen und Schweren! spricht das Mädchen weiter.

Ehe jemand etwas sagen oder tun konnte, ist der Junge, der den Korb gebracht hatte, herausgesprungen. Du erschrickst. Du beugst dich ganz tief über den Rand …

Mein Gott, bist du wahnsinnig.

Hinter dir hörst du die Stimmen deiner Eltern. Komisch, daß sie nichts dazu sagen, daß die halbe Wohnung leer ist … Der fremde Junge? Noch einmal schaust du über die Brüstung des Balkons, auf dem du jetzt stehst: Ganz unten siehst du einen Punkt … ein Kind, das sich langsam entfernt.

Wie war denn dein Nachmittag? fragen die Eltern jetzt.

Herrlich, der schönste, den ich seit langem erlebt habe.

Die Turmuhr

Von deinem Zimmer aus kannst du sie genau sehen. Sie gehört zum Turm einer sehr alten Kirche, die seit Jahren nicht mehr benutzt wird. Auf den Steinen wächst Moos und dunkelgrüner Farn. Jetzt, an diesem frühen Sommerabend, glänzen die Steine golden im Sonnenlicht. Du sitzt an deinem Tisch am Fenster, an dem du immer deine Hausaufgaben erledigst. Geometriezeichnungen sind heute dran. Du kaust an deinem Bleistift. Seltsam, diese Uhr fasziniert dich. Sie funktioniert. Niemand besucht mehr diese Kirche, die Uhr jedoch rückt vor, Zeiger für Zeiger, lautlos allerdings.

So brauchst du niemals eine Armbanduhr, auch morgens nicht, obwohl dich deine Eltern schon lange nicht mehr vor der Schule wecken.

Das Zifferblatt ist vergilbt, und einige Ziffern fehlen ganz. Du kannst sie dir denken.

Die 12, die 6, die 3, die 9 ... die Kirche haben die Menschen offensichtlich vergessen ... aber die Uhr, sie tut dir fast leid, diese Uhr, sie läuft und läuft und läuft ... Keiner beachtet sie.

Außer dir.

Du liebst sie irgendwie, diese Uhr. Wenn du deine Arme ganz weit ausstreckst, kannst du die Zeiger vielleicht fast berühren. Das ist doch eigentlich toll, du kannst den kleinen dicken Zeiger einfach vor- oder zurückdrehen ... 5 auf 4, 6 wäre dann 5 ... die schönen Dinge, wie Fußballspielen oder der Sonntag, an dem man ausschlafen kann, würden dann viel früher zurückkehren oder erst gar nicht so bald aufhören.

Der nächste Schulanfang dagegen fiele einfach aus ... Zeit verstellen können ... gerade jetzt auch hast du überhaupt keine Lust zu schlafen, obwohl es schon spät ist ... Für die Inhaltsangabe morgen hast du auch nicht viel gelernt ... ja, das Buch hast du nicht einmal gelesen ... Das Buch ist einfach so langweilig ... Viel spannender sind die Science-fiction-Geschichten, oder diese Sache mit dem Kleinen Prinzen, der einen Fuchs zum Freund bekommt ... Jetzt bist du gerade an dieser spannenden Stelle, bei der er mitten in der Wüste landet …

Du greifst nach dem Zeiger der großen Uhr … reckst dich ganz weit hinaus aus dem Fenster. Plötzlich baumelt der Zeiger in deiner Hand. Er ist abgebrochen. Er fällt zu Boden. Du erschrickst aber gar nicht, nein, im Gegenteil, du fühlst dich ganz leicht und frei. Du hast vergessen, was heute ist und morgen vielleicht sein wird … Du hast die Zeit vergessen … Du hörst ganz intensiv das Lied der Vögel, das Gurren der Turteltauben … So satt ist das Grün der Sommerwiese vor dem Haus, so stark und herrlich ist der Duft der wilden Rosen, die an der Kirchenmauer blühen …

Du lehnst dich hinaus aus dem Fenster, immer weiter … Alle Geräusche aus dem Haus und von der Straße sind verschwunden. Du bist ein Seiltänzer, der auf einem Seil balanciert, das dich vom Fenster deines Zimmers bis zum Turm der Kirche führt. Du gelangst in das Innere der Kirche.

So eine Überraschung.

Der Raum leuchtet in allen Regenbogenfarben, die sich in den herrlich bunten Fensterrosetten tausendfach brechen und dann auf den Fußboden geworfen werden, auf die Statuen, an die Wände, die aus rosafarbenem Stein sind.

Die Statuen sind lebendig und sehen dich an. Ein Landsknecht bewegt langsam seine Lanze, und die Madonna links vom Altar fährt sich durch ihr langes braunes Haar.

Die Kirche ist voller Menschen. Vor allem Kinder sind da. Sie sind weder laut noch leise, sie lächeln, flüstern … sie machen ab und zu Scherze, ja, sie küssen sich sogar. Du bist da jetzt mittendrin und fühlst dich entspannt, irgendwie froh und geborgen.

Du bist der Mittelpunkt in einem Kreis aus Licht und Farben und Stimmen, du drehst dich wie auf einer Scheibe. Du möchtest all das berühren … Du streckst die Hand aus. Wie Samt ist das, wie Fell und ab und zu auch wie dieser Wackelpudding, der sich Rote Grütze nennt … oder Grüne.

Bei jeder Berührung dreht sich die Scheibe schneller und schneller. Du weißt plötzlich nicht mehr, wo oben und wo unten ist, wo links und wo rechts. Du fühlst dich wie auf einem riesigen Kreisel. Nur die Glocken der alten Kirche schlagen rhythmisch immer lauter … es dröhnt in deinen Ohren.

Es schlägt 12. Es muß 12 sein, sonst wären die Schläge nicht so laut. Es ist mitten in deinem Kopf. Es wird immer heller, schriller. Mit einem Ruck drehst du dich um.

Auf dem Nachttisch klingelt dein Wecker. Die Zeiger stehen auf 6 Uhr. Um diese Zeit mußt du aufstehen, um rechtzeitig zur Schule zu kommen. Schnell und seltsam gut gelaunt packst du deine Sachen zusammen. Ja, du pfeifst ein fröhliches Lied dabei. Du bist auch gar nicht müde, so als hättest du lange, lange geschlafen. Als du auf die Straße trittst und Richtung Schule läufst, drehst du dich noch einmal nach der alten Kirche um.

Dem Turm fehlen die Zeiger.

Anhang

Literatur

Angerstein, Eva M. & Joachim H. Angerstein: Mit Kindern Stille üben. Südwest, München 1997.

Azrin, Nathan H. & Alan L. Peterson: Reduction of an eye tic by controlled blinking. Behavior Therapy, 20, 1989, 467–473.

Biermann, Gerd: Autogenes Training mit Kindern und Jugendlichen. Ernst Reinhardt, München 1975.

Biermann, Gerd & Monika Müller: Autogenes Training mit Kindern und Jugendlichen – eine katamnestische Studie. In: Gerd Biermann (Hg.): Handbuch der Kinderpsychotherapie, Band IV, Ernst Reinhardt, München 1981, 783–796.

Bobretzky, E. & Alfred Plesser: Autogenes Training für behinderte Kinder in der allgemeinen Sonderschule. Ärztliche Praxis und Psychotherapie, 6, 1984, 21–31.

Bühler, Charlotte: The first year of life. New York 1930.

Bydlinski, Georg & Käthe Recheis: Ich höre deine Stimme im Wind. Herder, Freiburg im Breisgau, 4. Auflage 1996.

Carter, John L. & Harold L. Russell: Use of EMG biofeedback procedures with learning disabled children in a clinical and an educational setting. Journal of Learning Disabilities, 18, 1985, 213–216.

Cratzius, Barbara: Indianer-Frühling. Herder, Freiburg im Breisgau 1997.

Denkowski, Kathryn M.; George C. Denkowski & Michael M. Omizo: The effects of EMG-assisted relaxation training on the academic performance, locus of control, and self-esteem of hyperactive boys. Biofeedback and Self-Regulation, 8, 1983, 363–375.

Diesing, Ulrich: Über Indikationen des autogenen Trainings bei Schulversagen. Praxis der Psychotherapie, 4, 1959, 158–166.

Dirks, Stephanie; Johannes Klein-Hessling & Arnold Lohaus: Entwicklung und Evaluation eines Streßbewältigungsprogramms für das Grundschulalter. Psychologie in Erziehung und Unterricht, 41, 1994, 180–192.

Dittmann, Ralf W.: Zur Psychophysiologie beim Autogenen Training von Kindern und Jugendlichen. Peter Lang, Frankfurt am Main 1988.

Duckro, Paul N. & Elizabeth Cantwell-Simmons: A review of studies evaluating biofeedback and relaxation training in the management of pediatric headache. Headache, 29, 1989, 428–433.

Dunn, Freeman, M. & Robert J. Howell: Relaxation training and its relationship to hyperactivity in boys. Journal of Clinical Psychology, 38, 1982, 92–100.

Elle, U. & G. Vagt: Experimentelle Überprüfung eines Entspannungs-Trainings bei Schülern anhand von Ängstlichkeits- und Leistungsmaßen. Psychologie & Praxis, 19, 1975, 172–177.

Engel, Uwe & Klaus Hurrelmann: Psychosoziale Belastung im Jugendalter. In: Engel, Uwe & Klaus Hurrelmann, Berlin 1990, «Was Jugendliche wagen». Beltz, Weinheim 1993.

Engel, Joyce M.; Michael A. Rapoff & Alice R. Pressman: Long-term follow-up of relaxation training for pediatric headache disorders. Headache, 32, 1992, 152–156.

Engel, Joyce M.; Michael A. Rapoff & Alice Rogot Pressman: The durability of relaxation training in pediatric headache management. Occupational Therapy Journal of Research, 14, 1994, 183–190.

Erkert, Andrea: Inseln der Entspannung. Ökotopia, Münster 1998.

Faust-Siehl, Gabriele; Eva-Maria Bauer, Werner Baur & Uta Wallaschek: Mit Kindern Stille entdecken. Bausteine zur Veränderung der Schule. Moritz Diesterweg, Frankfurt am Main 1990.

Faust-Siehl, Gabriele & Dietlinde Granzer: Stille und Entspannung – «Schlaflieder» für die pädagogische Vernunft? Plädoyer für Differenzierungen. Pädagogik, 46, Heft 12/1994, 31–34.

Flemings, Danny Gene: A study of electromyograph biofeedback as a method to teach hyperactive children how to relax within a public school setting. Unveröffentlichte Dissertation aus Nord-Colorado. Dissertation Abstracts International, Reihe A, 39, 11, 1979, Seite 6693.

Fölling-Albers, Maria (Hg.): Veränderte Kindheit – veränderte Grundschule. Arbeitskreis Grundschule e.V., Frankfurt am Main, Band 75, 1989.

Freudenthaler, Evelyn: Das integrative Entspannungskonzept – ein neuer Ansatz zum autogenen Training für Kinder. Dissertation aus der Universität Wien, 1994.

Frey, Herbert: Förderung der Rechtschreibleistung von Legasthenikern durch autogenes Training. Zeitschrift für Entwicklungspsychologie und Pädagogische Psychologie, 10, 1978, 258–264.

Friebel, Volker, Andrea Erkert & Sabine Friedrich: Kreative Entspannung im Kindergarten. Lambertus, Freiburg 1993.

Friebel, Volker: Entspannungstraining für Kinder – eine Literaturübersicht. Praxis der Kinderpsychologie und Kinderpsychiatrie, 43, 1994, 16–21.

Friebel, Volker: Wie Stille zum Erlebnis wird. Sinnes- und Entspannungsübungen im Kindergarten. Herder, Freiburg im Breisgau 1995 (a).

Friebel, Volker & Susanna zu Knyphausen: Geschichten, die Kinder entspannen lassen. Südwest, München 1995 (b).

Friebel, Volker: Welche Farbe hat die Stille? Wie Kinder lernen, sich zu entspannen. Eine Anleitung für Eltern. Buch mit Tonkassette. Trias, Stuttgart 1995 (c).

Friebel, Volker: Weiße Wolken, stille Reise. Ruhe und Entspannung für Kinder ab 4 Jahren. Ökotopia, Münster 1996 (Buch mit CD bzw. Kassette).

Friebel, Volker: Schlüssel in kleine Hände. Phantasiereisen, Geschichten und Vorstellungsübungen. Herder, Freiburg im Breisgau 1997.

Friebel, Volker; mit Musik von Jean-Pierre Garattoni: Die sanfte Kraft der inneren Bilder. Mit Fantasiereisen zu mehr Wohlbefinden. Doppel-CD mit Begleitheft. Trias, Stuttgart 1997. (Für Erwachsene.)

Friebel, Volker: Die innere Weite erspüren. Aus Fantasiereisen Ruhe und Kraft schöpfen. Walter-Verlag, Zürich 1998. (Buch und CD für Erwachsene.)

Friebel, Volker: Mandalareisen mit Kindern. Ökotopia, Münster 1998. (Buch mit CD und beigelegten Mandalabildern.)

Friedrich, Sabine & Volker Friebel: Entspannung für Kinder. Übungen zur Konzentration und gegen Ängste. Rowohlt Taschenbuch, Reinbek 1989 (rororo 8563).

Friedrich, Sabine & Volker Friebel: Einschlafen, Durchschlafen, Ausschlafen. Ruhigere Nächte für Eltern und Kinder. Rowohlt Taschenbuch Verlag, Reinbek 1993 (rororo 9397).

Friedrich, Sabine & Volker Friebel: Trau dich doch! Wie Kinder Schüchternheit und Angst überwinden. Rowohlt-Taschenbuch, Reinbek 1996 (rororo 9729).

Gröller, Beate: Zur Effektivität von kombinierten Entspannungsübungen für Kinder mit Asthma bronchiale. Rehabilitation, 30, 1991, 85–89 (Nachdruck: Kinderärztliche Praxis, 60, 1992, 12–16).

Habersetzer, Rupert & Walter Schuth: Experimentelle Untersuchungen zum autogenen Training bei Kindern. Therapiewoche, 26, 1976, 4617–4623.

Hahn, Manfred: Veränderte Kindheit und Schule. In: Pädagogische Welt, 11 / 1990, Seite 488–491.

Hampstead, William J.: The effects of EMG-assisted relaxation training with hyperkinetic children: A behavioral alternative. Biofeedback and Self-Regulation, 4, 1979, 113–125.

Hannsz, Bettina: Kinder mögen Yoga. Entspannung für Körper und Seele. Rowohlt-Taschenbuch, Reinbek 1992.

Harlem, Steven Herbert: The effects of psychophysiological relaxation upon selected learning tasks in urbal elementary school children. Unveröffentlichte Dissertation aus Pennsylvania. Dissertation Abstracts International, Reihe A, 36,8, 1976, S. 5149.

Heard, Paula M.; Mark R. Dadds & Paul Conrad: Assessment and treatment of simple phobias in children: Effects on family and marital relationships. Behaviour Change, 9, 1992, 73–82.

Hermann, Christiane; Mirihae Kim & Edward B. Blanchard: Behavioral and prophylactic pharmacological intervention studies of pediatric migraine: An exploratory meta-analysis. Pain, 60, 1995, 239–255.

Holroyd, Kenneth A. & Donald B. Penzien: Pharmacological versus non-pharmacological prophylaxis of recurrent migraine headache: A meta-analytic review of clinical trials. Pain, 42, 1990, 1–13.

Hoppe, Gabriela: Mit Kindern meditieren. Grundlagen und Anwendungen. Don Bosco Verlag, München 1995.

Hurrelmann, Klaus: Familienstreß, Schulstreß, Freizeitstreß: Gesundheitsförderung für Kinder und Jugendliche. Beltz, Weinheim 1993.

Iwert, Hans: Atem- und Entspannungstraining bei Sprechneurose. In: Grohnfeldt, Manfred (Hg.): Störungen der Redefähigkeit (Band 5 von: Handbuch der Sprachtherapie). Edition Marhold, Berlin 1992, 307–327.

Junglas, Jürgen: Training zum Abbau aggressiven Verhaltens bei Patienten einer Kinder- und Jugendpsychiatrischen Klinik. Heilpädagogische Forschung, 13, 1986, 31–38.

Kaltwasser, Barbara & Erwin Breitenbach: Autogenes Training für sprachbehinderte Kinder – eine modifizierte Form und ihre Auswirkung auf das Konzentrationsvermögen. Die Sprachheilarbeit, 31, 1986, 119–125.

Katschnig, H.; T. B. Wanschura & E. Wurst: Erfahrungen mit dem autogenen Training bei einer Kinder- und Elterngruppe. Pädiatrie und Pädalogie, 14, 1979, 125–133.

Khan, Mazhar Ahmad: The effects of EMG biofeedback assisted relaxation training upon problem-solving abilities of anxious children. Unveröffentlichte Dissertation aus Michigan. Dissertation Abstracts International, Reihe B, 39,5, 1978, Seite 2476.

Kiphard, Ernst J.: Streßabbau durch Entspannung. Entspannungstechniken als neuer Lerninhalt in der Schule. Praxis der Psychomotorik, 7, 1982, 104–109.

Klauß, Barbara: Über die Psychohygiene und über Möglichkeiten zu ihrer Anwendung in der Schule unter besonderer Berücksichtigung von Entspannungsübungen. Dissertation aus Aachen, 1982.

Kohen, Daniel P.; Karen N. Olness, Sarah O. Colwell & Albert Heimel: Entspannung und mentales Vorstellungstraining in der pädiatrischen Sprechstunde. Selbsthypnose in der Behandlung von 505 Kindern und Jugendlichen. Hypnose und Kognition, 7, 1990, 30–40. (Bereits 1984 in englischer Sprache erschienen.)

Kohen, Daniel P. & Pamela Botts: Relaxation-imagery (self-hypnosis) in Tourette Syndrome: Experience with four children. American Journal of Clinical Hypnosis, 29, 1987, 227–237.

Kohen, Daniel P.: Coping with the stress of Tourette syndrome in children and adolescents: Use of self-hypnosis techniques. Australian Journal of Clinical and Experimental Hypnosis, 23, 1995, 145–157.

Koldewey, Georg & Karl Wegscheider: Autogenes Training bei der Behandlung von Enuretikern. Zeitschrift für Psychotherapie und medizinische Psychologie, 13, 1963, 27–31.

Kozdon, Baldur: Hilft Opulenz gegen Schulverdrossenheit? In: Pädagogik heute / Pädagogische Beiträge, 42. Jahrgang, Aprilheft 1990, 45–49.

Krampen, Günter: Effekte der Grundübungen des autogenen Trainings im schulischen Anwendungskontext. Psychologie in Erziehung und Unterricht, 39, 1992, 33–41.

Kröner, Birgit & Inge Steinacker: Autogenes Training bei Kindern: Auswirkung auf verschiedene Persönlichkeitsvariablen. Psychotherapie, Psychosomatik, medizinische Psychologie, 30, 1980, 180–184.

Kröner, Birgit & Brigitte Langenbruch: Untersuchung zur Frage der Indikation von autogenem Training bei kindlichen Konzentrationsstörungen. Psychotherapie, Medizinische Psychologie, 32, 1982, 157–161.

Kröner-Herwig, Birgit: Kopfschmerz bei Kindern und Jugendlichen. Kindheit und Entwicklung, 1, 1992, 19–26.

Krombusch, Gerhard; Lydia Bassler, Wolfgang Poeplau & Ludger Edelkötter: Mit Kindern auf dem Weg in die Stille. Arbeitshilfen zu «Komm mit zur Quelle» von Wolfgang Poeplau & Ludger Edelkötter. Impulse-Musikverlag, Drensteinfurt 1989.

Kruse, Waltraut: Entspannung. Autogenes Training für Kinder. Deutscher Ärzte-Verlag, Köln-Lövenich 1975.

Kruse, Waltraut: Der formelhafte Vorsatz und seine Bedeutung in der Therapie mit dem autogenen Training bei Kindern. Psychotherapie, medizinische Psychologie, 28, 1978, 171–173.

Kruse, Waltraut: Einführung in das Autogene Training mit Kindern. Deutscher Ärzte-Verlag, Köln-Lövenich 1980.

Labbe, E. E.: Treatment of childhood migraine with autogenic training and skin temperature biofeedback: a component analysis. Headache, 35, 1995, 10–13.

Labbe, Elise L. & Donald A. Williamson: Treatment of childhood migraine using autogenic feedback training. Journal of Consulting and Clinical Psychology, 52, 1984, 968–976.

Lander, Hilda Maria: Tanzen will ich. Bewegung und Tanz in der Gruppe und im Gottesdienst. Pfeiffer, München 1983.

Langenkamp, Brigitte; Inge Steinacker & Birgit Kröner: Autogenes Training bei 10jährigen Kindern – Beschreibung des Kursprogramms und des kindlichen Verhaltens während der Übungsstunden. Praxis der Kinderpsychologie und Kinderpsychiatrie, 31, 1982, 238–243.

Lempp, Reinhart: Schulprobleme in der Kinder- und jugendpsychiatrischen Sprechstunde. In: Lempp, R. & H. Scheffele (Hg.): Ärzte sehen die Schule. Beltz, Weinheim 1987.

Lendner-Fischer, Sylvia: Bewegte Stille. Wie Kinder ihre Lebendigkeit ausdrücken und zur Ruhe finden. Ein Praxisbuch. Kösel, München 1997.

Lizasoain, Olga & Aquilino Polaino: Reduction of anxiety in pediatric patients: Effects of a psychopedagogical intervention programme. Patient Education and Counseling, 25, 1995, 17–22.

Manteufel, Eva & Norbert Seeger: Selbsterfahrung mit Kindern und Jugendlichen. Kösel, München 1992.

Markert, Marianne: Der Regenstab verzaubert. Insel-Welt, Hernsbünde, 1997.

Markert, Marianne: Autogenes Training für dich. Insel-Welt, Hernsbünde 1998.

Maschwitz, Gerda & Rüdiger Maschwitz: Stille-Übungen mit Kindern. Ein Praxisbuch. Kösel, München 1993.

Maschwitz, Gerda & Rüdiger Maschwitz: Gemeinsam Stille entdecken. Übungen für Kinder und Erwachsene. Kösel, München 1995.

Maschwitz, Gerda & Rüdiger Maschwitz: Aus der Mitte malen – heilsame Mandalas. Kösel, München 1996.

Matthews, Doris B.: Discipline: Can it be improved with relaxation training? Elementary School Guidance and Counseling, 20, 1986, 194–200.

McGrath, Patrick J.; Peter Humphreys, Daniel Keene, John T. Goodman, Maureen A. Lascelles, S. June Cunningham & Phillip Firestone: The efficacy and efficiency of a self-administered treatment for adolescent migraine. Pain, 49, 1992, 321–324.

Mehta, Manju: Biobehavioral intervention in recurrent headaches in children. Headache Quarterly, 3, 1992, 426–430.

Menking, Susan Marguerite Rech: The effects of electromyographic biofeedback and relaxation on the behavior of hyperactive children. Unveröffentlichte Dissertation aus Texas. Dissertation Abstracts International, Reihe B, 41,5, 1980, Seite 1894.

Michel, Donald E.: Die Effekte von Musiktherapie bei asthmakranken Kindern. Schützende Atem- und Entspannungstechniken. Musiktherapeutische Umschau, 5, 1984, 289–294.

Mielke, Ursel & Christine Mielke: Die Wirkung von Entspannungs- und Selbstkontrollübungen bei stotternden Kindern. Zeitschrift für Heilpädagogik, 44, 1993, 441–447.

Ministerium für Kultus und Sport Baden-Württemberg (Hg.): Bildungsplan für die Grundschule. Neckar-Verlag, Villingen-Schwenningen 1994.

Müller, Else: Du spürst unter deinen Füßen das Gras. Autogenes Training in Phantasie- und Märchenreisen. Vorlesegeschichten. Fischer Taschenbuch, Frankfurt am Main 1983. (Bei Kösel, München, erschien dazu 1995 ein gleichnamiger Tonträger.)

Müller, Else: Hilfe gegen Schulstreß. Übungsanleitungen zu Autogenem Training, Atemgymnastik und Meditation. Rowohlt Taschenbuch, Reinbek 1984.

Müller, Else: Auf der Silberlichtstraße des Mondes. Autogenes Training mit Märchen zum Entspannen und Träumen. Fischer Taschenbuch, Frankfurt am Main 1985. (Bei Kösel, München, erschien dazu 1995 ein gleichnamiger Tonträger.)

Müller, Else: Träumen auf der Mondschaukel. Autogenes Training mit Märchen und Gute-Nacht-Geschichten. Kösel, München 1993. (Zusätzlich erschienen mehrere Kassetten mit Texten des Buchs.)

Müller, Else: Inseln der Ruhe. Ein neuer Weg zum Autogenen Training für Kinder und Erwachsene. Kösel, München 1994. (Beim gleichen Verlag erschien dazu eine gleichnamige Kassette.)

Oldfield, Dick & Richard Petosa: Increasing student «on-task» behaviors through relaxation strategies. Elementary School Guidance and Counseling, 20, 1986, 180–186.

Omizo, Michael M. und Mitarbeiter: The effects of biofeedback and relaxation training on memory tasks among hyperactive boys. Exceptional Child, 33, 1986, 56–64.

Petermann, Franz & Ulrike Petermann: Training mit aggressiven Kindern. Psychologie Verlags Union, Weinheim, 6. überarbeitete Auflage 1993.

Peterson, Alan L. & Nathan H. Azrin: An evaluation of behavioral treatments for Tourette Syndrome. Behaviour Research and Therapy, 30, 1992, 167–174.

Pfaff, Valerie K.; Karen E. Smith & Darryl Gowan: The effects of music-assisted relaxation on the distress of pediatric cancer patients undergoing bone marrow aspirations. Children's Health Care, 18, 1989, 232–236.

Platania-Solazzo, Adele; Tiffany M. Field, June Blank, Fred Seligman, Cynthia Kuhn, Saul Schanberg & Patrice Saab: Relaxation therapy reduces anxiety in child and adolescent psychiatric patients. Acta Paedopsychiatrica, 55, 1992, 115–120.

Plump, Ursula; M. Lykaitis, Raymund Pothmann & Birgit Kröner-Herwig: Psychologische Behandlungsmöglichkeiten bei Kindern mit chronischen Schmerzen. In: Heinz D. Basler, Carmen Franz, Birgit Kröner-

Herwig, Hans P. Rehfisch & Hanne Seemann (Hg.): Psychologische Schmerztherapie. Springer, Berlin 1990, Seite 539–559.

Polender, Anna: Entspannungs-Übungen. Eine Modifikation des Autogenen Trainings für Kleinkinder. Praxis der Kinderpsychologie und Kinderpsychiatrie, 31, 1982a, 15–19.

Polender, Anna: Entspannungs-Übungen. Eine Modifikation des Autogenen Trainings für geistig behinderte Kinder. Praxis der Kinderpsychologie und Kinderpsychiatrie, 31, 1982b, 50–56.

Portmann, Rosemarie & Elisabeth Schneider: Spiele zur Entspannung und Konzentration. Don Bosco Verlag, München, 10. Auflage 1996.

Preuschoff, Gisela: Kinder zur Stille führen. Meditative Spiele, Geschichten und Übungen. Herder, Freiburg im Breisgau 1996.

Preuschoff, Gisela: Kinder mit Mandalas zur Stille führen. Kreative Anregungen und praktische Übungen für Eltern und Kinder. Herder, Freiburg im Breisgau 1997.

Refay, Hassan: Stecki 401, Entspannung und Konzentration durch Geschichten für Jungen und Mädchen ab 5 Jahren. (Programm aus 12 Einzelkassetten.) Schwann, 1981.

Robb, Sheri L.; Ray J. Nichols, Randi L. Rutan, Bonnie L. Bishop und Mitarbeiter: The effects of music assisted relaxation on preoperative anxiety. Journal of Music Therapy, 32, 1995, 2–21.

Roome, John R. & David M. Romney: Reducing anxiety in gifted children by inducing relaxation. Roeper-Review, 7, 1985, 177–179.

Rücker-Vogler, Ursula: Yoga und Autogenes Training mit Kindern: Anleitungen, Übungen, Märchen für Kindergarten und Grundschule. Don Bosco Verlag, München 1989.

Rücker-Vogler, Ursula: Bewegen und Entspannen. Spiele und Übungen für Kinder. Ravensburger, Ravensburg 1994.

Schäfer, G.: «Leben und Gesundheit» Begriffliche Dimensionen einer positiven Gesundheitserziehung (Hg.): Weltgesundheitsthema 1988, Gesundheit für alle – alles für die Gesundheit, Bonn 1988, Seite 18–19.

Schenk, Christoph: Autogenes Training für Schulkinder. Das praktische Anleitungsbuch mit kindgerechten Übungen. Heyne Taschenbuch, München 1992.

Schlecht, Johannes: Jetzt aber Ruhe! Piano Pianis Lieder zum Entspannen, Tanzen und Mitlachen. (Musikkassette.) Aktive Musik, Dortmund 1992.

Schmierer, Albrecht: Die Anwendung von Entspannungstonbändern in der zahnärztlichen Praxis. Zahnärztliche Praxis, 42, 1991, 286–288.

Schneider, Monika & Ralph Schneider: Meditieren mit Kindern. Stilleübungen, Phantasiereisen, Musikmeditationen, Wahrnehmungsübungen … Set mit Anleitungsbuch, Musikkassette und Dias. Verlag an der Ruhr, Mülheim an der Ruhr 1994.

Setterlind, Sven: Entspannung – ein Teil der Gesundheitserziehung in der Schule. Ergebnisse empirischer Untersuchungen. Motorik, 7, 1984, 118–128.

Singer, Lynn T.; Bruce Ambuel, Shari Wade & Arthur C. Jaffe: Cognitive-behavioral treatment of health-impairing food phobias in children. Journal of the American Academy of Child and Adolescent Psychiatry, 31, 1992, 847–852.

Sokel, Beverly; Sean Devane & Arnon Bentovim: Getting better with honor: Individualized relaxation / self-hypnosis techniques for control of recalcitrant abdominal pain in children. Family Systems Medicine, 9, 1991, 83–91.

Taucher, Peter: Der Einfluß von Entspannungs- und Meditationstechniken auf das Lernvermögen von Schulkindern. Dissertation aus der Universität Wien, 1983.

Teml, Helga & Hubert Teml: Komm mit zum Regenbogen. Phantasiereisen für Kinder und Jugendliche. Veritas, Linz 1991. (Beim gleichen Verlag erschien dazu eine gleichnamige Kassette.)

Tönnies, Sven E. & Klaus-Dieter Overbeck: Einige Effekte meditativer Übungen bei lernbehinderten Sonderschülern. Heilpädagogische Forschung, 12, 1985, 81–86.

Törne, Jens von & Thomas Hermann: Autogenes Training für Kinder. Auswirkungen auf psychosomatische Beschwerden und Persönlichkeitsmerkmale. Schleswig-Holsteinisches Ärzteblatt, 10, 1977, 674–678.

Vazquez, Ma Isabel & J. M. Buceta: Effectiveness of self-management programmes and relaxation training in the treatment of bronchial asthma: Relationships with trait anxiety and emotional attack triggers. Journal of Psychosomatic Research, 37, 1993, 71–81.

Vopel, Klaus W.: Der fliegende Teppich. Leichter lernen durch Entspannung. Teil 1: Übungen für Kinder von 6 bis 12 Jahren. Teil 2: Übungen für Jugendliche ab 13 Jahren. Iskopress, Salzhausen 1995.

Wagaman, Joel R.; Raymond G. Miltenberger & Richard E. Arndorfer:

Analysis of a simplified treatment for stuttering in children. Journal of Applied Behavior Analysis, 26, 1993, 53–61.

Wahn, Hans Günter & Marlene Dahlhoff: Autogenes Training mit Kindern. Der Kinderarzt, 11, 1980 (Halbband 1), 240–244.

Walco, G. A. & N. T. Ilowite: Cognitive-behavioral intervention for juvenile primary fibromyalgia syndrome. Journal of Rheumatology, 19, 1992, 1617–1619.

Walco, G. A.; J. W. Varni & N. T. Ilowite: Cognitive-behavioral pain management in children with juvenile rheumatoid arthritis. Pediatrics, 89, 1992, 1075–1079.

Winter, Maria: Schulangst und Autogenes Training als Interventionsprogramm bei Hauptschülern. Unveröffentlichte Dissertation aus Graz, 1989.

Zu den Autoren

Cremer, Andrea F. (* 1962): Lehrerin für Deutsch und Geschichte. In der Erwachsenenbildung tätig. Autorin von Lyrik und Kurzprosa (Veröffentlichungen seit 1989). Mutter eines Sohnes (* 1996) und einer Tochter (* 1997).
Geschichten (S. 225–254)

Erkert, Andrea (* 1967): Staatlich anerkannte Erzieherin und Leiterin eines fünfgruppigen interkulturellen Kindergartens. Zuvor in der GS-Förderklasse tätig. Fachbuchautorin zum Thema Entspannung bei Kindern. Bietet Fortbildungen zu diesem und anderen Themen an.
Kontaktadresse: Andrea Erkert, Tilsiter Straße 16, 71522 Backnang
Stilleübungen (S. 74 – 84); Entspannung im Kindergarten (S. 168 –176)

Friebel, Dr. Volker (* 1956): Diplom-Psychologe, lebt in Schwaben. Spezialgebiete: Entspannung, Meditation, Bewußtsein und Psychosomatik. Seminarleiter und Autor.
Grundlagen der Entspannung (S. 13–33); Entspannungsgeschichten (S. 85–106); Fantasiereisen (S. 107–113); Meditative Übungen (S. 142 bis 152); Therapeutische Anwendung (S. 204–214)

Friedrich, Sabine (* 1961): Diplom-Psychologin, arbeitet Teilzeit in einer Erziehungsberatungsstelle sowie in der Weiterbildung. Autorin von Büchern zur Kinderpsychologie. Ein Sohn (* 1989) und eine Tochter (* 1992). Zusammen mit Volker Friebel Fortbildungen zu Entspannung und meditativen Übungen für Menschen, die beruflich mit Kindern zu tun haben.
Kontaktadresse: Sabine Friedrich, Griesweg 17, 72160 Horb
Autogenes Training (S. 114–130); Progressive Muskelentspannung (S. 131–141); Entspannung zu Hause (S. 154–167); Therapeutische Anwendung (S. 204–214)

Hannsz, Bettina (* 1959): Freischaffende Künstlerin, Tanztherapeutin und Lehrerin für Yoga. Mutter einer Tochter (* 1993). Autorin von «Kinder mögen Yoga» (Rowohlt Taschenbuch 1992).
Yoga (S. 59–73)

Klein, Margarita (* 1953): Hebamme, Diplom-Pädagogin, Familientherapeutin. Zwei Töchter (* 1983 und 1981). Kurse zur Vorbereitung auf die Geburt und das Eltern-Sein, Rückbildung – Neufindung, Massage. Beratung für Paare oder Familien in Krisen. Fortbildung für Fachfrauen und -männer. Veröffentlichung: «Das tut mir gut nach der Geburt» (Rowohlt-Taschenbuch, 1998).

> Kontaktadresse: Margarita Klein c/o KREISEL, Große Bergstr. 252, 22767 Hamburg
>
> *Kinder mögen Massage (S. 36–58)*

Reinhardt-Bertsch, Dr. med. Rotraut (* 1938): Kinderärztin, langjährige wissenschaftliche Mitarbeiterin an Universitäts-Kinderkliniken mit Zusatzausbildung in Neuropädiatrie. Seit 15 Jahren in Gesundheitsämtern tätig. Seit sechs Jahren am Gesundheitsamt der Stadt Stuttgart im kinder- und jugendärztlichen Dienst mit Schwerpunkt Gesundheitsförderung.

> *Modellprojekt Gesundheitsförderung (S. 215–223)*

Scharer, Priska (* 1971): Studium des Lehramts für Grund- und Hauptschulen (Schwerpunkt Grundschule) an der Pädagogischen Hochschule in Karlsruhe (Deutsch, katholische Religion und Anfangsunterricht). Heute Klassenlehrerin einer dritten Klasse. Beschreitet mit ihren Schülern verschiedene Wege der Stille und Entspannung.

> *Entspannung in der Schule (S. 177–203)*

Ratgeber für den Umgang
mit Kindern im Alltag –
Entwicklung, Gesundheit,
alternative Heilmethoden.

Nora Bergen
«Das juckt so!» *So helfen Sie
Ihrem Kind bei Allergien*
(rororo sachbuch 60285)

Gisela Brehmer
**Aus der Praxis einer
Kinderärztin** *Entwicklung ·
Ernährung · Erste Hilfe ·
Alternative Heilmethoden
Vollständig überarbeitete
Neuausgabe*
(rororo sachbuch 60468)

Gela Brüggebors
So spricht mein Kind richtig
*Entwicklungen und
Störungen beim Sprechen-
lernen. Wie Eltern und Er-
zieher helfen können. Mit
237 lustvollen Spiel-Ideen*
(rororo sachbuch 8100)
**Was ist bloß mit meinem Kind
los?** *Entwicklung und
Verhalten: Hilfen für alle
Fälle von 0–12*
(rororo sachbuch 9728)

Peter J. Fischer
**Allergien bei Kindern und
Jugendlichen** *Vorbeugen,
erkennen, heilen*
(rororo sachbuch 60206)

Sabine Friedrich /
Volker Friebel
Entspannung für Kinder
*Übungen zur Konzentra-
tion und gegen Ängste*
(rororo sachbuch 8563)

Tilo Grüttner
Helfen bei Legasthenie
*Verstehen und üben.
Geschichten*
(rororo sachbuch 8326)

GISELA BREHMER

Entwicklung · Vollwert-Ernährung · Erste Hilfe
im akuten Krankheitsfall · alternative Heilmethoden
AUS DER
PRAXIS
EINER KINDERÄRZTIN
rororo
MIT KINDERN LEBEN

Hans-Dieter Kempf /
Jürgen Fischer
Rückenschule für Kinder
*Haltungsschwächen
korrigieren, Haltungs-
schäden vorbeugen*
(rororo sachbuch 9338)

Walter Köster
**Kranke Kinder homöopathisch
heilen** *Erfahrungen und
Rezepte eines praktischen
Arztes*
(rororo sachbuch 60151)

Petra Lange
Hausmittel für Kinder *Natur-
gemäß vorbeugen und
heilen*
(rororo sachbuch 18384)

Manfred Link /
Emil Wieczorek
**Psychische Störungen bei
Kindern** *Verstehen und
helfen*
(rororo sachbuch 9638)

Christian Mohr
Neurodermitis-Kinder *Den
Alltag meistern*
(rororo sachbuch 9539)

Ein Gesamtverzeichnis aller lieferbaren Titel der Reihe finden Sie in der *Rowohlt Revue*. Jedes Vierteljahr neu. Kostenlos in Ihrer Buchhandlung.